Georges Simenon

Sein Leben in Bildern

*Herausgegeben von
Daniel Kampa
Regina Kaeser
Anna von Planta
Margaux de Weck*

Diogenes

Herzlichen Dank für die Mitarbeit an
John Simenon
Nicole Griessmann und Martha Schoknecht (Texterfassung / Korrektorat / Register)
Nicole Griessmann und Regina Treier (Bildrecherche / Bildrechte)
Tina Nart und Catherine Bourquin (Scans / Bildbearbeitung)
Cornelia Künne (Redaktion / Korrektorat)
Dominik Süess, Franca Meier und Julia Stüssi (Korrektorat)

Einleitungstexte der Kapitel: Daniel Kampa und Margaux de Weck
(Redaktion: Cornelia Künne und Anna von Planta)

Foto- und Textnachweise am Schluss des Bandes
Frontispiz: Échandens, 1959. Foto: François Gonet, Lausanne
Foto auf Seite 8: Paris, 1973. Foto: Edouard Boubat, Rapho / Keystone
Umschlagfotos: Fonds Simenon, Liège (rechts); Edouard Boubat,
Rapho / Keystone (Mitte); Jill Krementz (links)

Alle Rechte vorbehalten
All rights reserved
Copyright © 2009
Diogenes Verlag AG Zürich
www.diogenes.ch
30/09/4/1
ISBN 978 3 257 06711 8

*Für Anna Keel,
die nie aufhören kann,
Simenon zu lesen.*

*Für John Simenon,
ohne dessen Mithilfe dieses
Buch nicht entstanden wäre.*

Inhalt

Kindheit in Liège 13

Paris 31

Flüsse und Meere 51

Maigret 63

Simenon als Reporter 89

Simenon als Fotograf 103

Frankreich 115

Die Non-Maigrets 129

Amerika 143

Rückkehr nach Europa 167

Schweiz 187

Die letzten Jahre 205

Ein Mensch wie jeder andere 227

Der Familienmensch 249

Simenon beim Schreiben 261

Verfilmungen 281

Simenon-Fans 299

Simenon weltweit 309

Anhang
Zeittafel, Register, Nachweis 325

Mein zwanzigstes Jahrhundert

Ich bin froh, Anfang des zwanzigsten Jahrhunderts geboren zu sein. Ich bin ziemlich zufrieden mit meiner Epoche. Wahrscheinlich hätte ich zu jeder anderen Zeit genau dasselbe gesagt, weil ich unbewusst von den Gedanken und Vorurteilen meiner Zeit beeinflusst worden wäre.

Gewiss erlebte und erlebe ich Geschehnisse mit, unter denen ich leide und gelitten habe. Ich habe zwei Kriege, zwei Besatzungen mitgemacht, die ich für schlimmer halte als den Krieg. Wir haben die Massenmorde miterlebt, ob in Deutschland, Polen oder Hiroshima. Wir beobachten auch heute noch politische Ereignisse, deren kleine und große Unlauterkeiten gerade die unbedarften Leute am meisten zu spüren bekommen. Und zwar überall, im Osten, in den USA, in Afrika oder Frankreich. Ist die große Masse der Menschen besser geworden (man müsste dieses Wort neu definieren und es von seiner moralischen Bedeutung befreien), und sind die in Politik, Finanz und sonst wo Tonangebenden weniger auf ihren eigenen Vorteil bedacht als früher?

Ich weiß es nicht. Ich möchte es auch gar nicht wissen. Ich habe lediglich den Eindruck, dass ich – so, wie ich geschaffen bin – in jedem früheren Jahrhundert mehr zu leiden gehabt hätte als heute. Auch in den großen Jahrhunderten der Geschichte in Ägypten, in Griechenland oder Rom, später in Frankreich, Spanien, Florenz oder Venedig, in London oder Amsterdam.

Sind wir sentimental geworden? Ist das gut oder schlecht? Ist es eine Degenerationserscheinung? Entfernen wir uns von den Ursprüngen und von der menschlichen Evolution und den uns unbekannten Regeln, die vor dieser Evolution gültig waren? Auch das weiß ich nicht.

Ich bin froh, in unserer Zeit zu leben, und ich bin ziemlich stolz auf sie, trotz ihrer Unvollkommenheiten, weil: selbst wenn noch jeden Tag brutale Gewalt herrscht, diese doch von den meisten verurteilt wird; selbst wenn der Mensch nicht so frei ist, wie er glaubt, es doch kaum mehr Sklaven gibt; selbst wenn Fragen der Rasse und Hautfarbe oft als politisches Sprungbrett dienen, es doch Tausende von Menschen gibt, die sich aufrichtig dazu bekennen, dass jeder Mensch ein Recht hat, ein Mensch zu sein; sich Zehntausende junger Leute fast überall auf der Welt weigern, »legitim« zu töten, töten zu lernen, und lieber ins Gefängnis gehen, als ihren Militärdienst abzuleisten; wenn auch viele weiterhin aus Vergnügen oder Eitelkeit Tiere umbringen, eine große Zahl doch die Jagd mit der Kamera vorzieht, das heißt die Tierwelt lieber studiert, als sie zerstört; der amerikanische Kommandant, der die Operation über Hiroshima geleitet hat, sich zehn Jahre später das Leben nahm; der Pilot des Flugzeugs, aus dem die Bombe abgeworfen wurde, zwei Selbstmordversuche gemacht hat und inzwischen, nachdem er die merkwürdigsten Dinge gestohlen hat, in eine psychiatrische Heilanstalt eingeliefert wurde (oder genauer: soeben aus ihr entflohen ist); die »Starken« ein schlechtes Gewissen haben und, wenn sie ihre Stellung halten wollen, gezwungen sind, die Schwachen zu beschützen oder es zumindest vorzugeben; selbst wenn es noch soziale Klassen gibt, niemand im Grunde seines Wesens wirklich noch daran glaubt; man wagt, ohne befürchten zu müssen, ausgelacht zu werden – oder im Gefängnis zu landen –, Dinge zu sagen oder zu schreiben, die früher, unter der Gefahr, als Märtyrer zu enden, nur von einigen religiösen oder philosophischen Sekten gemurmelt wurden; der Mensch ganz allgemein seinen Hochmut und seine Selbstgerechtigkeit abgelegt hat und beginnt, sich darüber klarzuwerden, dass er nicht die Krönung der Schöpfung ist, geschaffen nach dem Ebenbild eines Gottes, sondern der kleine Teil eines Ganzen, von dem er nur Teile wahrnimmt; die »Wissenschaftler« bei jeder neuen Entdeckung eingestehen, dass diese uns nicht etwa weiterbringt, sondern uns zurückwirft, da sie, anstatt eine Bestätigung zu bringen, neue Fragezeichen setzt; die ... Es gäbe viele solcher »Weil«, kleine nur, gewiss, die nur ein ganz schwacher Hoffnungsschimmer sind. Es gibt noch weit mehr »Aber«. Es ist müßig, sie aufzuzählen, nachdem sie uns von allen Seiten überfluten.

Alle diese kleinen Hoffnungsschimmer, die immer zahlreicher werden und sich über einen immer größeren Teil der Erde ausbreiten, reichen schon aus, mir Mut zu geben und mich sogar ein wenig stolz zu machen.
Ich glaube an den Menschen.
Selbst und vor allem, wenn er gewissen biologischen Gesetzen (die uns zumindest als solche erscheinen) der Auslese, das heißt der Aussonderung der Schwachen, zuwiderzuhandeln scheint.
Ich glaube an den Menschen, obwohl mir mein Verstand...

1960

Ich wäre gerne nicht nur ich selbst gewesen, sondern auch alle Menschen.

Nur in meinen erfundenen Personen habe ich gelebt.

Kindheit in Liège
1903–1922

Alle Gefühle und Eindrücke, die wir intensiv in uns speichern, erleben wir bis zum Alter von 17, höchstens 18 Jahren.

2

Schon das Geburtsdatum ist Stoff für Legenden. Geboren wurde Georges Simenon kurz nach Mitternacht am 13. Februar 1903 in Liège (Lüttich). Doch aus Aberglauben ließ seine Mutter Henriette den 12. Februar ins Geburtsregister eintragen. Die Familie war kleinbürgerlich, der Vater, Désiré Simenon, ein schlecht bezahlter Buchhalter, dem seine Frau mangelnden Ehrgeiz vorwarf und der seine Familie nur mit Mühe über die Runden brachte. Henriette, die ihre Stellung als Verkäuferin im Kaufhaus Innovation nach der Hochzeit aufgegeben hatte, musste die Ausgaben auf *le strict nécessaire* beschränken. Um die Haushaltskasse aufzubessern, nahm sie in Georges Kindheit Pensionsgäste auf, meist Studenten aus Russland, Polen und Rumänien. 1906 wurde Georges Bruder Christian geboren. Georges, ein frühreifer Junge, der schon mit drei Jahren lesen und schreiben lernte, kam nach der Grundschule in das von Jesuiten geführte Collège Saint-Louis. Er stand morgens um halb sechs auf, um vor der Schule noch seinen Dienst als Ministrant im Hôpital de Bavière zu versehen. Seine Mutter wünschte sich für Georges eine Priesterlaufbahn, er selbst war der Ansicht, das ließe sich gut mit dem Schreiben vereinbaren. Denn seine literarischen Ambitionen waren bereits erwacht, ebenso ein immenser Lesehunger: Čechov, Dickens, Tolstoi, Dumas, Hugo, Stendhal, Flaubert... und immer wieder Gogol. Der Flirt mit der Kirche dauerte nicht lange. 1915, nachdem er in den Sommerferien im ländlichen Embourg die Liebe kennengelernt hatte, wechselte er auf eigenen Wunsch auf das naturwissenschaftlich ausgerichtete Collège Saint-Servais. Während des Ersten Weltkriegs war Liège von deutschen

1 Die beiden Brüder Georges (rechts) und Christian Simenon, ca. 1908
2 Georges Joseph Christian Simenon, 1906

Truppen besetzt. Im letzten Kriegsjahr diagnostizierte man bei Désiré Simenon eine Angina pectoris, man sagte Georges, sein Vater habe noch höchstens drei Jahre zu leben. Der fünfzehnjährige Georges verließ daraufhin die Schule, um sich sein eigenes Geld zu verdienen. Ob Vorwand oder nicht, er war nicht unglücklich, dem ungeliebten Unterricht zu entkommen. Nach diversen kleinen Jobs, etwa als Konditor oder Buchhandelsgehilfe, bewarb er sich bei einer Lokalzeitung, der katholisch-konservativen *Gazette de Liège*. Da war er sechzehn, und journalistische Erfahrung konnte er nicht vorweisen. Doch man gab ihm eine Chance, und schon bald verfasste er vermischte Meldungen, Lokal- und Hintergrundberichte, Interviews, Opernkritiken, Kolumnen und Satirisches – unter dem Namen ›Georges Sim‹ und anderen Pseudonymen. Für seine eigene humoristische Kolumne *Hors du Poulailler* (Außerhalb des Hühnerstalls) zeichnete er als ›M. le Coq‹ (Herr Hahn). In der *Gazette* veröffentlichte er auch erste Erzählungen unter Pseudonym. Bald verdiente Georges mehr als sein Vater. Dreieinhalb Jahre arbeitete er für die *Gazette*, »einer der aufregendsten Abschnitte meines Lebens«. Parallel dazu lernte er mit der Künstler-Clique ›La Caque‹, die sich aus Studenten der Académie des Beaux-Arts und angehenden Schriftstellern zusammensetzte, das Boheme-Leben kennen. 1920 schrieb Simenon seinen ersten Roman, *Au Pont des Arches*, ein satirisches Liéger Sittenbild. Im selben Jahr begegnete er der Kunststudentin Régine Renchon, die er ›Tigy‹ nannte. Sie war drei Jahre älter als er und träumte davon, als Malerin in Paris zu leben. Ein Jahr später verlobte sich das Paar. Georges schrieb (mit Henri-J. Moërs) einen zweiten Roman, *Jehan Pinaguet*, der beim Chefredakteur der *Gazette* Anstoß erregte und unveröffentlicht blieb.

Am 28. November 1921 starb Désiré Simenon mit nur 44 Jahren. Der Tod des Vaters, obschon erwartet, war für Georges ein Schock. Nur Tage später musste er zum Militärdienst einrücken, den er zum Teil in Deutschland, bei den damaligen belgischen Besatzungstruppen absolvierte, ohne seine Tätigkeit für die *Gazette* zu unterbrechen. Ein Jahr später wurde ihm Liège endgültig zu eng. »Meine ganze Kindheit lang habe ich auf den Augenblick zur Flucht gewartet.« Er will nach Brüssel, zu einer linken Zeitung, *Le Peuple*, doch Tigy stellt ihren Verlobten vor die Wahl: Paris, oder du kannst mich vergessen. Am 10. Dezember 1922 hat Simenon sich entschieden: Er steigt in den Nachtzug nach Paris.

Ich bin am 12. oder 13. geboren. Es war zehn oder zwanzig Minuten nach Mitternacht. Meine Mutter war so abergläubisch, dass sie den Arzt und die Beamten vom Standesamt überredet hat, »geboren am 12.« einzutragen, weil es für sie einfach schrecklich war, dass ich an einem Freitag, dem 13., auf die Welt gekommen bin.

In einem Interview mit Roger Stéphane, 1963

Mit vierzehn war es schon entschieden; ich schrieb meine Aufsätze im Collège nicht mehr nach einem vorgegebenen Thema. Mein Lehrer erlaubte mir, mein Thema selber zu wählen; manchmal ergab das dreißig Seiten, manchmal fünfzig Verszeilen. Er hatte bereits erkannt, dass es besser war, mich frei entscheiden zu lassen. Ich hatte damals schon fast alle Russen gelesen. Ich fing an, Joseph Conrad zu lesen.

In einem Interview mit Roger Stéphane, 1963

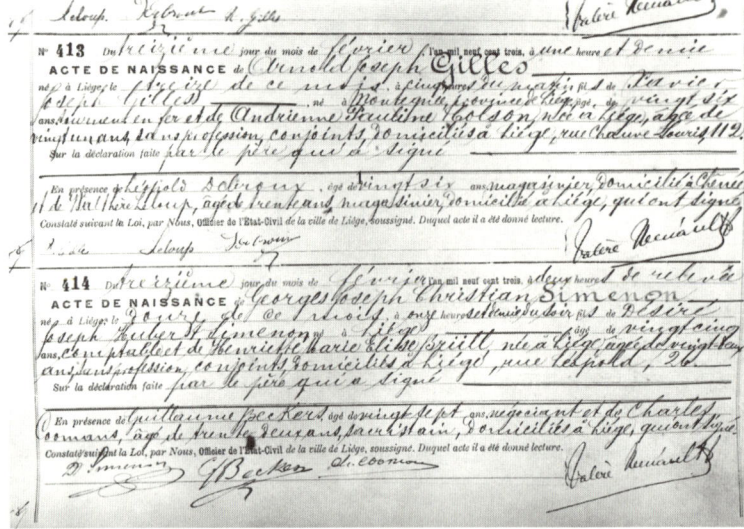

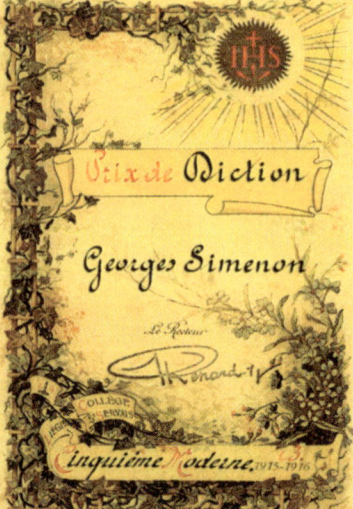

3 Geburtsregister
4 Als Tambourmajor bei einer Wohltätigkeitsveranstaltung in Liège, 1914
5 Preis im Aufsagewettbewerb des Collège Saint-Servais, Schuljahr 1915/1916
6 Das erste Foto von Georges Simenon, noch kein Jahr alt, 1903. Georges ist ein unruhiges Baby, das oft schreit und die Mutter nervös macht.
7 Georges (links) und sein um drei Jahre jüngerer Bruder Christian, der Liebling der Mutter

Wir waren arm. Nicht wirklich arm, nicht ganz unten auf dieser sozialen Leiter, die der bürgerliche Mittelstand, die Wohlhabenden, die Reichen überall auf der Welt erfunden haben und die bei mir Empörung hervorrief. Waren wir nicht alle Menschen? Ganz unten auf der Leiter standen damals die Fabrikarbeiter, deren Kinder, die lärmend auf der Straße spielten, meine Mutter als Strolche bezeichnete. Auf der nächsthöheren Sprosse standen die Handwerker, denn auch sie arbeiteten mit ihren Händen, auch sie machten sich schmutzig. Wir dagegen befanden uns auf der Sprosse darüber, auf der drittuntersten. Mein Vater war Angestellter, Buchhalter, immer dunkel gekleidet, würdevoll und makellos rein. Man nennt sie heute die »weißen Kragen« (»coles blancs«). Damals sagte man »Intellektuelle«, weil sie ihren Lebensunterhalt mit Kopfarbeit verdienten. Hatte er nicht, im Gegensatz zu seinen Brüdern, sein altsprachliches Abitur gemacht? Diese Intellektuellen damals waren in Wirklichkeit ärmer als die Handwerker und die Arbeiter.

Aus: *Intime Memoiren*, 1981

8 August 1910: die zweite Klasse der Grundschule des Institut Saint-André. Simenon ist das zweite Kind von rechts in der ersten Reihe.

9 Der Vater Désiré, der jüngere Bruder Christian, Georges und die Mutter Henriette Simenon, 1908. Der Versicherungsangestellte Désiré und die Verkäuferin Henriette Brüll hatten im April 1902 geheiratet.

Wie andere Romanciers auch, nehme ich an, erhalte ich bis heute immer noch eine große Zahl von Briefen. Sie kommen aus den verschiedensten Ländern, den verschiedensten Milieus auch, Ärzte, Psychologen, Psychiater, Professoren, dann auch noch die große Masse Menschen, die keine intellektuellen Berufe haben.

Die meisten dieser Briefe, von wem sie auch kommen, stellen mir nun dieselbe Frage:

»Wie läuft der Mechanismus Ihres Schaffens ab?«

Oder: »Wie schreiben Sie einen Roman?«

Gerade das ist die erste Frage, die ich einfach nicht beantworten kann. Gestern habe ich versucht, ein Beispiel zu geben, das meines ersten Maigrets; das war auch der erste Roman, den ich unter meinem eigenen Namen erscheinen ließ. Ich versuche immer noch herauszufinden, was das auslösende Moment war.

In Delfzijl geschah es, in dem kleinen Café mit den so schön polierten Tischen und beim Geruch des Genevers.

Aber die anderen? Ich glaube, dass eine Winzigkeit ausreicht, ein bestimmtes Licht, eine bestimmte Art von Regen, der Geruch eines Fliederbusches oder eines Misthaufens.

So wird in mir ein Bild ausgelöst, das ich mir selbst nicht ausgesucht habe und das manchmal keinerlei Beziehung hat zu der Empfindung ganz am Anfang:

Das Bild eines Kais in Lüttich, Antwerpen oder in Gabun. Ein wimmelndes Durcheinander von Gesichtern.

Lange Zeit gehörten diese Bilder fast ausschließlich zu meiner Kinder- und Jugendzeit. Wir waren eine sehr große Familie. Mein Vater hatte zwölf Geschwister, meine Mutter auch zwölf, und das ging von der Nonne bis zum Clochard, vom Selbstmörder bis zum Großgrundbesitzer, von der Pächterin eines Bistros für Seeleute bis zu Patienten geschlossener Abteilungen in Nervenheilanstalten. Den Rest schenke ich mir! Wenn ich die Romane noch einmal lesen würde, die ich bis zum Alter von etwa vierzig Jahren geschrieben habe, würde ich wahrscheinlich Ähnlichkeiten zwischen meinen Gestalten und Gestalten aus der Wirklichkeit wiederfinden. Keine genauen Porträts. Nichts Präzises. Ohne es zu wissen, hatten sie mich in eine Stimmung versetzt, und auch ich selbst hatte davon keine Ahnung.

Aus: *Ein Mensch wie jeder andere*, 1975

Ein Gottsucher bin ich nie gewesen. Ich war Christ, weil ich zuerst bei den Frères des Écoles chrétiennes und dann bei den Jesuiten in die Schule gegangen bin. Ich war ein liebes Kind, das tat, was man von ihm verlangte. Ich ging zur Messe, zur Kommunion. Als ich mit dreizehn zum ersten Mal mit einem Mädchen schlief, kam mir der Glaube völlig abhanden.

In einem Interview mit Paul Giannoli, Lausanne, 1981

10 Alte Ansichten von Liège aus dem Simenon-Archiv in Lausanne. Simenon wächst im kleinbürgerlichen Viertel Outremeuse auf.

Ich bin immer wieder verblüfft, wie sehr ich im Herzen Lütticher geblieben bin. Lüttich ist eine Stadt, in der man nicht groß angibt, weil es ohnehin nichts bringt. Die Lütticher sind ruhige Menschen, die ihre Nase nicht hoch tragen, aber sich alle irgendwie ähnlich sind und sich gut verstehen. Ich möchte nicht so weit gehen zu behaupten, dass man dort von Existentialismus oder dem, was man heute moderne Literatur nennt [...], nichts wissen will. Alle sind mehr oder weniger Kinder oder Kindeskinder von Bauern und stehen mit beiden Füßen fest auf dem Boden, auch auf die Gefahr hin, als »Mistbauern« bezeichnet zu werden. »Mistbauer« ist bei uns schon fast ein Adelsprädikat.

Aus: *Ich bin Chorknabe geblieben*, 1977

[Das Lüttich meiner Kindheit] hat mir den einfachen Mann nahegebracht, der nicht unbedingt ganz unten auf der sozialen Leiter steht – ich nenne ihn den kleinen Mann. Und mein Leben lang diente mir der kleine Mann als Maßstab. Einen anderen kannte ich nicht.

In einem Interview mit Maurice Piron und Robert Sacré, 1982

11 Der Großvater väterlicherseits, Chrétien Simenon, Hutmacher in Liège, vor seinem Geschäft in der Rue Puits-en-Sock

12 Ansicht der Grundschule Institut Saint-André, die Simenon besuchte

13 Désiré und Henriette Simenon vor ihrem Haus in der Rue de la Loi, 1915

Mein Vater einerseits verkörperte den resignierten Mann, aber einen Resignierten, dem es gelungen war, sein Glück auf dieser Resignation aufzubauen, denn ich glaube, dass mein Vater ein vollkommen glücklicher Mensch war, ohne große Freuden, ohne große Glückserlebnisse. Er hat sich schließlich gesagt: »Mein Gott, uns sind im Leben nur kleine Freuden beschieden. Nehmen wir also diese kleinen Freuden an.« Ich sehe meinen Vater noch, wie er morgens um acht in sein Büro ging. Er hatte eine halbe Stunde zu gehen. Er ging vor sich hin, betrachtete die Schaufenster, sah die Leute rechts und links, genoss die Sonne, atmete die frische Morgenluft ein; ich bin sicher, dass dieser halbstündige Fußweg ihm riesiges Vergnügen bereitet hat.
Er kam in sein Büro, wo ihn Zahlenkolonnen erwarteten. Mein Vater war vollkommen glücklich darüber, dass keiner so schnell addieren konnte wie er. Man holt sich das Glück da, wo man es bekommen kann.

In einem Interview mit Roger Stéphane, 1963

Meine Mutter, die ewig unzufrieden war und Angst hatte, plötzlich »mit nichts dazustehen«, wie man damals sagte, ohne Geld – es gab keine Sozialversicherung –, meine Mutter also hat meinem Vater sein Leben lang vorgeworfen, keine Lebensversicherung abgeschlossen zu haben. Als mein Vater dann an Angina pectoris starb, haben wir von seinem Arzt erfahren, dass er schon als Fünfundzwanzigjähriger versucht hatte, eine Lebensversicherung abzuschließen, die aber von der Versicherungsgesellschaft abgelehnt worden war. Mein Vater hat weder meiner Mutter noch uns je davon etwas gesagt. Er hat sein Leben lang diesen Vorwurf ertragen, obwohl er wusste, dass er unberechtigt war.

In einem Interview mit Roger Stéphane, 1963

14 Désiré Simenon (1877–1921) als junger Mann. Georges' Vater, der zeitlebens ein kleiner Angestellter bei einer Versicherung blieb, war der »Intellektuelle« der Familie. Er starb in Liège hinter seinem Buchhalterpult an einem Herzinfarkt, im Alter von 44 Jahren.

15 Simenons Vater und Großvater väterlicherseits, 1918
16/17 Französische Erstausgabe und Pressedossier des autobiographischen Romans *Pedigree* (Deutsch: *Stammbaum*), Presses de la Cité, 1948. In *Pedigree* beschreibt Simenon in halbfiktionaler Weise seine Herkunft und Jugend.
18 Stammbaum der Simenons, von Simenon gezeichnet für *Pedigree*, 1940

Ich war damals auf dem Gymnasium, als Dr. Fischer mich zu sich rief, was mich im Übrigen sehr erstaunte.
Er hat mir gesagt: »Georges, ich habe eine schlechte Nachricht für dich; du wirst die Schule abbrechen und dir deinen Lebensunterhalt verdienen müssen.« – »Warum denn?«, fragte ich. – »Weil ich deinen Vater vor ein paar Tagen untersucht habe, und ich glaube nicht, dass er noch länger als zwei oder drei Jahre zu leben hat, höchstens zwei oder drei Jahre!« Ich habe nicht geweint; es tat mir um meinen Vater leid.

Aus: *Simenon auf der Couch*, 1968

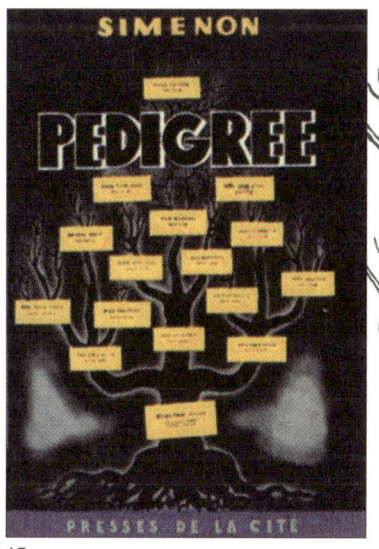

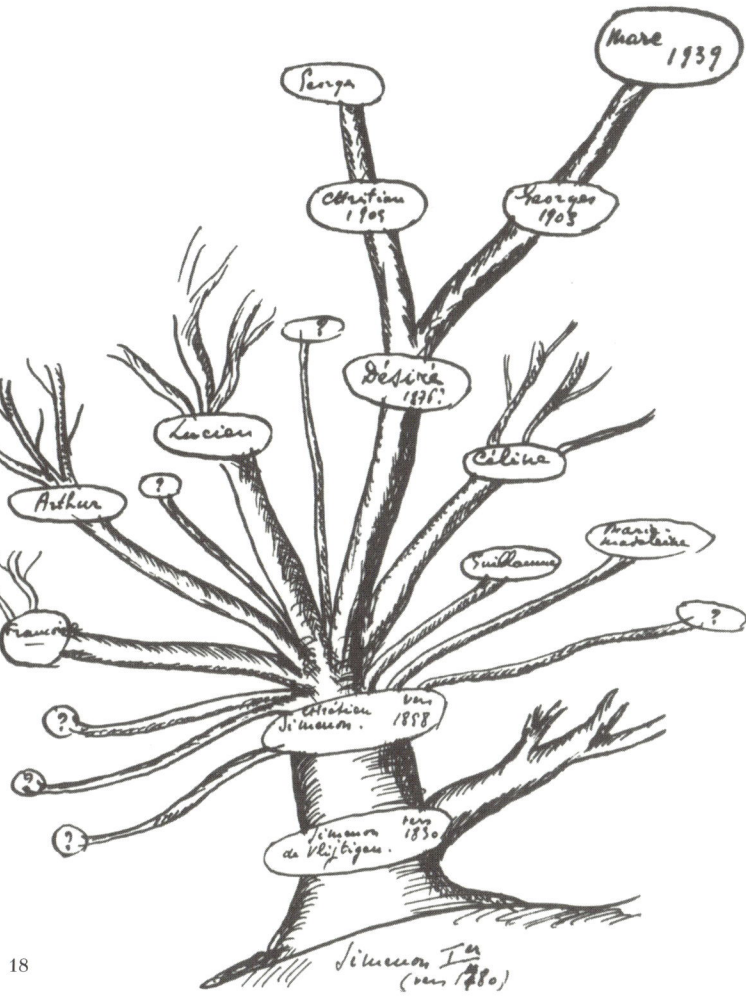

Épalinges, das ich vor zwei Jahren zum Kauf ausgeschrieben und noch immer nicht verkauft habe, ist ein sehr großes Haus, es wirkt ziemlich luxuriös. Es erfordert zahlreiche Angestellte. Du verbrachtest deine Tage zum großen Teil im Garten, unter dem tanzenden Schatten einer Birke.
Was dich beschäftigte, war nicht die Frage, wie du deine letzten Lebensjahre verbringen würdest. Wenn es dir gelang, jemanden vom Personal zu erwischen, fragtest du mit misstrauischem Blick: »Ist das Anwesen wirklich bezahlt?« [...] Fünfzig Jahre lang vermochte ich dich nicht davon zu überzeugen, dass ich arbeitete und mir mein Brot verdiente.
    Aus: *Brief an meine Mutter*, 1974 (In: *Das Simenon Lesebuch*)

Du kamst von ganz unten. Du gehörtest zu denen, die nichts mitbekommen hatten, für die jede kleine Freude eine Eroberung bedeutete, die man mit Gewalt an sich reißen musste.
    Aus: *Brief an meine Mutter*, 1974 (In: *Das Simenon Lesebuch*)

19 Die Mutter Henriette (1880–1971), geborene Brüll, Anfang 1900. Sie war das dreizehnte Kind einer wohlhabenden, aber über Nacht verarmten Familie. In ihrer Ehe mit Désiré träumte sie vergeblich vom sozialen Aufstieg.
20 Liège, 1928. Nach dem Tod ihres ersten Mannes 1921 heiratete Henriette Simenon 1929, mit 49 Jahren, ein zweites Mal: Joseph André. Die wenig glückliche Ehe inspirierte Simenon zu seinem Roman *Die Katze*.
21 Épalinges, 1967, drei Jahre vor Henriettes Tod im Alter von 90 Jahren in Liège

22 Bei seinem triumphalen Besuch in seiner Heimatstadt Liège 1952 besuchte Simenon als Erstes seine Mutter in ihrer bescheidenen Wohung in der Rue de l'Enseignement.
23 Henriette Simenon, 1968
24 1974, vier Jahre nach ihrem Tod, versucht Simenon in seinem *Brief an meine Mutter* die schwierige Beziehung zu Henriette zu beschreiben. Französische Erstausgabe, Presses de la Cité, 1974

Meine liebe Mama,
es ist ungefähr dreieinhalb Jahre her, dass du im Alter von einundneunzig Jahren gestorben bist, und vielleicht beginne ich dich jetzt erst kennenzulernen. Ich habe meine Kindheit und meine Jugendzeit mit dir im selben Haus verlebt, aber als ich dich mit neunzehn Jahren verließ, um nach Paris zu gehen, warst du für mich noch immer eine Fremde.
Übrigens habe ich dich nie Mama genannt, sondern Mutter, wie ich auch meinen Vater nicht Papa nannte. Warum? Wie kam das? Ich weiß es nicht.

Aus: *Brief an meine Mutter*, 1974 (In: *Das Simenon Lesebuch*)

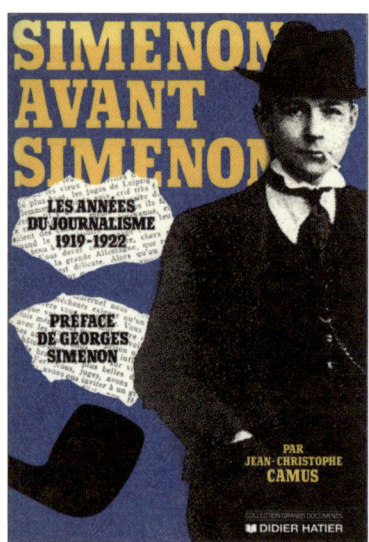

25 Simenon avant Simenon (Simenon vor Simenon), Buch von Jean-Christophe Camus über frühe Jahre Simenons als Journalist in Liège, Didier Hatier, 1989

26/27 Mit 15 Jahren in Liège, 1918. Als Simenon erfährt, dass sein Vater herzkrank ist und bald sterben wird, bricht er die Schule ab, um zu arbeiten.

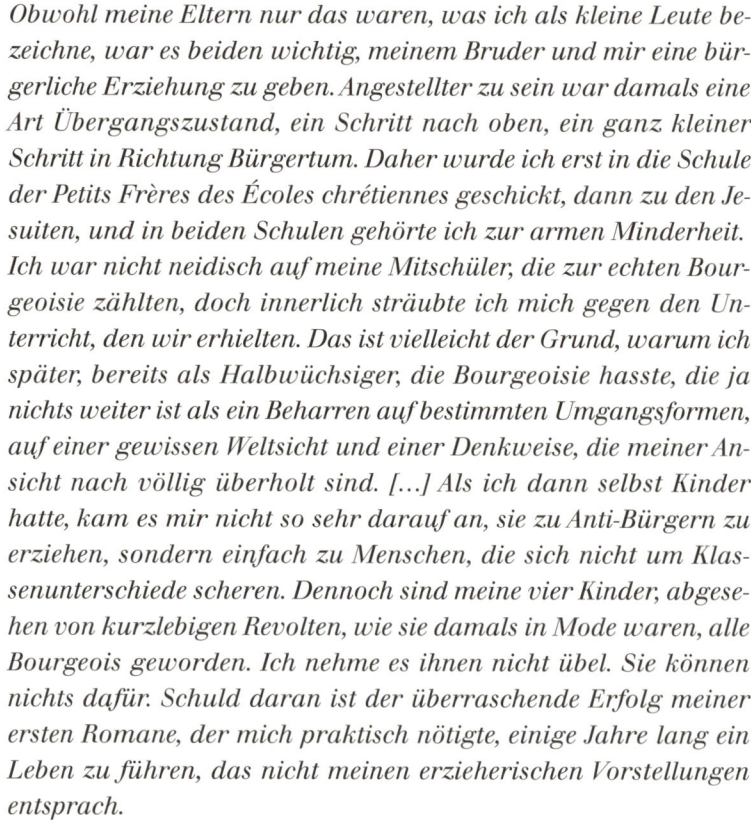

Obwohl meine Eltern nur das waren, was ich als kleine Leute bezeichne, war es beiden wichtig, meinem Bruder und mir eine bürgerliche Erziehung zu geben. Angestellter zu sein war damals eine Art Übergangszustand, ein Schritt nach oben, ein ganz kleiner Schritt in Richtung Bürgertum. Daher wurde ich erst in die Schule der Petits Frères des Écoles chrétiennes geschickt, dann zu den Jesuiten, und in beiden Schulen gehörte ich zur armen Minderheit. Ich war nicht neidisch auf meine Mitschüler, die zur echten Bourgeoisie zählten, doch innerlich sträubte ich mich gegen den Unterricht, den wir erhielten. Das ist vielleicht der Grund, warum ich später, bereits als Halbwüchsiger, die Bourgeoisie hasste, die ja nichts weiter ist als ein Beharren auf bestimmten Umgangsformen, auf einer gewissen Weltsicht und einer Denkweise, die meiner Ansicht nach völlig überholt sind. […] Als ich dann selbst Kinder hatte, kam es mir nicht so sehr darauf an, sie zu Anti-Bürgern zu erziehen, sondern einfach zu Menschen, die sich nicht um Klassenunterschiede scheren. Dennoch sind meine vier Kinder, abgesehen von kurzlebigen Revolten, wie sie damals in Mode waren, alle Bourgeois geworden. Ich nehme es ihnen nicht übel. Sie können nichts dafür. Schuld daran ist der überraschende Erfolg meiner ersten Romane, der mich praktisch nötigte, einige Jahre lang ein Leben zu führen, das nicht meinen erzieherischen Vorstellungen entsprach.

Aus: *La main dans la main*, 1976

Ich glaube, das Bedürfnis zu schreiben ist bei mir an dem Tag entstanden, an dem ich mich gleichzeitig meinem Milieu zugehörig fühlte und aus ihm herauskam, gegen es war, wie ich Ihnen schon gesagt habe. Bis dahin lebte ich in Harmonie mit meinem Milieu, mit meiner ganzen bisherigen Umgebung. Mit zwölf habe ich plötzlich erkannt, dass diese Leute – ich spreche von meinen Onkeln und Tanten – alle Opfer waren. Und da habe ich mir gesagt: Nein, ich will nicht auch ein Opfer sein. Ich will nicht das gleiche Schicksal haben wie sie. Ich will da raus. Ich fragte mich: Warum gibt es parallel zu den Ärzten, die einem den Körper heilen, nicht auch solche, die die Schicksale reparieren, die sich mit der menschlichen Seele auskennen, alle Schicksale kennen. Die einem sagen: »Wenn du dieses Studium beginnst, führt das zu nichts. Wenn du diese Person heiratest, endet das schlecht […]« Die Schicksale reparieren. Das dachte ich schon mit vierzehn.

Aus: *Simenon auf der Couch*, 1968

In meiner Jugend habe ich mich mehr oder weniger ständig gegen die Tabus aufgelehnt, von denen ich umgeben war, und auch gegen die Mittelmäßigkeit um mich herum. Ich war der Liebling meiner Lehrer und wollte unbedingt Klassenbester sein. Das hat sich dann allerdings geändert, als ich in die Oberstufe kam und die Mädchen entdeckte.

In einem Interview mit Gilbert Graziani in *Paris-Match*, 1967

Ich bin in einer Familienpension aufgewachsen, in der es fast nur russische Studenten gab. Ich habe mit russischer Literatur begonnen, bevor ich die französische kennengelernt habe, das heißt Gogol, Čechov, Puškin, Dostojewskij, Gorki kamen vor Balzac und Flaubert. Dann habe ich mich für Dickens und Conrad begeistert. Schließlich las ich Balzac und die französischen Schriftsteller des letzten Jahrhunderts. Zuvor aber habe ich als guter Gymnasiast ernsthaft meine Klassiker studiert.

In einem Interview mit Francis Lacassin, 1975 (Aus: *Über Simenon*)

28 Pensionsgäste vor dem Haus der Simenons in Liège, mit dem Großvater Chrétien Simenon. Von 1911 an vermietete die Mutter Zimmer an Studenten aus Osteuropa, die zu einer Inspirationsquelle für den jungen Georges wurden.

29 Personalausweis, 1919

30 Joseph Demarteau, der Direktor der *Gazette de Liège*, der Simenon 1919 einstellte
32 Simenons Kolumne *Hors du poulailler (Außerhalb des Hühnerstalls)* in der *Gazette de Liège*. Er schrieb über 800 dieser Kolumnen.
31/33 Rezension und Cover des ersten Romans *Au Pont des Arches*, erschienen unter dem Pseudonym Georges Sim bei der Imprimerie Bénard, Liège, 1921. Die Auflage ist bescheiden: nur 1500 Exemplare.

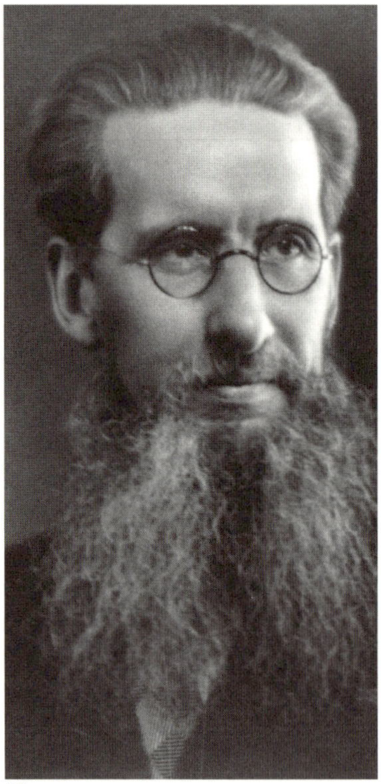

30

Ich hatte den Lokalteil der ›Gazette de Liège‹, die »Unglücksfälle und Verbrechen«, zu betreuen, was sicher nicht großartig war, mir hingegen alle Türen öffnete und einem kaum der Kindheit entwachsenen Reporter die Möglichkeit gab, die Rückseite der Medaille seiner Stadt zu entdecken, hinter ihre Kulissen zu schauen und ihre treibenden Kräfte bloßzulegen.

Aus: *Der Roman vom Menschen* (In: *Über Simenon*)

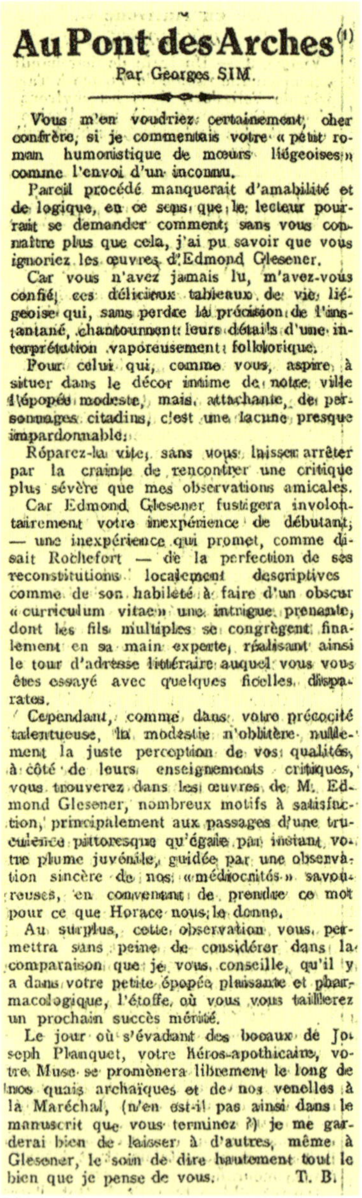

Au Pont des Arches (1)

Par Georges SIM.

Vous m'en voudriez certainement, cher confrère, si je commentais votre « petit roman humoristique de mœurs liégeoises » comme l'envoi d'un inconnu.

Pareil procédé manquerait d'amabilité et de logique, en ce sens que le lecteur pourrait se demander comment, sans vous connaître plus que cela, j'ai pu savoir que vous ignoriez les œuvres d'Edmond Glesener.

Car vous n'avez jamais lu, m'avez-vous confié, ces délicieux tableaux de vie liégeoise qui, sans perdre la précision de l'instantané, chantournent leurs détails d'une interprétation vaporeusement folklorique.

Pour celui qui, comme vous, aspire à situer dans le décor intime de notre ville l'épopée modeste, mais attachante, de personnages citadins, c'est une lacune presque impardonnable.

Réparez-la vite, sans vous laisser arrêter par la crainte de rencontrer une critique plus sévère que mes observations amicales.

Car Edmond Glesener fustigera involontairement votre inexpérience de débutant; — une inexpérience qui promet, comme disait Rochefort — de la perfection de ses reconstitutions localement descriptives comme de son habileté à faire d'un obscur « curriculum vitae » une intrigue prenante, dont les fils multiples se congrègent finalement en sa main experte, réalisant ainsi le tour d'adresse littéraire auquel vous vous êtes essayé avec quelques ficelles disparates.

Cependant, comme dans votre précocité talentueuse, la modestie n'oblitère nullement la juste perception de vos qualités, à côté de leurs enseignements critiques, vous trouverez dans les œuvres de M. Edmond Glesener, nombreux motifs à satisfaction, principalement aux passages d'une truculence pittoresque qu'égale par instant votre plume juvénile, guidée par une observation sincère de nos « médiocrités » savoureuses, en convenant de prendre ce mot pour ce que Horace nous le donne.

Au surplus, cette observation vous permettra sans peine de considérer dans la comparaison que je vous conseille, qu'il y a dans votre petite épopée plaisante et pharmacologique, l'étoffe où vous vous taillerez un prochain succès mérité.

Le jour où s'évadant des bocaux de Joseph Planquet, votre héros-apothicaire, votre Muse se promènera librement le long de nos quais archaïques et de nos venelles à la Maréchal, (n'en est-il pas ainsi dans le manuscrit que vous terminez ?) je me garderai bien de laisser à d'autres, même à Glesener, le soin de dire hautement tout le bien que je pense de vous.

T. B.

31

32

Ich schrieb fast Tag für Tag an meinem ersten Roman, ›Au Pont des Arches‹, der selbst für meine Heimatstadt Lüttich kein literarisches Ereignis bedeutet hat.
Wenn ich heute davon spreche, so deshalb, weil diesem Roman weitere gefolgt sind, und tatsächlich habe ich von diesem Zeitpunkt an nicht aufgehört, ein Romancier zu sein, oder – um einen Ausdruck zu gebrauchen, den ich vorziehen würde – ein ›Romanhandwerker‹.

Aus: *Der Roman vom Menschen* (In: *Über Simenon*)

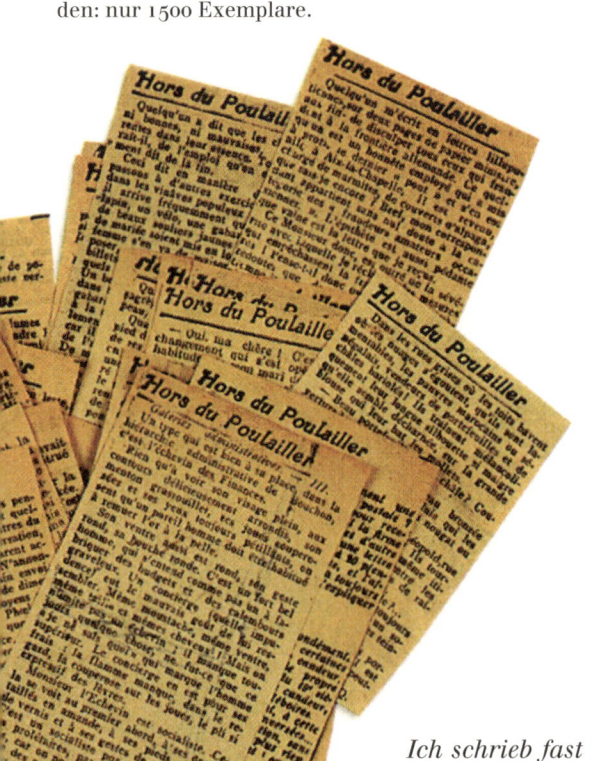

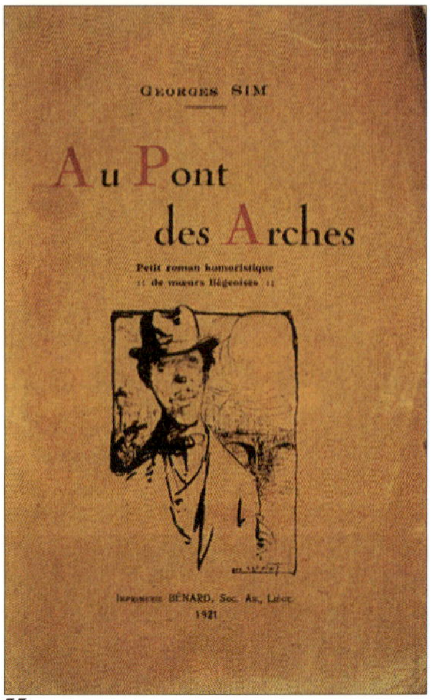

33

34 Visitenkarte als Journalist
35 1918, kurz vor seinem Eintritt in die *Gazette de Liège*
36 Ausgabe der *Gazette der Liège*. Der erste Artikel von »Georges Sim« erschien am 24. Januar 1919.

Als Reporter bei der ›Gazette de Liège‹ war ich durch Zufall auf eine Gruppe junger »rapins« getroffen, wie man damals sagte, das heißt also junge Maler, die frisch von der Akademie kamen oder dort gerade ihr Studium beendeten. Durch sie lernte ich ein junges Mädchen kennen, Régine Renchon, deren Vornamen ich nicht mochte und die ich in Tigy umtaufte, ein Wort, das nichts Bestimmtes bedeutete, auf jeden Fall nicht »Königin«!

War es bei mir Liebe auf den ersten Blick? Nein, aber ich suchte ihre Nähe, ich träumte immer von zwei Schatten hinter einem schwach beleuchteten Vorhang, und ich stellte es mir gut vor, mich mit ihr hinter diesem Vorhang zu befinden, einer dieser zwei Schatten zu sein.

Aus: *Intime Memoiren*, 1981

37 Régine Renchon (1900–1985), von Simenon Tigy genannt, 1915. Simenon lernte die Studentin der Kunstakademie, die von einer Karriere als Malerin in Paris träumte, ca. 1920 durch die Künstlergruppe ›La Caque‹ kennen.
38 Tigy, 1936
39 Mit Tigy 1922 in Coq-sur-Mer (De Haan aan Zee), das erste bekannte gemeinsame Foto des Paares vor der Hochzeit 1923. Die Ehe hielt bis 1950.

Es gab da eine Clique junger Männer – oder vielmehr, wir waren so eine Clique, da ich eine Zeitlang dazugehörte –, die mehr oder weniger regelmäßig die Kunstakademie besuchten und in romantischem Maleraufzug, mit schwarzem Schlapphut und Seidenschal, herumliefen. Sie kamen aus allen Stadtvierteln und allen Schichten der Gesellschaft:

Einer war der Sohn eines Wachsfabrikanten, der Vater eines anderen, des kleinen K., war ein armer, verwitweter und ständig betrunkener Hilfsarbeiter; Söhne von Geschäftsleuten waren darunter, und einer hatte einen Universitätsprofessor zum Vater; die Jüngsten waren achtzehn, die Ältesten drei- oder vierundzwanzig Jahre alt. Ob ihr Hang zur Mystik, den ich gleichzeitig mit dem Seidenschal übernahm, vom Krieg herrührte oder einfach von den skandalumwitterten Dichtern, deren Versen sie im Âne Rouge lauschten, wüsste ich nicht zu sagen. Oder entstammte er einem Buch, das einer von ihnen halb verstanden oder nicht wirklich verdaut hatte? Im Âne Rouge lernte ich das Trinklied ›Les Moines de Saint-Bernardin‹, beim Waffenstillstand hörte ich zum ersten Mal ›La Madelon‹. Andererseits musste ich hier Balzac und Dumas verleugnen und mich in endlose Debatten über das Unendliche und das Unbegrenzte, über das Objektive und das Subjektive verwickeln lassen; über den Vorrang von Rembrandt vor Leonardo da Vinci, Baudelaire oder Verlaine, Plato oder Pyrrho …

Aus dem Roman: *Die Verbrechen meiner Freunde*, 1938

40 Die Lütticher Künstlergruppe ›La Caque‹, 1919 (Simenon ist nicht auf diesem Foto.)

41 Französische Ausgabe von *Maigret und der Gehängte von Saint-Pholien*, Fayard, 1936. Inspiriert wurde der Roman vom Tod von Joseph Kleine, einem Mitglied der Künstlergruppe, der sich 1922 am Eingang der Kirche Saint-Pholien erhängt hatte.

42 Simenon Anfang der 1920er Jahre in Liège

Paris
1922–1931

*Ich kam, wenn man so will, um mir
»die ersten Sporen zu verdienen«, allerdings ohne den Ehrgeiz, zu einem klar
umrissenen Ziel zu gelangen ...*

44

Auch nach dem Ersten Weltkrieg blieb Paris die *ville lumière* Europas, die Künstler, Schriftsteller und Erfolgshungrige in Scharen anlockte. Am 11. Dezember 1922 kam in der Gare du Nord der 19-jährige Georges Simenon mit dem Nachtzug aus Liège an. Zuerst wohnte er bei Georges Ista, einem über dreißig Jahre älteren Lütticher Schriftsteller, danach im schäbigen Hotel Bertha in der Rue Darcet und in einem möblierten Zimmer im Faubourg Saint-Honoré, bis er in der Nähe eine Zweizimmerwohnung fand. Hier zog am 25. März 1923 Tigy ein, die er einen Tag zuvor in Liège geheiratet hatte. Tigy wollte Malerin werden, Simenon Schriftsteller.

43 Paris, 1927
44 Paris, 1922

Und in Paris wurde aus dem Journalisten Georges Sim tatsächlich der Schriftsteller Georges Simenon. Aber nicht sofort. Zunächst musste er sich seine Sporen ab- und Geld verdienen: Erst wurde er Sekretär eines gewissen Monsieur Binet-Valmer, der einer nationalistischen Organisation vorstand mit dem pompösen Namen ›Ligue des Chefs de section et des soldats combattants‹. Danach fand er eine Anstellung als Privatsekretär des jungen Marquis de Tracy, der die über Frankreich verstreuten Familiengüter geerbt hatte und nun verwalten musste, aber auch eine Zeitung besaß, in der Artikel von Simenon erschienen. Daneben schrieb Simenon erste Geschichten und Humoresken für populäre Blätter, die ihre Leserschaft mit Frivolität, Liebe und Verbrechen unterhielten und in denen auch sein Lütticher Mentor Ista publizierte. 1924 kündigte Simenon seine Stelle beim Marquis de Tracy, und nun kam die Romanfabrik Simenon ins Rollen: Den ersten Groschenroman, so die Legende, schrieb Simenon an einem Vormittag auf einer Caféterrasse der Place Constantin-Pecqueur: *Le roman d'une dactylo* (zu deutsch etwa: ›Der Roman einer Tippse‹). Neben Georges Sim, dem Hauptpseudonym, gab es noch sechzehn andere Namen (Christian Brulls, Jean du Perry, Georges-Martin Georges, Gom Gut …), unter denen Simenon in verschiedenen Verlagen eine Flut von Groschenromanen veröffentlichte, insgesamt über 200. Bis 1931 der erste Maigret-Roman erschien, unter seinem richtigen Namen.

Als Simenon versuchte, seine Geschichten auch in der Zeitung *Le Matin* unterzubringen, in der Colette das Feuilleton leitete, gab die Schriftstellerin ihm den entscheidenden Rat: »Bitte keine Literatur!« Die Schecks der Groschenromanverlage brachten keinen Ruhm, aber einen gewissen Wohlstand. Das Ehepaar Simenon konnte sich endlich eine Wohnung an der Place des Vosges 21 leisten und ein Atelier für Tigy im gleichen Gebäude. 1925 machten die Simenons zum ersten Mal Ferien in der Nähe von Etretat, wo sie die junge Köchin Henriette Liberge, genannt Boule, als Hausmädchen engagierten und nach Paris mitnahmen. Und das Paar stürzte sich in die Lustbarkeiten der *Années folles*. Am Montparnasse mischten sie sich in den angesagten Brasserien La Rotonde oder La Coupole unter die Künstler, lernten Picasso und Vlaminck kennen, der zeit seines Lebens ein Freund blieb. Es wurde viel getrunken und getanzt. Simenon, der schon in Liège ein Lebemann war, kam schnell in den Ruf, einen großen sexuellen Appetit zu haben. Im Herbst 1925 traf Simenon im Théâtre des Champs-Elysées Josephine Baker, den Star des Pariser Variétés, der ganz Paris den Kopf verdrehte. Auch Simenon verfiel ihr (um von ihr loszukommen, und wohl auch um seine Ehe zu retten, floh er im Sommer 1927 auf die Atlantikinsel Aix). Legendär waren die Cocktailpartys in der Wohnung der Simenons, hinter der Bar mixte Simenon für seine Gäste die Getränke. Doch wenn diese später auf schwarzen Samtkissen ihren Rausch ausschliefen, schrieb Simenon seine täglichen achtzig Manuskriptseiten.

Richtig berühmt (und reich) wurde Simenon aber erst durch seinen Kommissar Maigret, der 1931 die literarische Bühne betrat. Zwar bezog Simenon 1935 eine luxuriöse Wohnung am Boulevard Richard-Wallace im Pariser Nobelvorort Neuilly, doch wegen seiner Reisen um die ganze Welt und seiner Aufenthalte an der französischen Küste blieb sie die meiste Zeit leer. Nachdem Simenon Paris erobert hatte, wurde ihm die Stadt bald langweilig und zu klein, und es scheint fast so, als habe sie ihn nur noch als Kulisse für seine Romane interessiert: 63 der 75 Maigret-Fälle spielen in Paris und etwa 50 der Non-Maigret-Romane.

Ich habe in den zwei Jahren viele Dinge gelernt, und wenn mein Marquis mir freundlich gesonnen war, huschte ihm manchmal ein Lächeln à la Talleyrand über die Lippen, denn ich blieb beharrlich der kleine Junge aus Outremeuse, und meine Empörung war deswegen nur noch heftiger.

Ich empfand das Bedürfnis, in Paris zu sein, um weiterhin meine Geschichten zu schreiben, sie zu verkaufen, zu versuchen und, wer weiß, es zu schaffen, einen erfolgreichen Roman zu schreiben.

Tigy war immer dabei, inkognito, manchmal zwanzig Kilometer weiter weg, und abends fuhr ich mit dem Fahrrad zu ihr und war morgens um acht Uhr wieder im Schloss. Ich erinnere mich nicht, dass der Marquis sie jemals traf.

Wir trennten uns in aller Freundschaft, er und ich, und ich habe ihn mehrmals auf einem anderen Terrain wiedergesehen, einmal sogar, als ich mit dem Vorschlag zu ihm kam, eines seiner Schlösser von ihm zu kaufen, eines von den kleinsten, selbstverständlich.

Aus: *Intime Memoiren*, 1981

Meine Erzählungen mehrten sich, und ich hatte mir eine alte, klappernde Schreibmaschine geliehen, da ich nicht in der Lage war, sie zu kaufen. Die Zahl meiner Pseudonyme stieg in dem Maße, in dem die Zeitungen, für die ich arbeitete, zahlreicher wurden, und wir konnten sehr oft nach Montparnasse gehen, um mit den Malern in Berührung zu kommen, von denen alle Welt sprach, und um die Ausstellungen in der Rue du Faubourg-Saint-Honoré und in der Rue La Boétie zu besuchen.

Aus: *Intime Memoiren*, 1981

45 Eugène Merle, einer der Pressebarone im Paris der 20er Jahre, für dessen Zeitungen und Zeitschriften Simenon in seinen Anfangsjahren in Paris schrieb, ca. 1902

46 Der Marquis Raymond d'Estutt de Tracy, dessen Sekretär Simenon 1923 und 1924 war

Noch beim Marquis de Tracy hatte ich angefangen, kleine Erzählungen für sogenannte galante Zeitschriften zu schreiben, Magazine, die heute höchst harmlos wirken würden. Damals bin ich einem ungewöhnlichen Mann begegnet: Eugène Merle. Ihm gehörte ›Frou-Frou‹, die renommierteste dieser Art von Zeitschriften, bei denen ich mitarbeitete. Mit den Einnahmen aus ›Frou-Frou‹ wollte er das Defizit aus einer großen linksgerichteten Tageszeitung decken, die er gerade gegründet hatte: ›Paris-soir‹. Merle besaß außerdem noch eine satirische Wochenschrift, ›Le Merle blanc‹, die es zu einer Auflage von 800 000 Exemplaren brachte und damit ›Le Canard enchaîné‹ weit hinter sich ließ. Damals kam es vor, dass ich pro Tag sechs Erzählungen schrieb. Manchmal habe ich das ganze ›Frou-Frou‹ unter zehn oder zwölf verschiedenen Pseudonymen ganz allein bestritten, weil das Blatt nicht über genügend Geld verfügte und ich immer wieder ungedeckte Schecks annahm.

Aus: *Intime Memoiren,* 1981

Eugène Merle hat mich auch in meinem Hang zur Romanschriftstellerei ermutigt. Ich hatte nämlich nach und nach angefangen, Groschenromane für ein anspruchsloses Publikum zu schreiben. Der erste ist 1924 bei Ferenczi erschienen, er hieß ›Roman d'une dactylo‹. Ich habe es auch bei den großen, entsprechend spezialisierten Verlagen versucht: bei Rouff, Fayard, Tallandier. Ich erkundigte mich jeweils nach der gewünschten Zeilenzahl und nach der Bezahlung. Das richtige Rezept fand ich dann selbst heraus.

In einem Interview mit Francis Lacassin, 1975 (Aus: *Über Simenon*)

47 *Paris Plaisirs*, eine der vielen frivolen Zeitschriften, in denen Simenons Geschichten ab 1923 erschienen

48 *Photos galantes*, eine unter dem Pseudonym Luc Dorson veröffentlichte Geschichte von Simenon im Magazin *Paris-Flirt*, 2. Juli 1924

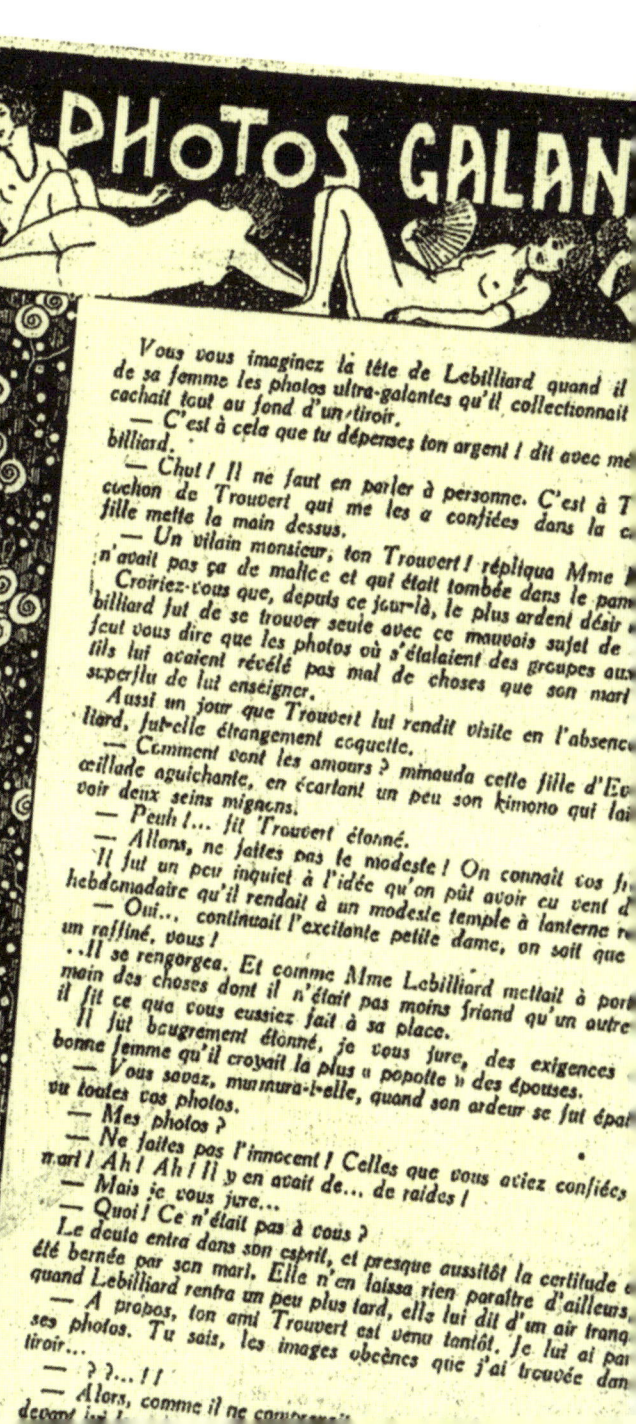

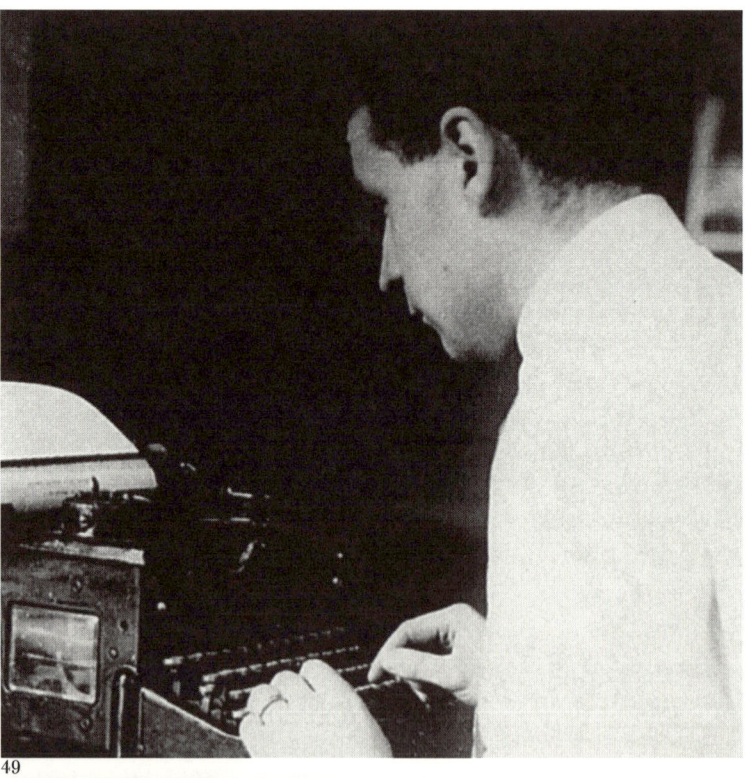

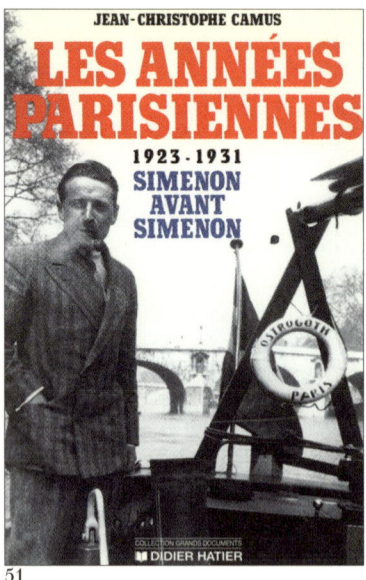

49/50 Simenon, 1927 – als Brotschreiber in Paris

51 Buch von Jean-Christophe Camus über Simenons Pariser Jahre, erschienen bei Didier Hatier, 1990

Ich sehe Colette noch vor mir, die große französische Schriftstellerin Colette, die damals Feuilletonchefin bei der Pariser Tageszeitung ›Le Matin‹ war und der ich meine ersten Erzählungen brachte:

»Junger Mann, Sie schreiben zu literarisch, viel zu literarisch.« Bewundernswerte Colette, die diesen wunderbaren Euphemismus gefunden hat! Literarisch, das hieß einfach, dass es prätentiös war, unerträglich prätentiös. [...] Jede Woche ging ich mit neuen Erzählungen zum ›Matin‹, und Colette wurde nicht müde zu wiederholen: »Immer noch zu literarisch, mon petit Sim ... Sie müssen sich auf das Publikum einstellen ... Eine Zeitung liest man im Bus, in der Métro ... Da hat der Leser keine Zeit, große Literatur zu verdauen. [...] Immer noch ein wenig zu literarisch, junger Mann ... Eine Geschichte! Erzählen Sie einfach eine Geschichte ... Der Rest kommt dann von allein.«

Von dem Tag an, da ich das verstanden hatte, bin ich nicht mehr zum ›Matin‹ gegangen, weil ich mich geschämt habe, und ich habe Colette erst viele Jahre später wiedergesehen, und dann wurden wir Freunde. Ich musste einfach lernen, eine Geschichte zu erzählen.

Aus: *Der Romancier*, 1945 (in: *Über Simenon*)

Ich arbeitete sehr schnell. Es kam vor, dass ich acht Erzählungen an einem Tag schrieb, und so konnten wir ein großes Zimmer und ein kleineres mieten, im Erdgeschoss eines dieser wundervollen Häuser im Stile Louis XIII an der ehemaligen Place Royale, die nach der Revolution aus Gründen, die ich nicht kenne, in Place des Vosges umbenannt worden war.

Aus: *Intime Memoiren*, 1981

52 Die Schriftstellerin Colette (eigtl. Sidonie-Gabrielle Colette, 1873–1954)

53 Dankesbrief von Colette an Simenon, einige Jahre nach dem ersten Treffen. Colette: »Ich habe gerade *Die Flucht des Monsieur Monde* gelesen. Die tiefe Traurigkeit Ihrer Figuren berührt mich sehr.«

»Du siehst so angespannt aus!«, sagte Tigy auf der Place Constantin-Pecqueur zu mir. »Setz dich irgendwo auf eine Terrasse oder geh spazieren. Du machst den Kunden Angst …«
Ich befolgte ihren Rat, setzte mich in der Rue Caulaincourt auf eine Terrasse und schrieb meinen ersten Groschenroman, ›Roman d'une dactylo‹, nicht ohne vorher einige gelesen zu haben, die bei demselben Verlag erschienen waren, um zu wissen, wie sie gemacht wurden.
Er wurde von Ferenczi angenommen, der mir weitere in Auftrag gab, von unterschiedlicher Länge und unterschiedlichem Format, und da ich fortfuhr, sehr schnell zu schreiben, dehnte ich mein kleines Unternehmen auf vier oder fünf Verlage in Paris aus, die sich darauf spezialisiert hatten.

Jede Serie hatte ihre Tabus. In einigen war das Wort »Mätresse« nicht gestattet, und in keiner einzigen wurde beigeschlafen, sondern »die Lippen fanden sich«, oder das Gewagteste war, von »Umarmung« zu sprechen.
Es gab Serien für die Jugend, und der ›Grand Larousse‹, den ich mir geschenkt hatte, lehrte mich alles über die Flora und die Fauna von irgendeiner Gegend in Afrika, Asien und Südamerika sowie über die eingeborenen Volksstämme. ›Se Ma Tsien – der Opferpriester‹, ›Das U-Boot im Wald‹ und andere, viele andere Titel. Die ganze Welt kam darin vor, und wie mitreißend war diese Welt des ›Grand Larousse‹!
Romanzen für Midinettes, mit viel Leid, aber viel Liebe und Hochzeit am Ende. ›Die Braut mit den eiskalten Händen‹, ›Miss Baby‹ …

Aus: *Intime Memoiren*, 1981

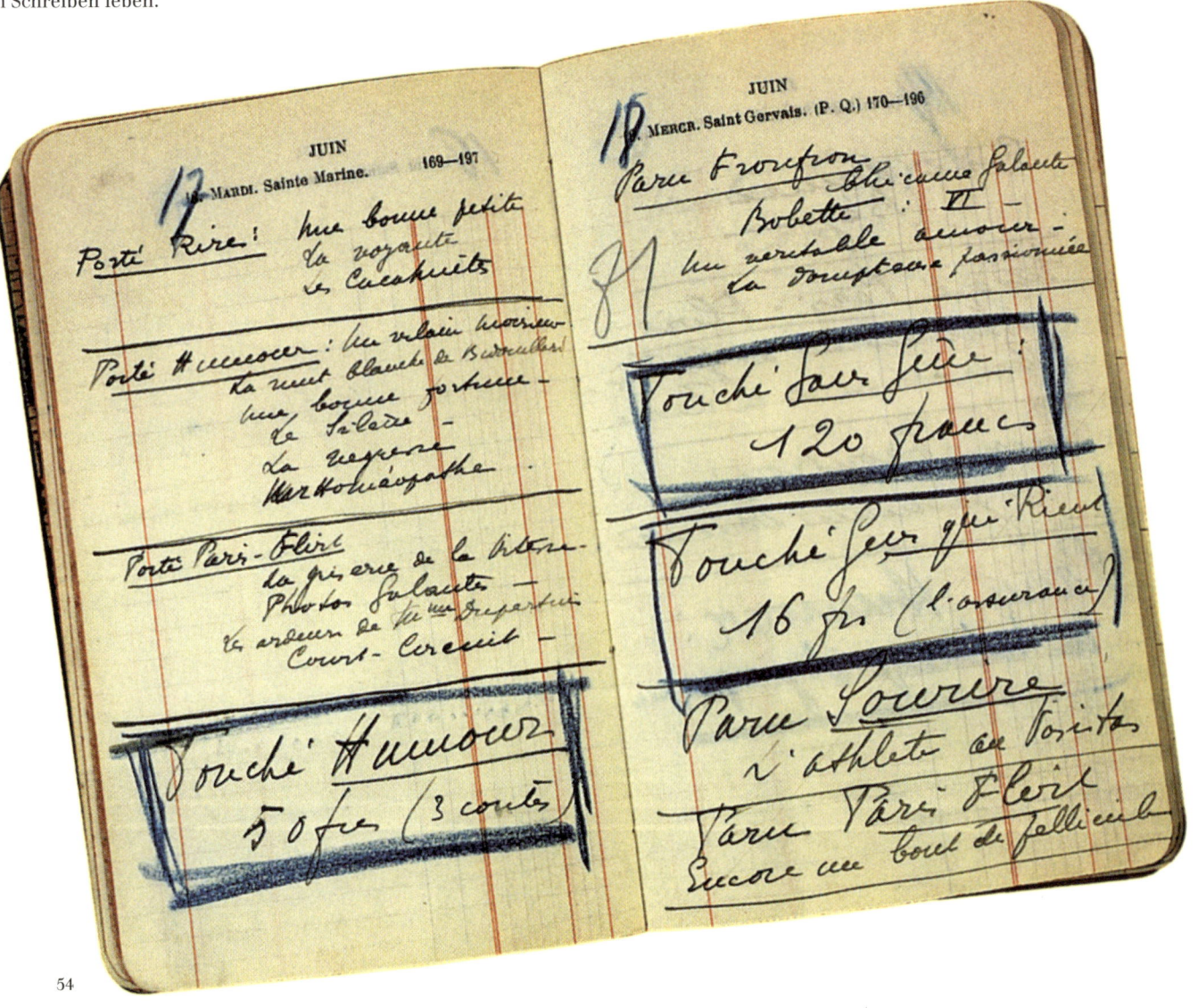

54 Notizbuch von Simenon aus der Pariser Zeit, mit penibel eingetragenen Einnahmen für seine Geschichten und Groschenromane. Schon bald konnte der Vielschreiber Simenon sehr gut vom Schreiben leben.

54

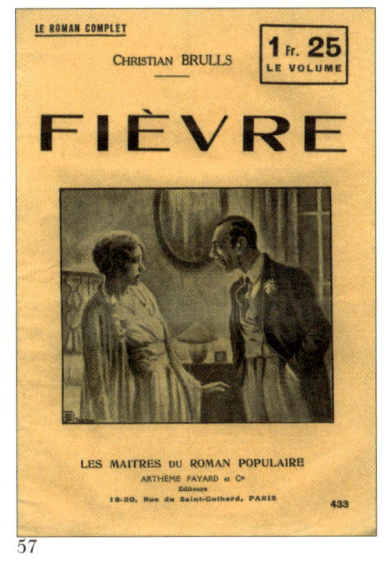

Ich verfasste meine Romane wie ein Handwerker, der immer denselben Stuhl herstellt. Zuerst lernte ich, schnell zu schreiben, und zwar über jedes beliebige Thema, denn ich musste bei der ›Gazette de Liège‹ jeden Tag einen Artikel abliefern. Meine kleinen Groschenromane haben mich gelehrt, was zu vermeiden ist. Pathos, Gefühlsduselei, billige Poesie, das alles gibt es bei mir nicht.

In einem Interview mit Raphaël Sorin, 1981

55 Paris, 1925
56/57 Frühe Romane von Simenon, unter den Pseudonymen Christian Brulls und Jean du Perry veröffentlicht
58 Manuskript aus der ersten Pariser Zeit, gezeichnet mit ›Luc Dorson‹

Ich war nicht ehrgeizig. Ich würde es während meiner Karriere, die so bescheiden begann, nie sein. Heute bin ich über diese mehr als bescheidenen Anfänge glücklich, die mich den kleinen Leuten meines Viertels in meiner Geburtsstadt näherbrachten. Ich war nicht in der Gare du Nord ausgestiegen »um Paris zu erobern«, wie mir stolz ein Landsmann sagte, der Frankreich zwei Monate später verließ und seine Hoffnungen aufgab. Ich war augestiegen, um ... Im Grunde deshalb, weil Tigy Malerin war und gerne in die Atmosphäre von Montparnasse eintauchen wollte, wo man damals mit Malern aus aller Welt in Berührung kam.

Wir lernten sie im Dôme kennen, im Coupole, im Jockey, und einige von ihnen, wie zum Beispiel Vlaminck, Derain, Kisling, Picasso, sollten unsere Freunde werden.

Aus: *Intime Memoiren*, 1981

59 Simenon hinter der Bar in der Wohnung an der Place des Vosges 21, 1926
60 Tigy (links), 1926 in Paris
61 Simenon mit Maurice de Vlaminck, 1936. Die Simenons lernten den Maler in den Cafés von Montparnasse kennen, man blieb befreundet.

62 Simenon, gemalt von Tigy, 1927
63 Selbstportrait von Tigy

Ich, als Barkeeper mit weißem Rollkragenpullover, schnappte mir eine Flasche nach der anderen und mixte die Getränke. Berühmtheiten vom Montparnasse, von Foujita bis Vertès, und ... Aber wozu soll ich sie aufzählen? Manchmal Josephine Baker persönlich in all ihrem Glanz, russische Tänzerinnen, die Tochter eines asiatischen Botschafters, und um drei Uhr morgens lag eine gewisse Anzahl nackter Körper auf schwarzen Samtkissen ausgestreckt, wo sie den Rest der Nacht verbrachten, während ich mich um sechs Uhr morgens vor meine Maschine setzte, um meine achtzig Seiten Tagespensum zu schreiben ...

Aus: *Intime Memoiren*, 1981

64 Hinter der Bar in seiner
   Wohnung an der Place des
   Vosges, 1926
65 Briefpapier mit der Adresse
   an der Place des Vosges

66 Mit Josephine Baker, 1926
67 Cover des *Josephine Baker's Magazine* (1927, Layout von Paul Colin), das Simenon herausgeben sollte, das aber nie erschien.
68 Plakat der ›Revue Nègre‹ von Paul Colin

Ich war der »Freund«, wie man in jenen Romanen sagte, von Josephine Baker geworden, die ich geheiratet hätte, wenn ich es, so unbekannt wie ich war, nicht abgelehnt hätte, Monsieur Baker zu werden.
Ich zog mich sogar mit Tigy auf die Ile d'Aix gegenüber von La Rochelle zurück, um sie zu vergessen zu versuchen, und wir sollten uns erst dreißig Jahre später in New York wiedersehen, beide noch immer so verliebt.
  Aus: *Intime Memoiren*, 1981

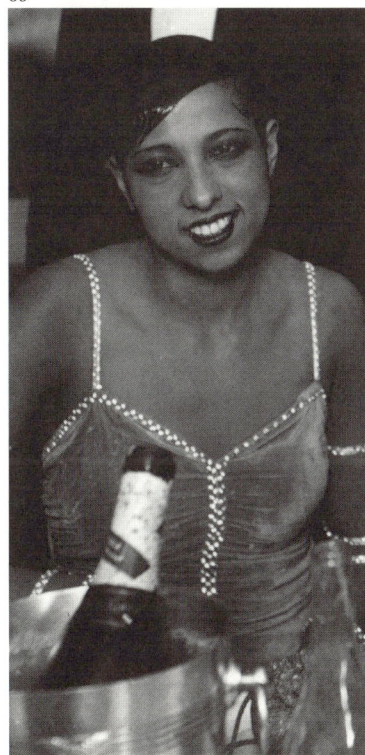

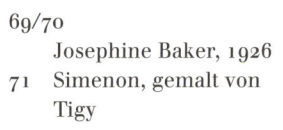

69/70 Josephine Baker, 1926
71 Simenon, gemalt von Tigy

72

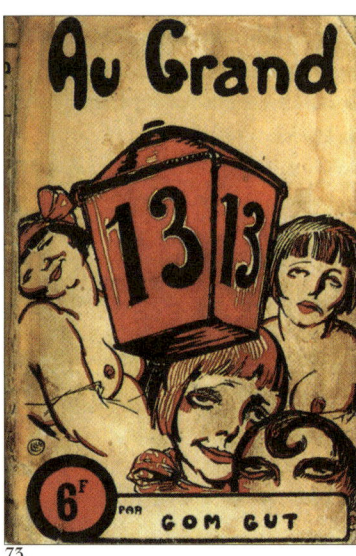

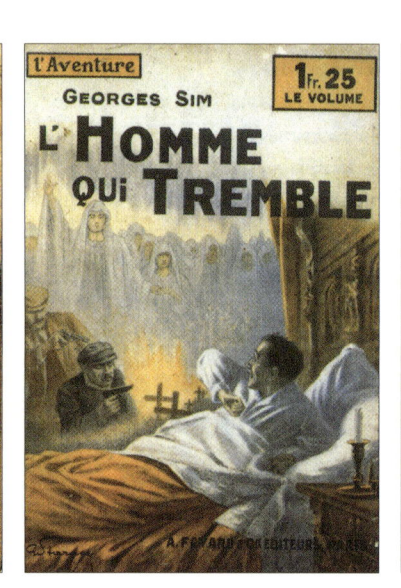

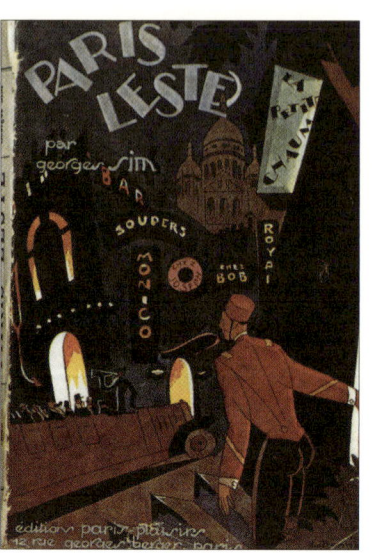

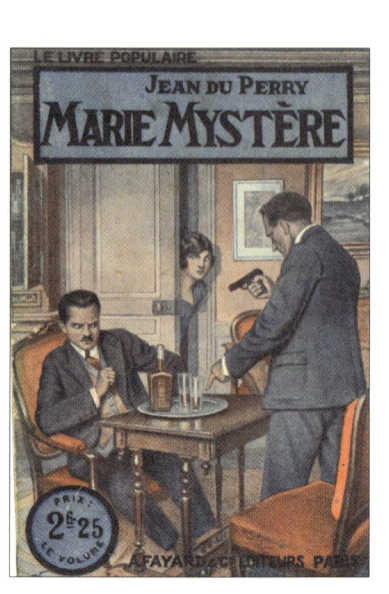

73

Merle bot mir 300 000 damalige Francs für den Fall an, dass ich ihm in drei Tagen und Nächten, in einen Glaskasten eingesperrt, einen Roman schreiben würde. Dieser Glaskasten sollte auf der Plattform des Moulin-Rouge installiert werden, so dass ich Tag und Nacht unter den Blicken des Publikums sein würde.

Die Vertragsbedingungen sahen so aus: Ich sollte den Roman unter Mitwirkung des Publikums verfassen, zum Beispiel ein Dutzend Gestalten vorschlagen, aus denen das Publikum drei auswählen dürfte; etwa zehn Titel nennen, unter denen es sich zu entscheiden hätte, und dann den Roman in aller Öffentlichkeit schreiben. Hier nun ergab sich ein kleines Problem: Ich durfte nicht aus den Augen gelassen werden, damit ich nicht mogeln könnte, aber auch bei einem Romanschriftsteller melden sich ja natürliche Bedürfnisse an. Ein Architekt hatte hierfür eine Lösung gefunden, und der Glaskasten wurde bei einer Firma der Rue du Paradis in Auftrag gegeben. ›Paris-Matin‹ aber ging konkurs, bevor besagter Glaskasten fertig war.

Was viele Leute nicht daran gehindert hat zu glauben, ich hätte die Sache wirklich gemacht. Einige haben es geschrieben; andere haben geschworen, sie hätten mich in dem Kasten gesehen. Wenn es stimmte, würde ich es auch zugeben. Das Ganze wäre für mich ein Leichtes gewesen, da ich meine Romane regelmäßig in zweieinhalb Tagen schrieb.

In einem Interview mit Francis Lacassin, 1975 (Aus: *Über Simenon*)

72 Signierstunde in Deauville, 1931
73 Groschenromane von Simenon, unter den Pseudonymen Gom Gut, Georges Sim und Jean du Perry veröffentlicht
74 Ankündigung in der Zeitung *Paris-Matin* von Eugène Merle im Februar 1927: Simenon wird öffentlich einen ganzen Roman schreiben. Die Werbeaktion fand nicht statt, da die Zeitung eingestellt wurde.
75 Artikel im Satireblatt *Le Canard Enchaîné*, in dem angekündigt wird, dass ein mutiger Leser einen ganzen Roman in einem Glaskasten lesen wird, 1927

Gegen Mitte des Jahres 1937, als ich in meiner luxuriösen Wohnung auf dem Boulevard Richard-Wallace wohnte, wurde ich plötzlich von Auflehnung gegen das, was mich umgab, erfasst. Gegen den Hampelmann, dessen Rolle ich spielte, in einer Welt von Hampelmännern, in die ich eingedrungen war, um sie kennenzulernen. Ich war angewidert von dem Leben, das ich führte, und ich frage mich noch heute, wie ich seit der Zeit der ‹Ostrogoth› sechs Romane pro Jahr für Gallimard schreiben konnte, trotz meiner Reisen quer durch Europa und die fünf Kontinente. Nicht nur Romane, die keine Kriminalromane waren, sondern das, was ich »schwierige« Romane nannte, und auch Novellen, Reportagen. Und dazu mehrere Monate im Jahr das Fischen in Porquerolles, wo es so heiß war, dass ich, wenn ich schon um vier Uhr morgens ein Kapitel in meinem Minarett begann, ganz nackt war, wenn ich es beendete.

Eines Morgens sagte ich zu Tigy: »Ich möchte woanders arbeiten, in einem kleinen Haus, das mir entspricht, fern von den Städten, fern von den Touristen, ganz nah am Meer.«

Aus: *Intime Memoiren*, 1981

76/77/80 Simenons Wohnung am Boulevard Richard-Wallace in Paris-Neuilly, 1935
78 Tigy und die dänische Dogge Olaf, 1935
79 Simenon, 1935

Hatte ich Phasen von Snobismus? Versuchte ich, einigen Leuten Sand in die Augen zu streuen? Gefiel ich mir darin, eine bestimmte Rolle zu spielen, mich mit einem bestimmten Milieu einzulassen? Ich habe mir die Frage gestellt, und ich glaube, sie aufrichtig mit Nein beantworten zu können.

Ich wollte alles sehen, alles versuchen. In einem der ersten Interviews, das ich vor fast fünfzig Jahren gab, fragte mich der Journalist: »Wie kommt es, dass man in Ihren Romanen nie Leute von Welt oder bedeutende Persönlichkeiten findet?«

Ich war gezwungen zu überlegen. Bei meinem Arbeitgeber, dem Marquis, war ich mit der Aristokratie und der Finanzwelt in Berührung gekommen, hatte sie aus nächster Nähe gesehen. Dennoch antwortete ich: »Ich werde die Romanfigur eines Bankiers erst dann erschaffen können, nachdem ich mit einem richtigen Bankier ein weichgekochtes Frühstücksei gegessen haben werde.«

Aus: *Intime Memoiren*, 1981

Flüsse und Meere
1928–1931

*Wovon ich träumte, das war ein
robustes, schwerfällig aussehendes Schiff,
wie die der Fischer im Norden.*

82

1925 konnten Simenon und seine Frau Tigy sich zum ersten Mal Ferien leisten, sie verbrachten den Sommer in Etretat bei Le Havre. Ein Jahr später besuchten sie erstmals die Insel Porquerolles vor Toulon im Mittelmeer. Nachdem Tigy ein großes Aktgemälde für 800 Francs an einen armenischen Kunstliebhaber verkauft hatte, hatten die Simenons genug Geld, um fünf Monate dort bleiben zu können. Simenon »entdeckte das Meeresleben«, wie er in den *Intimen Memoiren* schrieb.

Im April 1928 erwarb Simenon ein Schiffspatent für die Flussschifffahrt. Ende des Jahres kaufte er sein erstes Boot, die ›Ginette‹, auf der er mit Tigy im Sommer 1929 eine Reise auf den Flüssen und Kanälen Frankreichs unternahm, die Seine hinauf, dann weiter nach Lyon, und von dort auf der Rhone und über die Kanäle des Midi mit Zwischenhalt in Bordeaux zurück nach Paris. Auf der ›Ginette‹ mit an Bord waren Tigy, die Haushälterin Boule (zugleich Simenons heimliche Mätresse) sowie die dänische Dogge Olaf. Und nicht zu vergessen: die Royal-Schreibmaschine, auf der Simenon nicht nur einen Reisebericht schrieb (der im Magazin *Vu* erschien), sondern in Rekordgeschwindigkeit Groschenromane für die Pariser Verlage. 1928 verfasste er 53 Romane, unter anderem eine Serie von Kriminalromanen um einen gewissen Yves Jarry – Simenons erste Serienfigur.

1929 ließ Simenon sich in Fécamp ein zehn Meter langes und vier Meter breites Schiff bauen, mit einem 30-PS-Motor, den er in Italien bestellte. Die Schiffstaufe in Paris war spektakulär: Die ›Ostrogoth‹ wurde auf der Seine vom Kaplan von Notre-Dame getauft, die Pariser Presse berichtete. Simenon

81 An Bord der ›Araldo‹ auf dem Mittelmeer, 1934
82 An Bord der ›Ostrogoth‹, 1931

war damals als Schriftsteller vor allem für seine ungeheure Produktivität bekannt und für die Skurrilitäten seiner Lebensführung, nicht aber für die Qualität seiner Bücher. Doch das sollte sich bald ändern.

Die Jungfernfahrt der ›Ostrogoth‹ führte Simenon über Holland bis nach Wilhelmshaven, wo er wegen Spionageverdachts für kurze Zeit verhaftet wurde. Denn ein Belgier, der unter französischer Flagge in einen deutschen Kriegshafen einlief und für eine Zeitschrift schrieb, die *Détective* hieß, machte sich verdächtig. Simenon musste zurück nach Holland, wo er, im Hafen von Delfzijl, so die Legende, seinen ersten Maigret-Roman schrieb.

1931 verkaufte Simenon die ›Ostrogoth‹, auf der er noch zwei weitere Maigrets geschrieben hatte. Ein letztes Mal spielte Simenon 1934 Kapitän auf einer großen Mittelmeerreise, die er in einer Artikelserie für die Zeitschrift *Marianne* festhielt *(Mare nostrum)*. Kreuz und quer durch das Mittelmeer ging es mit dem Segelschiff ›Araldo‹, das Simenon auf Elba für ein halbes Jahr gemietet hatte.

Ganz schwor Simenon dem Meer aber nicht ab. Sein erstes Haus kaufte er in der Nähe von La Rochelle an der französischen Atlantikküste. Vermutlich war es die Geburt seines ersten Sohnes Marc, die aus dem Schiffseigner Simenon einen Landmenschen machte. Sesshaft wurde er aber dennoch nicht. Bis 1951 hielt es Simenon in fast keiner Stadt länger als zwei Jahre aus – nicht nur als Schriftsteller blieb er ein Getriebener.

54 Simenon – Sein Leben in Bildern

83 Boule (eigtl. Henriette Liberge) an Bord der ›Ostrogoth‹, Morsang, 1931. Die Tochter eines Fischers aus Bénouville wurde 1925 für ein Jahr als Hausangestellte engagiert und blieb jahrzehntelang im Dienst der Simenons.
84 Mit Tigy, ca. 1929
85 Tigy mit dem Hund Olaf, 1928

Boule, die Henriette hieß, war ein paar Stunden am Tag bei unseren Freunden beschäftigt. Mit dreizehn oder vierzehn Jahren hatte sie schon die Schule verlassen, um als Kindermädchen im Schloss zu arbeiten. Dennoch blieb sie den Dingen des Lebens gegenüber unwissend, und ich empfand ihr gegenüber schnell Neugier, Zuneigung und Verlangen. Als wir im Laufe des Herbstes wieder zur Place des Vosges zurückkehrten, ging sie mit uns, und wir lebten alle drei in inniger Vertrautheit zusammen.
    Aus: *Intime Memoiren*, 1981

Die Fahrt durch Frankreich über die Flüsse und Kanäle. Tigy, Boule, der Hund Olaf (eine dänische Dogge) und ich an Bord eines kleinen Schiffes. Ein Zelt, das nachts als Unterschlupf für Boule und morgens mir als Büro diente. Meine Schreibmaschine auf einem Klapptisch. Mein Hintern ebenfalls auf einem Klappstuhl. Und ein Kanu im Schlepptau, das die Matratzen, die Vorräte und das Kochgeschirr enthielt.
    Aus: *Intime Memoiren*, 1981

1925 entdeckte ich in Porquerolles das Meeresleben, die Fische, Krebse, Algen, und ich erinnere mich, dass mir davon schwindlig wurde und ich Angst bekam. Das wirkte auf mich etwa so wie ein zu starker Wein. Meine wichtigste Entdeckung dabei war der unaufhörliche Kampf ums Überleben, dass die Fische sich ständig in der Defensive oder in der Offensive befinden, dass die Grausamkeit angeboren und unverzichtbar ist.

Im Jahr darauf wollte ich Frankreich entdecken, doch ich reiste nicht über Straßen und mit der Eisenbahn. Ich wollte, was ich seither bei allen Dingen versucht habe, die Kehrseite der Medaille sehen. Nicht aus dem Bedürfnis, eine sportliche Leistung zu vollbringen (obwohl die damals dazugehörte), beschloss ich, dem Lauf der Flüsse und der Kanäle von Nord nach Süd, von Ost nach West zu folgen. Die ›Ginette‹ war ein fünf Meter langes Boot. Abnehmbare Pfosten, die ich hatte anbringen lassen, ermöglichten, das Boot mit einer Plane zu bedecken und ringsum Segeltuch aufzuhängen, so dass es sich für die Nacht als fast bequeme Kabine einrichten ließ. Ein Beiboot, das ich als Anhänger mitschleppte, enthielt einen Tisch und Klappstühle, meine Schreibmaschine und Geschirr.

Eine kleine Stadt, ein Dorf sind, wenn man vom Fluss oder vom Kanal her kommt, anders, als wenn man sie von der Straße aus sieht. Man entdeckt dann ihr wirkliches, ihr ältestes Gesicht.

Aus: *Als ich alt war*, 1960

86

86 Schifffahrts-Patent von Simenon, ausgestellt im November 1928
87 Tigy an Bord der ›Ginette‹, 1928

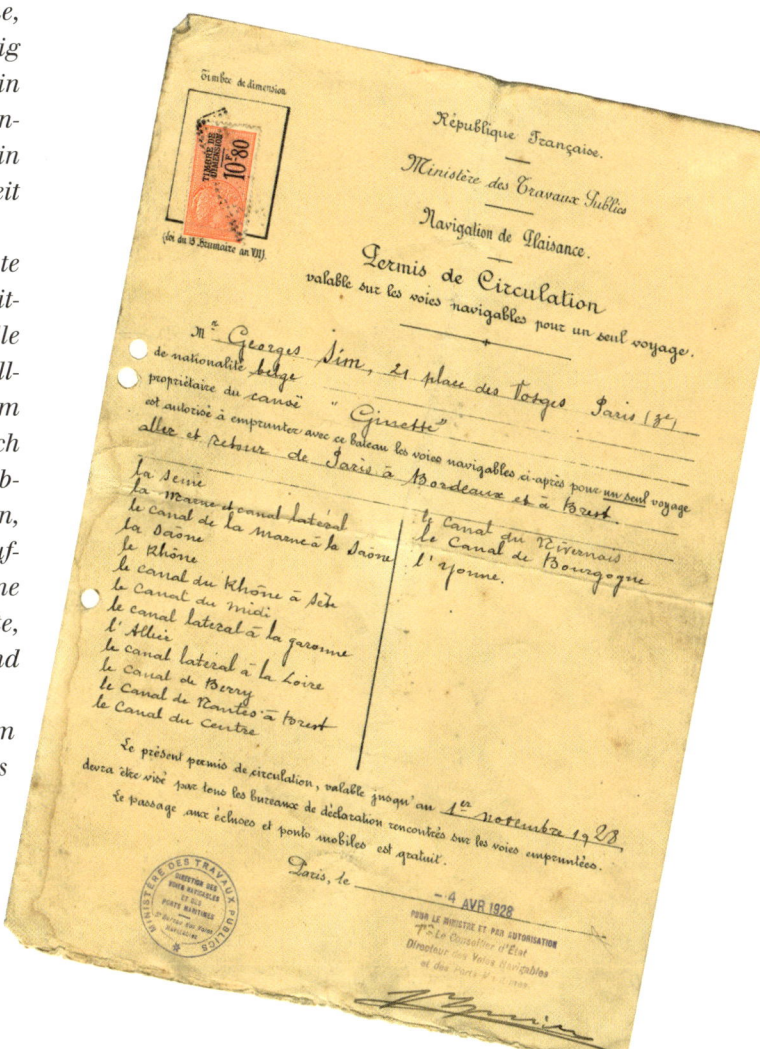

87

Ich habe niemals Reportagen nur für Zeitungen gemacht. Schon mit 15 oder 16 Jahren galt meine Neugier dem Menschen, und zwar speziell dem Unterschied zwischen dem ›homme habillé‹, dem Menschen, wie er sich äußerlich präsentiert, und dem ›homme nu‹, zwischen dem bloßen, puren Menschen, und dem, als den er sich selbst im Spiegel sieht. Alle meine Romane – ja mein ganzes Leben – waren dieser Suche nach dem bloßen Menschen gewidmet.

Auch in Paris habe ich versucht, diesen Menschen an sich und zugleich Frankreich kennenzulernen. Ich habe das auf dem Weg über Flüsse und Kanäle versucht, aus dem einfachen Grund, weil Städte und Dörfer stets am Wasser entstanden sind. Das wahre Gesicht von Paris zeigt sich am Ufer der Seine, das von Mâcon an dem der Sâone, das von Lyon an den Gestaden der Saône und der Rhone. Ich habe mir die ›Ginette‹ gekauft, ein Boot von fünfeinhalb Metern Länge, das offenbar als Beiboot zu einer Yacht gehört hatte. Ich versah es mit einem Dach und unternahm damit im Sommer 1927 meine ›Tour de France‹ durch Flüsse und Kanäle. […] Während dieser Wasserfahrt durch Frankreich habe ich mehr gelernt, als wenn ich mit einem Wagen von Stadt zu Stadt gereist wäre.

Aus: *Intime Memoiren*, 1981

88/89   Mit der Fotografin Germaine Krull auf der ›Ostrogoth‹, Morsang, 1931

90   Phototexte-Buch *La Folle d'Itteville*, mit einer Geschichte von Simenon und Fotos von Germaine Krull, 1931. Es blieb bei diesem einen Band, da die Reihe kein Erfolg war und der Verlag Konkurs machte.

91   Morsang-sur-Seine, 1930

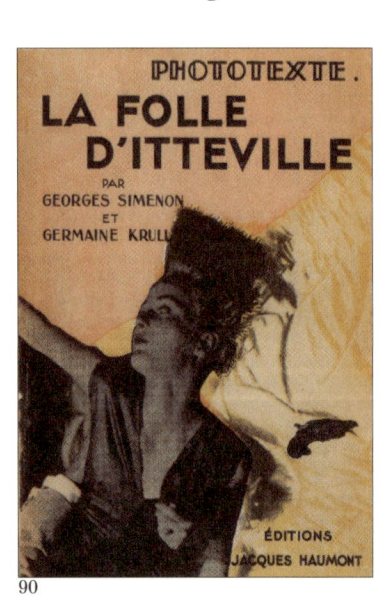

Flüsse und Meere

92 Simenon, gemalt von Tigy, August 1922
93 Mit Fischern in Ouistreham, 1931

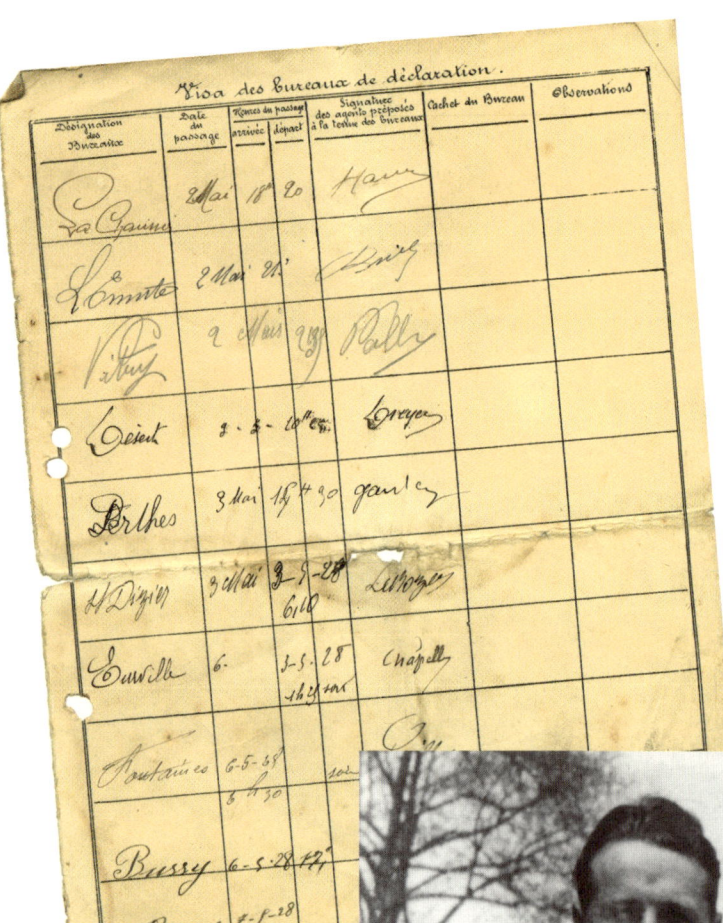

Wenn das Meer mit seinem intensiven Leben mich aufgewühlt hat, so hat es mich auch für sich gewonnen, und für lange Zeit sollte ich nur noch daran denken. Nicht an einen Platz am Sandstrand in der Sonne, zwischen fast nackten, von Sonnenöl glänzenden Körpern, nicht an das Meer der farbigen Sonnenschirme, der Kasinos und der von breiten Glasfenstern durchbrochenen Betonklötze, sondern an das ursprüngliche und ewige Meer, aus dem alles Leben gekommen ist, mit seinen Flauten und seinem Wüten, mit seiner ursprünglichen Unerbittlichkeit. Das Meer!

Ich, der ich neunzehn Jahre auf dem Pflaster einer schon nördlichen Industriestadt gelebt hatte, hatte es nur während einer kurzen Reise nach Ostende wie eine Postkarte gesehen, oder vielmehr nur undeutlich wahrgenommen. Jetzt war ich von ihm mit einer Leidenschaft besessen, die mich ganz und gar erfüllte, und kaum wieder in Paris zurück, beschloss ich, ein Schiff bauen zu lassen, ein richtiges, das fähig sein würde, ihm zu trotzen.

Aus: *Intime Memoiren*, 1981

94 Logbuch der ›Ginette‹, 1928
95 An Bord der ›Ostrogoth‹, Paris, Juli 1931
96 Die Fotografin Germaine Krull und Tigy, 1931

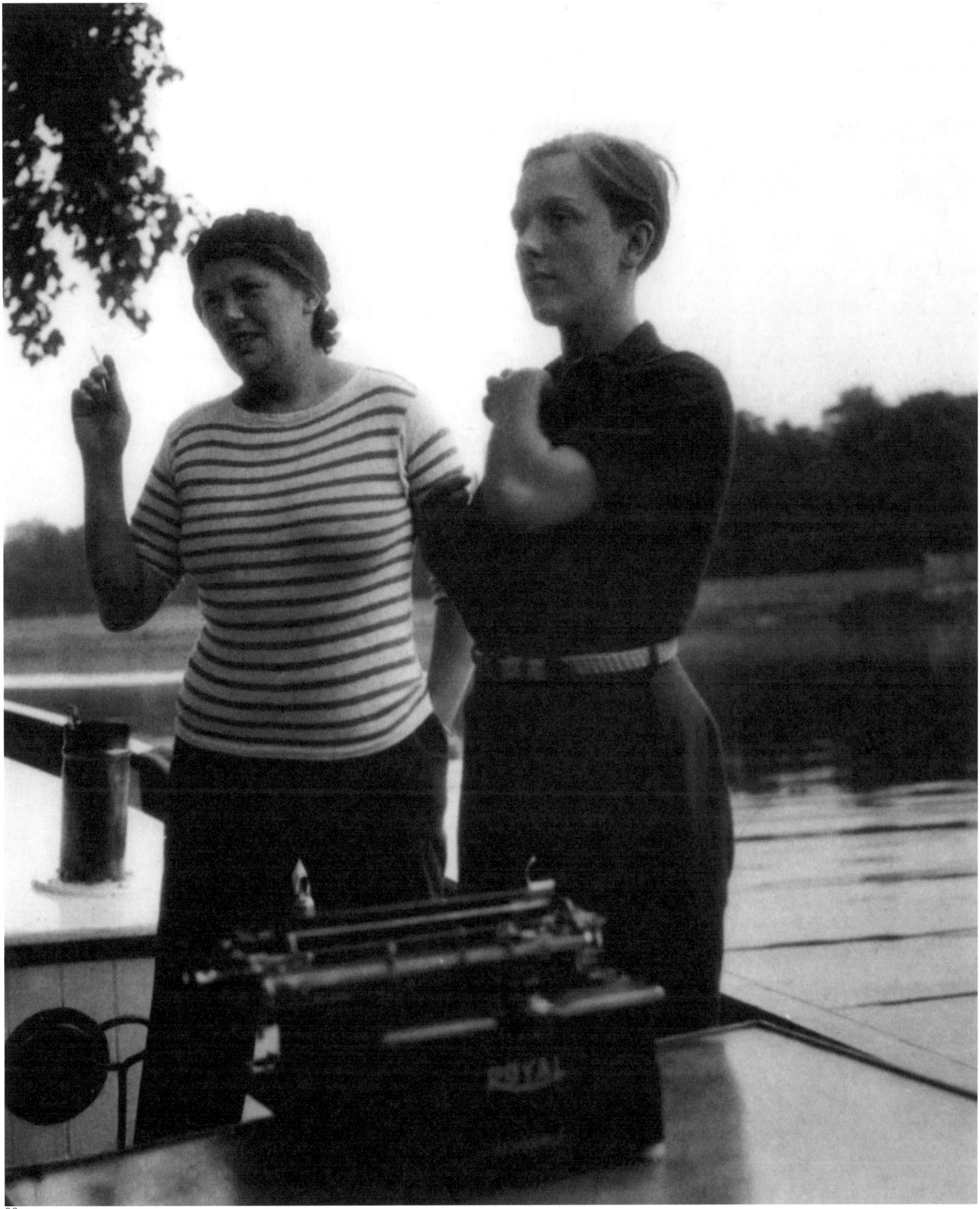

96

97 Simenon im Marinepullover, gemalt von Tigy, 1920er Jahre
98 Zeichnung von Tigy, ca. 1925
99 Bau der ›Ostrogoth‹ in Fêcamp, 1929
100 Vertrag über den Bau der ›Ostrogoth‹, unterzeichnet im März 1929
101 Karikatur von Ralf Soupault: Simenon als Schnellschreiber auf der ›Ostrogoth‹, erschienen in *Le merle blanc*, 1927

Das Schiff nahm Form an, und weil es die Rauheit unserer frühen Vorfahren hatte, taufte ich es ›Ostrogoth‹. Es besaß Kojen ohne Sprungfedern, einen Tisch mit einem Wasserhahn, der mit dem Trinkwasserbehälter verbunden war, einen kleinen, niedrigen, aber wuchtigen Kohleherd, auf dem Boule fast zwei Jahre kochen sollte, jene zwei Jahre, die, wie ich später erfahren sollte, mein Leben veränderten. Wir kauften uns gelbe Segeljacken, Stiefel mit Holzsohle, die uns bis zum halben Oberschenkel reichten, und Südwester. Es war kein Spiel an dem Tag, als wir aus dem Hafen ausliefen, mit großer Beflaggung, denn auch das Meer hat seine traditionellen Bräuche. Le Havre. Wir fuhren die Seine bis nach Rouen hinauf, schlängelten uns zwischen den Frachtern hindurch, die uns wie Berge erschienen. Die Seine hinauf bis nach Paris, wo wir an der Zunge des Vert-Golant festmachten, mitten unter dem Pont-Neuf, wo das Schiff traditionsgemäß von dem Kaplan von Notre-Dame inmitten einer Menge von Freunden und Neugierigen getauft werden sollte. Drei Tage Feiern und Trinkgelage, während derer das Schiff vom Deck bis zum Bauch voller Menschen war und man nicht mehr wusste, mit wem man eine schmale Koje teilte.

Aus: *Intime Memoiren*, 1981

102 Artikel im *Petit Journal*, Paris, mit der Headline: »Die Schiffstaufe des Segelschiffs ›Ostrogoth‹ vor seiner Abreise nach Finnland« (wohin die Reise dann doch nicht führte). Im Artikel heißt es: »Um 11 Uhr waren mehr als fünfzig Maler, Bildhauer, Komponisten und Schriftsteller aus der ganzen Welt versammelt.«

103 Schiffstaufe der ›Ostrogoth‹ in Paris, 1929

Maigret

Allmählich sah ich die mächtige, unbewegliche Statur eines Mannes sich abzeichnen, der mir einen rechten Kommissar abzugeben schien.

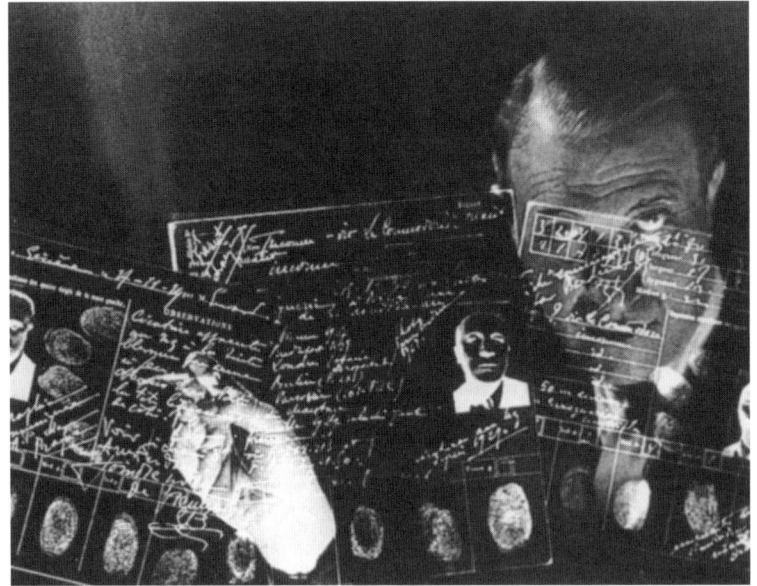

105

Die Legende um die Entstehung Maigrets hat Simenon selbst in die Welt gesetzt, die Eckdaten sind bekannt: Auf den Fahrten mit seiner ›Ostrogoth‹ machte Simenon im September 1929 Halt in Delfzijl in Holland, das Schiff war undicht und musste repariert werden. Über die Geburt des Kommissars Maigret schrieb Simenon: »Habe ich ein, zwei oder sogar drei kleine Genever mit einem Schuss Bitter getrunken? Jedenfalls sah ich nach einer Stunde, ein wenig schläfrig, allmählich die mächtige, unbewegliche Statur eines Mannes sich abzeichnen, der mir einen rechten Kommissar abzugeben schien. Im Laufe des Tages gab ich ihm noch ein paar Requisiten: eine Pfeife, eine Melone auf dem Kopf, einen dicken Überzieher mit Samtkragen. Und weil es in meinem verlassenen Boot so feuchtkalt war, gönnte ich ihm für sein Büro einen alten Kanonenofen.« Doch ganz so einfach ist es nicht, denn ein gewisser Maigret kommt bereits in vier von Simenons Groschenromanen vor – unter den Pseudonymen Georges Sim oder Christian Brulls erschienen –, die er Ende 1928 geschrieben hatte. In *Train de nuit* ist Maigret ein Polizist aus Marseille, dann wird er in *La jeune fille aux perles* und *La femme rousse* dem »echten« Maigret immer ähnlicher, und in *La maison de l'inquiétude* kommt sogar bereits der berühmte Kanonenofen vor.

Wie auch immer, ob in Delfzijl oder später in Morsang, zwischen Herbst 1929 und September 1930 schrieb Simenon die fünf ersten richtigen Maigret-Romane und bot sie dem Verleger Arthème Fayard an, der schon 31 seiner Groschenromane veröffentlicht hatte. Fayard war skeptisch. Er glaubte nicht an einen Erfolg, und Anzeigenwerbung war ihm zu teuer. Simenon dagegen war überzeugt, dass er mit Maigret endlich den Durchbruch schaffen konnte. »Es war das einzige Mal in meinem Leben, dass ich mich um die kommerzielle Seite eines Romans gekümmert habe. Bei den Maigrets

104 1952 vor dem Turm des berühmten Hauptsitzes der Pariser Polizei, 36 Quai des Orfèvres, den Simenon mit seinem Kommissar weltbekannt machte

105 Einladung zum ›Bal Anthropométrique‹ 1931, auf dem die Maigret-Reihe lanciert wurde

habe ich mir gesagt: Das ist meine Chance. Das muss klappen, sonst trete ich noch zehn Jahre auf der Stelle.«

Simenon nahm die Öffentlichkeitsarbeit selbst in die Hand. Er kopierte im Palais de Justice Formulare für Gerichtsvorladungen und lud ganz Paris im Februar zu einem *Bal anthropométrique* (etwa: Ball der steckbrieflich Gesuchten) in die Boule Blanche. Als Eintritt wurden Fingerabdrücke auf Fahndungszetteln des Erkennungsdienstes entgegengenommen, über zweitausend Gäste fanden sich ein. Simenon signierte Hunderte von Exemplaren, die Presse berichtete. Simenon und Maigret wurden schlagartig berühmt. Bereits 1932 kam die erste Maigret-Verfilmung (von Jean Renoir) in die Kinos, allein zwischen 1929 und 1933 erschienen 19 Maigret-Romane. Und Maigret wurde auch übersetzt. 1931 schrieb Janet Flanner im *New Yorker*, Simenon sei »a class by himself« und Maigret »the talk of the town«.

Trotz des unglaublichen Erfolgs von Maigret beschloss Simenon 1934, keine Maigret-Romane mehr zu schreiben. Für ihn waren sie nur »halb-literarisch«, er wollte sich endlich der echten Literatur widmen. Es begann die Zeit der *romans durs*, der Non-Maigrets – die sich aber schlechter verkauften als die Maigrets. Und das war wohl kein unwesentlicher Grund dafür, dass am 24. Oktober 1936 die Zeitschrift *Paris-soir Dimanche* titeln konnte: »Maigret nimmt den Dienst wieder auf«. Bis 1972 schrieb Simenon 75 Maigret-Romane, dazu 28 Maigret-Geschichten.

Schon zu Simenons Lebzeiten war Kommissar Maigret ein Mythos, und bis heute bleibt er der wohl erfolgreichste literarische Ermittler aller Zeiten: der meistermittelnde, meistkopierte, meistverfilmte. Maigret schlägt sie alle: Sherlock Holmes, Miss Marple, Pater Brown, Kurt Wallander etc. Und auch die Kommissare und Detektive, die heute die Bestsellerlisten dominieren, müssen sich warm anziehen, wenn Maigret mit Hut, Pfeife und seinem Samtkragenmantel auftritt.

Ich war mit einem Boot, der ›Ostrogoth‹, die ich in Fécamp hatte bauen lassen, in Delfzijl angekommen.

In einer durch vier Luken erhellten Kabine schrieb ich jeden Morgen mein Romankapitel.

Eines Tages bemerkte der Tischler, dass mein Boot Wasser durchließ und es neu kalfatert werden musste. Da ich mir geschworen hatte, während meiner ganzen Reise nicht an Land zu schlafen, habe ich ebenso wie Tigy und Boule weiter an Bord geschlafen, obwohl das Boot im Trockendock lag.

Dort zu schreiben war ganz undenkbar, denn die Kalfaterer klopften mit kräftigen Schlägen auf den Schiffsrumpf, die innen dröhnten wie unter einer Glocke. Da entdeckte ich eine alte, halb abgesoffene Barke. Auf ihr habe ich im Wasser eine große Kiste als Tisch für meine Schreibmaschine aufgestellt, eine kleinere Kiste für mein Hinterteil und zwei noch kleinere Kisten für meine Füße.

Dort schrieb ich eine der Serien von Kriminalgeschichten: ›Les 13 mystères‹, ›Les 13 énigmes‹, ›Les 13 coupables‹.

Dann, eines Morgens, ging ich in das kleine Café, wo ich immer hinging und das ich sehr mochte. Es war ziemlich dunkel, strahlte aber eine außergewöhnliche Sauberkeit aus. Der Billardtisch, der von unten durch glühende Kohlen geheizt wurde, damit das Holz nicht arbeiten sollte, zeigte nicht einen einzigen Kreidefleck. Die Tische waren die glattesten, die ich je gesehen habe.

Ich erinnerte mich, dass ich den Wirt fragte, welchen Lack oder welches Wachs er benutzte. In seinen Augen lag fast ein Ausdruck der Entrüstung.

»Kein Wachs und vor allen Dingen keinen Lack. Jeden Morgen reibe ich sie lange mit ein paar Tropfen Öl ein, und das seit vierzig Jahren.«

Ich bestellte einen Genever mit einem Tropfen Zitronensirup und trank ihn in aller Ruhe, wobei ich mein Pfeifchen rauchte, dann trank ich noch einen, und ich möchte nicht beschwören, dass ich nicht noch einen dritten bestellte. Die Genevergläser in Holland sind aber auch wirklich sehr klein.

Trotzdem war mein Kopf etwas schwer geworden, als ich mich aufmachte, mit den Händen in den Taschen am Meer entlangzulaufen. Hier jetzt kamen mir Bilder in den Sinn. Zuerst die Straßen von Paris, die ich vor mehr als einem Jahr verlassen hatte, dann die Gestalten der Penner, die ich in den Häfen getroffen hatte. Sie sind ein bisschen wie der Abschaum des Meeres oder die Clochards der Häfen. Niemand weiß, woher sie kommen. Niemand kennt ihre Nationalität. Wenn man sie aus einem Gebäude verjagt, findet man sie in einem anderen Lagerhaus wieder. Sie verstoßen manchmal gegen das Gesetz, sind aber auch immer bereit, Gefälligkeiten zu erweisen, so dass man sie in Ruhe lässt.

Sie sind nicht alt wie die Clochards der Städte. Die meisten sind noch ziemlich jung. Sie beeindruckten mich, wie mich die beeindruckt hatten, die in Paris unter den Brücken schlafen.

Dies alles vermischte sich in meinem umnebelten Hirn, und bald beschloss ich, einen Roman zu schreiben, dessen Ausgangspunkt die Hafenpenner sein sollten.

Der Nachmittag ging ohne besondere Vorkommnisse hin. Die neue Stimmung drang in mich ein, ich blieb gefangen in ihr, in einem Milieu, das sich um mich herum verdichtete.

Morgens um sechs Uhr stieg ich auf meinen überschwemmten Kahn, setzte mich auf meine Kiste, stellte die Füße auf die beiden anderen und fing an, das erste Kapitel von ›Maigret und Pietr der Lette‹ herunterzutippen.

Um elf Uhr war das erste Kapitel fertig. Ich hatte kein Konzept, keinen Plan. Ich hatte mich damit begnügt, auf einem alten gelben Umschlag, den ich in einer Schublade der ›Ostrogoth‹ gefunden hatte, einige Namen, einige Straßennamen aufzuschreiben, das war alles. Acht Tage später war der Roman fertig, der erste aus der Reihe der Maigrets.

Am Anfang hatte ich keine Ahnung, wie die Geschichte sich entwickeln würde. Ich schrieb immer so von einem Tag auf den anderen und folgte meiner Hauptfigur. Maigret war für mich in jenem Augenblick nur ein Komparse, und ich zeichnete ihn nur in groben Umrissen. Ich wusste noch nicht, dass ich ihn in noch fast achtzig weiteren Romanen benutzen würde, dass er nicht nur in allen Ländern bekannt werden, sondern dass man aus ihm auch Radio-, Filmserien und Fernsehsendungen machen würde.

Aus: *Ein Mensch wie jeder andere*, 1975

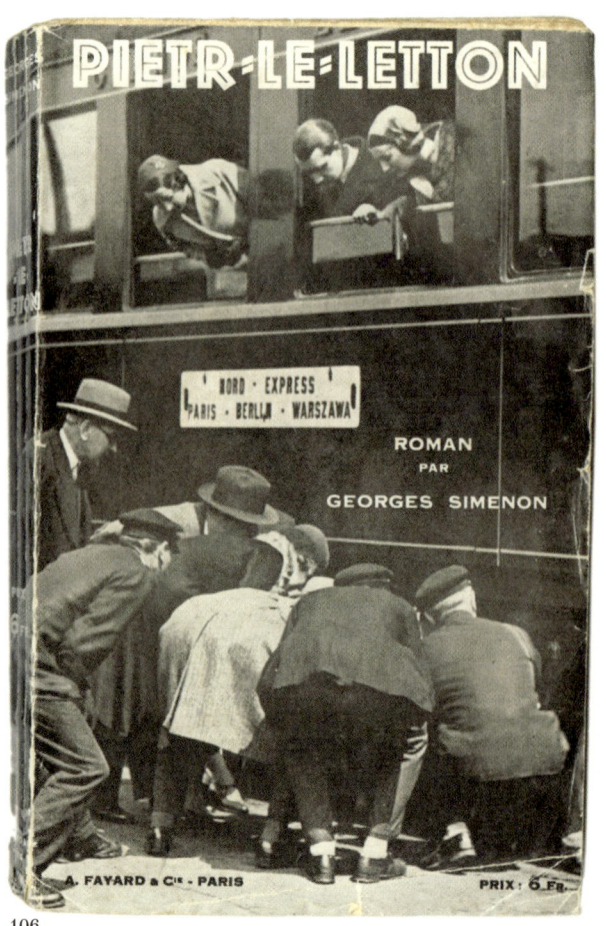

106 Erstausgabe von *Maigret und Pietr der Lette*, 1931 erschienen im Pariser Verlag Fayard
107 Simenon schreibt an Bord der ›Ostrogoth‹, 1930
108/109 Maigret vor Maigret: Zum allerersten Mal ist von einem gewissen Maigret die Rede im Groschenroman *Train de nuit* (1930). Danach kommt er auch in *La Figurante* (1932, bei Fayard), *La Femme rousse* und schließlich in *La Maison de l'Inquiétude* vor (beide Romane erschienen 1932 bei Tallandier, da Fayard sie nicht veröffentlichen wollte).

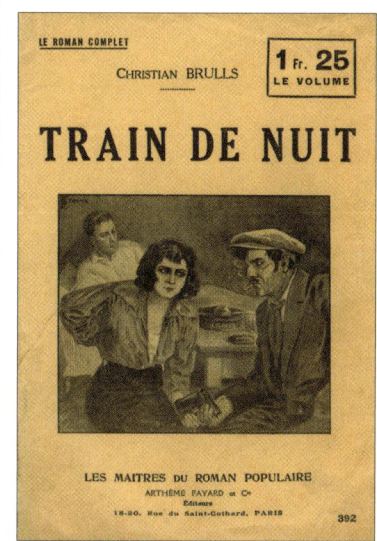

Es war das einzige Mal in meinem Leben, dass ich mich um die kommerzielle Seite eines Romans gekümmert habe. Bei den Maigrets habe ich mir gesagt: Die sind meine Chance. Das muss klappen, sonst trete ich noch zehn Jahre auf der Stelle.

In einem Interview mit Roger Stéphane, 1963

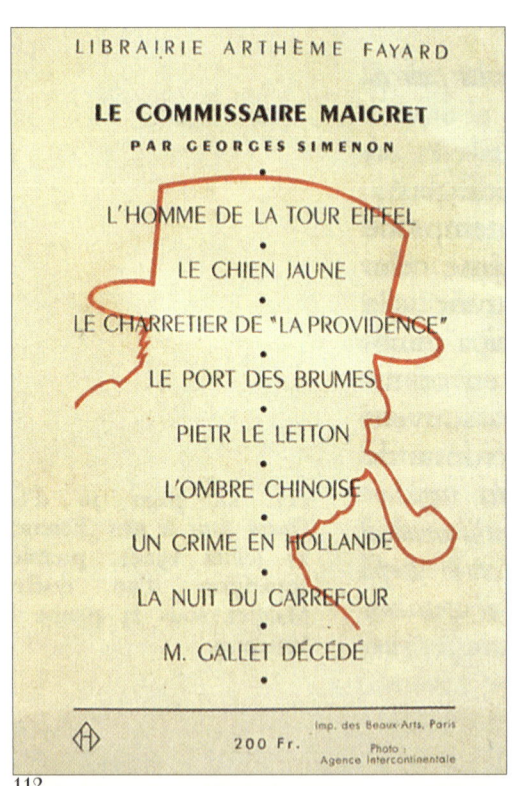

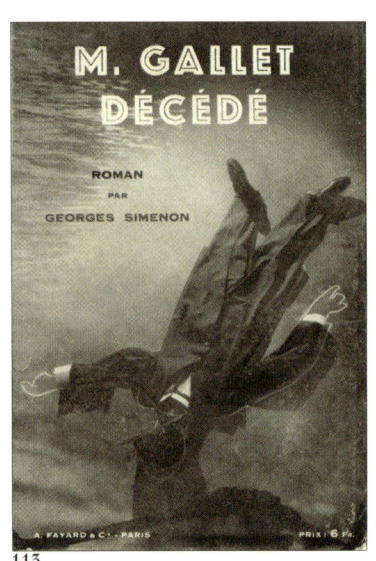

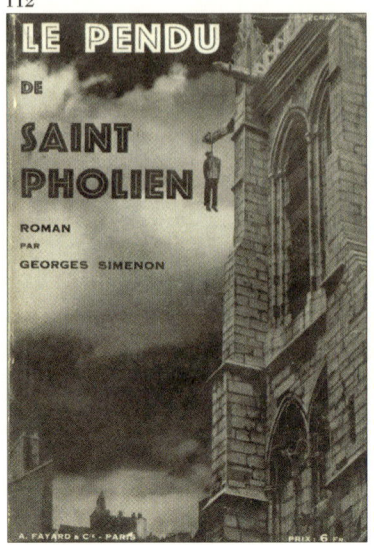

110 Paris, 1925

111 Artikel in *Comoedia* über den ›Bal Anthropométrique‹, Februar 1931

112 Anzeige des Verlags Fayard für die Maigret-Reihe, Anfang der 1930er Jahre

113 Die ersten Maigrets mit den für die Zeit revolutionären Foto-Umschlägen, Fayard, 1931. Junge Fotografen, die später weltberühmt werden sollten, wie Man Ray oder Robert Doisneau, machten Fotos für die Cover.

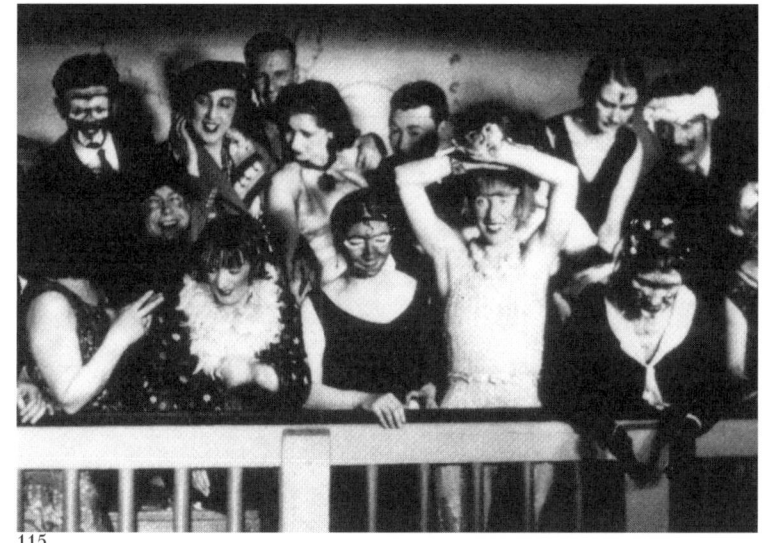

›Maigret und Pietr der Lette‹ war kein Meisterwerk. Er wurde trotzdem in meinem Leben zu einer Art Angelpunkt.

Ich hatte Dutzende von Groschenromanen und Hunderte von Geschichten geschrieben, um mein Metier zu erlernen. Als ich ›Maigret und Pietr der Lette‹ noch einmal durchlas, fragte ich mich, ob ich nicht einen neuen Lebensabschnitt erreicht hatte und was geschehen war.

Diesem Maigret, den ich zuerst nur grob skizziert hatte, versuchte ich ein persönlicheres Leben zu verleihen. Die drei folgenden Romane, ›Die bösen Schwestern von Concarneau‹, ›Maigret und der Gehängte von Saint-Pholien‹ und ich weiß nicht, was noch für einer, erschienen mir dann wert, veröffentlicht zu werden, jetzt aber nicht mehr in einer billigen Reihe, sondern in dem, was ich bei mir selbst eine halbliterarische Reihe nannte.

Ich nahm den Zug nach Paris. Ich vertraute die vier Romane Vater Fayard an, von dem man sagte, er habe ein untrügliches Gespür. Er bestellte mich ein paar Tage später zu sich und sagte:

»Also, was haben Sie denn da alles in allem eigentlich machen wollen? Ihre Romane sind keine richtigen Kriminalromane. Ein Kriminalroman läuft ab wie eine Partie Schach, wo der Leser alle Prämissen kennen muss. Bei Ihnen nichts dergleichen. Ihr Kommissar ist nicht unfehlbar. Er ist weder jung noch verführerisch. Was die Opfer und die Mörder anbelangt, so sind die weder sympathisch noch unsympathisch. Dann geht das auch noch jedes Mal schlecht aus. Keine Liebe, keine Hochzeit. Wie wollen Sie denn damit das Publikum fesseln?«

Ich streckte die Hand aus, um die Manuskripte wieder an mich zu nehmen. Er hinderte mich daran.

»Sei's drum. Wir werden viel Geld dabei verlieren, aber ich will den Versuch wagen. Schicken Sie mir noch sechs andere Romane. Wenn wir ein paar davon auf Lager haben, fangen wir an, sie herauszubringen, jeweils einen pro Monat.«

Aus: *Ein Mensch wie jeder andere*, 1975

114 1934 gehört Simenon bereits zu den meistgelesenen Autoren

115/116 Ausgelassene Stimmung beim ›Bal Anthropométrique‹ am 20. Februar 1931

117

117 Vor seinem Besuch bei der Direktion der Police Judiciaire in Paris, 1952
118 Besucherkarte
119/120 Im Büro des Direktors und vor dem großen Stadtplan
121 Französische Erstausgabe von *Maigrets Pfeife*, Presses de la Cité, 1947

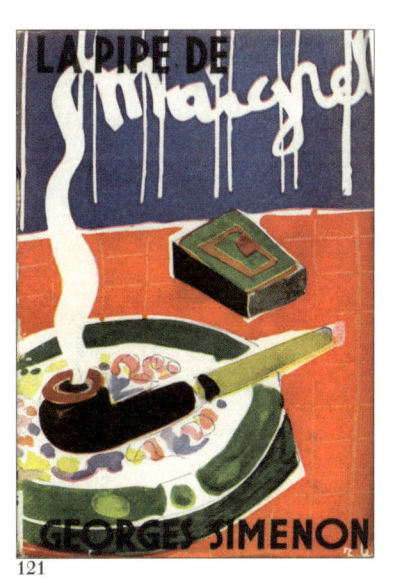

1928, sechs Jahre nach meiner Ankunft in Paris. Ich befand mich auf meinem Boot in Holland, wo ich den Winter in Delfzijl verbrachte, als ich mir sagte, dass es vielleicht an der Zeit wäre, nicht gerade einen literarischen Roman, sondern das, was ich ein wenig naiv einen halb-literarischen Roman nannte, zu schreiben. Ich brauchte noch ein Stützkorsett. Ich brauchte einen Drahtzieher. Deshalb habe ich den Kriminalroman gewählt. Technisch gesehen ist der Kriminalroman einfacher zu schreiben. Erstens einmal hat man da einen Drahtzieher, einen Menschen, der alle ausfragen, der jedes Haus betreten kann; der ganze Roman wird also durch das Hin und Her des Kommissars, des Inspektors oder des Privatdetektivs erleichtert. Zweitens: Da es bereits im ersten Kapitel ein Fragezeichen gibt, ist es nicht so schlimm, wenn der eine oder andere Teil schwächer ist als der Rest. Bei einem normalen Roman lesen die Leute dann nicht weiter; bei einem Kriminalroman lesen sie weiter, weil sie die Lösung wissen wollen. Also habe ich Kriminalromane geschrieben, mit anderen Worten Maigrets.

Aus: *Intime Memoiren*, 1981

122 Die Zeitschrift *Qui? Détective* berichtet 1952 über Simenons Besuch bei der Police Judiciaire
123 Paris, 1935
124 Mit Commissaire Gernot vor der Police Judiciaire, 1952

Als ich die ersten sechs oder sieben Maigrets schrieb, war ich noch nie bei der Kriminalpolizei gewesen. Ich war am Quai des Orfèvres gewesen, weil ich so gern an der Seine spazieren ging, aber ich hatte keine Ahnung von der Polizeiorganisation. Ich hatte ein paar medizinische und polizeiwissenschaftliche Werke gelesen, das war alles. Nachdem die ersten Maigrets erschienen waren, erhielt ich einen sehr netten Brief von Xavier Guichard, dem damaligen Chef der Kriminalpolizei, in dem er mich einlud, ihn zu besuchen. Das habe ich natürlich getan.

Da habe ich Guillaume, Massu und so weiter kennengelernt, und wir sind gute Freunde geworden. Man hat mir sogar erlaubt, beim morgendlichen Rapport dabei zu sein.

In einem Interview mit Roger Stéphane, 1963

Seine *[Commissaire Guillaume]* Art, einem mitten auf die Stirn zu blicken, als wäre man durchsichtig ... Und seine Art, einem zuzuhören und dabei zu wirken, als sei er mit seinen Gedanken ganz woanders ... um dann seinen Gefühlen plötzlich mit einem lauten »Scheiße!« Luft zu machen ... Was konnte mein Maigret schon tun? Ihm zusehen und es ihm gleichtun ...

Aus: *Maigret à la retraite, Confessions*, 1937

125 1934 mit Commissaire Guillaume, einem der Vorbilder für die Maigret-Figur
126 Guillaume veröffentlichte 1938 seine Erinnerungen unter dem Titel *37 ans avec la pègre* (*37 Jahre mit der Unterwelt*), Les Éditions de France.

125 / 126

127

128

129

Was ist ein Verbrecher? Nehmen wir einen Mann, er ist 45 Jahre alt. Heute, am Sonntag, ist er noch ein Mensch wie jeder andere, ein Mitglied der Gesellschaft. Fünf Minuten später begeht dieser selbe Mann aus irgendeinem Grund, einem nichtigen Anlass ein Verbrechen. Von diesem Augenblick an gehört er nicht mehr zur menschlichen Gemeinschaft, er wird zum Monstrum. Bis zu seinem 45. Lebensjahr hat er innerhalb der Gesellschaft gelebt, und binnen fünf Minuten betrachtet man ihn mit Abscheu; er passt nicht mehr in die Gesellschaft. Ich weiß nicht, ob Sie schon Prozessen beim Schwurgericht beigewohnt haben, aber die Einsamkeit dieses Menschen, der zwischen zwei Polizeibeamten eingekeilt steht, ist beeindruckend; er weiß, dass ihn keiner mehr versteht. Niemand spricht mehr dieselbe Sprache wie er.

Aus: *Simenon auf der Couch*, S. 105

127/128 In der Telefon- und Einsatzzentrale mit jungen Ermittlern der Police Judiciaire, Paris, 1952

129 Frühe deutsche Maigret-Ausgabe, Bertelsmann-Lesering, 1959

130 Italienische Erstausgabe von *Maigret und der Gehängte von Saint-Pholien*, 1930er Jahre, Mondadori

131 Im Archiv der Police Judiciaire, Paris, 1952

132/133 Französische Ausgaben aus den 1950er Jahren von *Maigret und der Verrückte von Bergerac* und *Maigret bei den Flamen*, Fayard

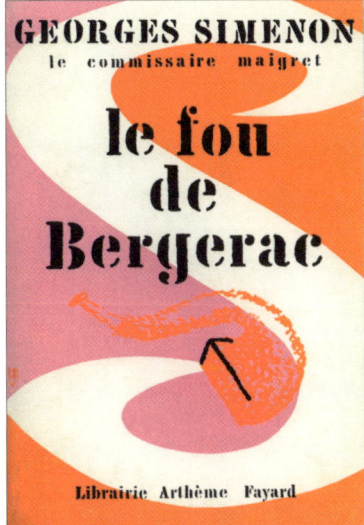

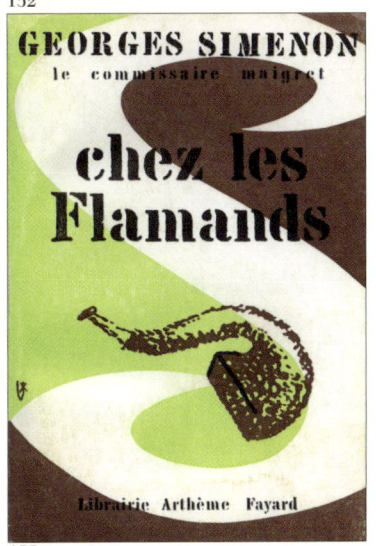

134

135

136

Für mich ist Maigret ein Flickschuster für kaputte Schicksale. Er verurteilt nie. Maigret, der als Vertreter der Polizei die Gesellschaft verkörpert, kann sich mit dem Verbrecher identifizieren, ihn verstehen, ihn mögen.
  Aus: *Simenon auf der Couch*, 1968

Meine Devise, sofern ich eine habe, ist genug wiederholt worden, und ich habe mich immer daran gehalten. Es ist die, die ich meinem guten Maigret geliehen habe, der mir in bestimmten Punkten ähnelt: »Verstehen und nicht urteilen«.
  Aus: *Intime Memoiren*, 1981

134 Im Archiv der Police Judiciaire, Paris, 1952
135 Romanabdruck von *Maigrets Nacht an der Kreuzung* in *Police Magazine*, 1938
136 Mit seiner zweiten Frau Denise auf dem Balkon der Police Judiciaire, Paris, 1952
137 Paris-Stadtplan aus dem Archiv Georges Simenons
138 Vor dem Restaurant *Aux trois marchés*, dem Vorbild der Brasserie *Dauphine*, wo Maigret oft einkehrt oder sich während Verhören einen Imbiss und Bier holen lässt, Paris, 1952.

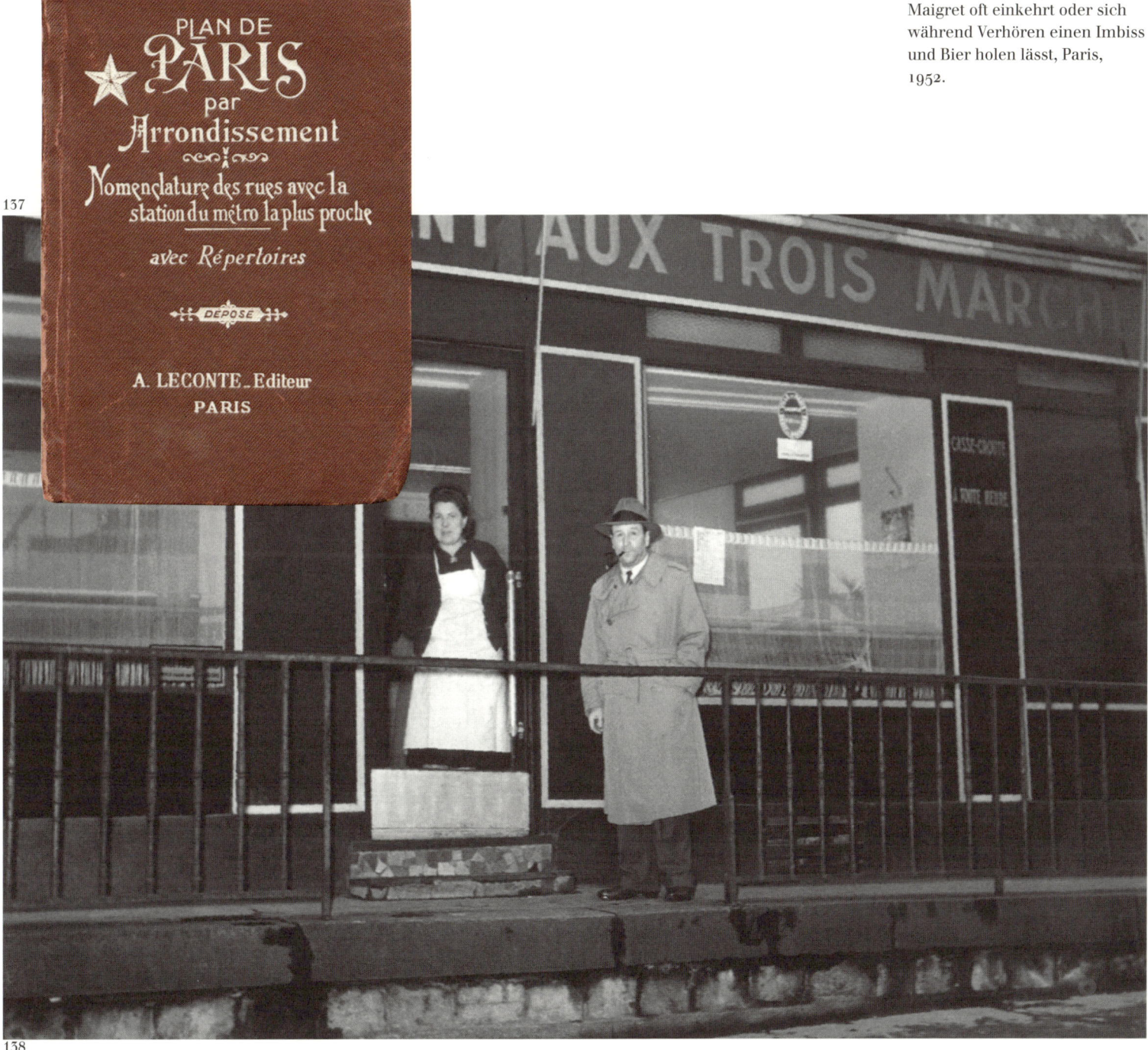

139 *Paris-soir Dimanche* titelt: »Maigret nimmt den Dienst wieder auf«, Oktober 1936. 1934 hatte Simenon beschlossen, keine Maigret-Romane mehr zu schreiben – und es sich nach zwei Jahren anders überlegt.

140 Maigret in ausländischen Ausgaben aus aller Welt

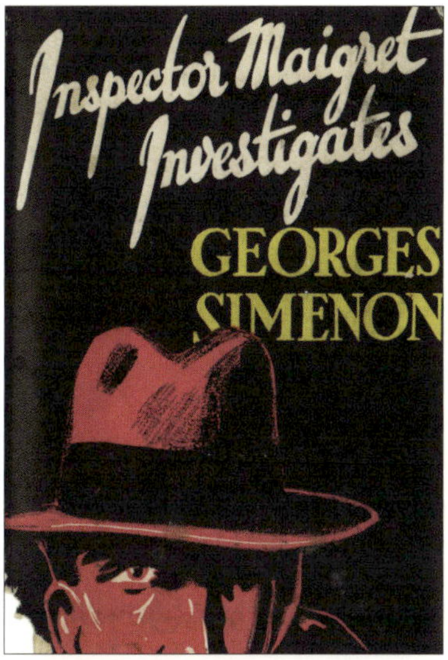
Inspector Maigret Investigates
GEORGES SIMENON

Georges Simenon
MAIGRET In Holland

a Penguin Maigret 65c
Maigret Mystified
Simenon
QUAI DES ORFÈVRES

"One of the great revolutionists of the detective story."
—THE NEW YORK TIMES BOOK REVIEW
MAIGRET AND THE KILLER
GEORGES SIMENON

GEORGES SIMENON
KOMMISSAR
MAIGRET
und die Frauen

GEORGES SIMENON
MAIGRET
und die Bohnenstange
KRIMINAL-ROMAN

DETEKTIV-CLUB
Georges Simenon
LIBERTY BAR
KOMMISSAR MAIGRET

SIMENON
Maigret und Pietr der Lette
Diogenes

Maigret
Georges Simenon
Maigret' puhkus

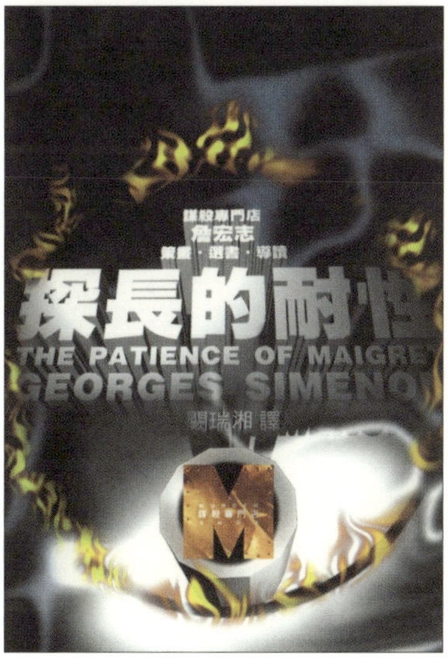
探長的耐性
THE PATIENCE OF MAIGRET
GEORGES SIMENON

gli Adelphi
GEORGES SIMENON
Maigret ha paura
LE INCHIESTE DI MAIGRET

Simenon
Maigret
und
Pietr der Lette
Roman · Diogenes

140

141 1960 am Genfer See, mit der Polizeimarke, die ihm 1952 bei seinem Besuch bei der Police Judiciaire überreicht wurde und die er als Schlüsselanhänger bis an sein Lebensende bei sich trug

142 Bestätigung des Direktors des Pariser Polizeipräsidiums für die Verleihung der Polizeimarke

In meiner Schublade liegt die Silbermarke eines Kommissars der Kriminalpolizei, die ich tatsächlich für meinen Freund Maigret bekommen habe und die die Nummer 0000 trägt, während die des Polizeipräfekten die Kennnummer 0001 trägt. In Arizona überreichte man mir, wie allen Ranchers, den Stern eines ›deputy-sheriff‹, und ich hatte im Handschuhfach meines Autos immer einen Colt mit langem Lauf.
Ich habe nie geschossen.
   Aus: *Intime Memoiren*, 1981

Maigret ist kein intelligenter Mann. Aber er hat Intuition. Er ist auch nicht der mit dem scharfen Blick, der sofort die kleinste Einzelheit wahrnimmt. In den ganz frühen Romanen kommt er einem sogar fast wie ein Rindvieh vor. Ein klobiger Dickhäuter, der herumspaziert, Gerüche einsaugt, sich an alles herantastet, und so ist er auch mehr oder weniger geblieben. Mit anderen Worten: ein intuitiver Mensch, der nach außen hin nicht gerade aufgeweckt wirkt. […] Ein scheinbar ganz gewöhnlicher, durchschnittlich intelligenter und durchschnittlich gebildeter Mann, der aber das Innere der Menschen zu erspüren vermag. […] Er trinkt ziemlich viel. […] Er isst gern, am liebsten ganz einfache Mahlzeiten, Hausmannskost. Er liebt Ragouts, Fleischklöße mit Sauerampfer sind eines seiner Lieblingsgerichte. […] Seine Wohnung ist weder hässlich noch schön. Seine Wohnung ist die eines Pariser Beamten. Sein Geschmack ist nicht gerade modern. Hauptsache gemütlich. Wichtig ist ihm vor allem ein bequemer Sessel für sein gewaltiges Hinterteil und gutes Licht, damit er seine Zeitungen lesen kann.

In einem Interview mit Roger Stéphane, 1963

143

143 Diogenes Sonderband mit Maigret-Geschichten, 1980
144 Simenon unterwegs nach Delfzijl zur Einweihung der Maigret-Statue, 1966

144

145 Simenon in Cannes, 1956
146 Maigret-Statue in Liège, ohne Pfeife (sie wurde schon kurz nach dem Aufstellen von Vandalen abgebrochen)
147 Filmplakat von *Maigret voit rouge* (nach dem Roman *Maigret regt sich auf*) mit Jean Gabin, 1963
148 Simenon im Treppenhaus von Échandens, 1960

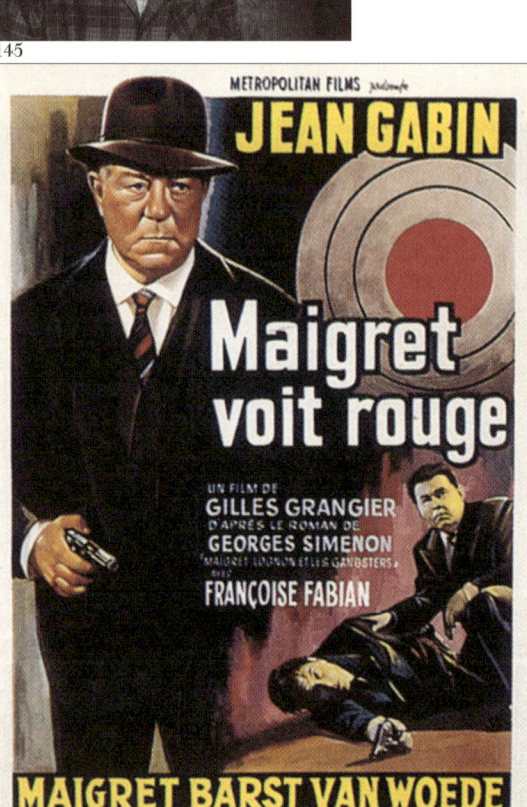

Am Anfang ist Maigret ziemlich einfach gewesen. Allmählich sind wir einander dann tatsächlich ein bisschen ähnlich geworden. Ich könnte nicht sagen, ob er sich an mich oder ich mich an ihn angepasst habe.

In einem Interview mit Francis Lacassin, 1975 (Aus: *Über Simenon*)

Der Mensch ist derart schlecht für das Leben ausgerüstet, dass man fast einen Übermenschen aus ihm machen würde, wenn man in ihm einen Schuldigen – statt ein Opfer – sähe.

In einem Interview mit Francis Lacassin, 1975 (Aus: *Über Simenon*)

149/151 Enthüllung der Maigret-Statue in Delfzijl, Holland, 1966
150 Mit dem Schöpfer der Maigret-Statue, dem Bildhauer Pietr de Hought

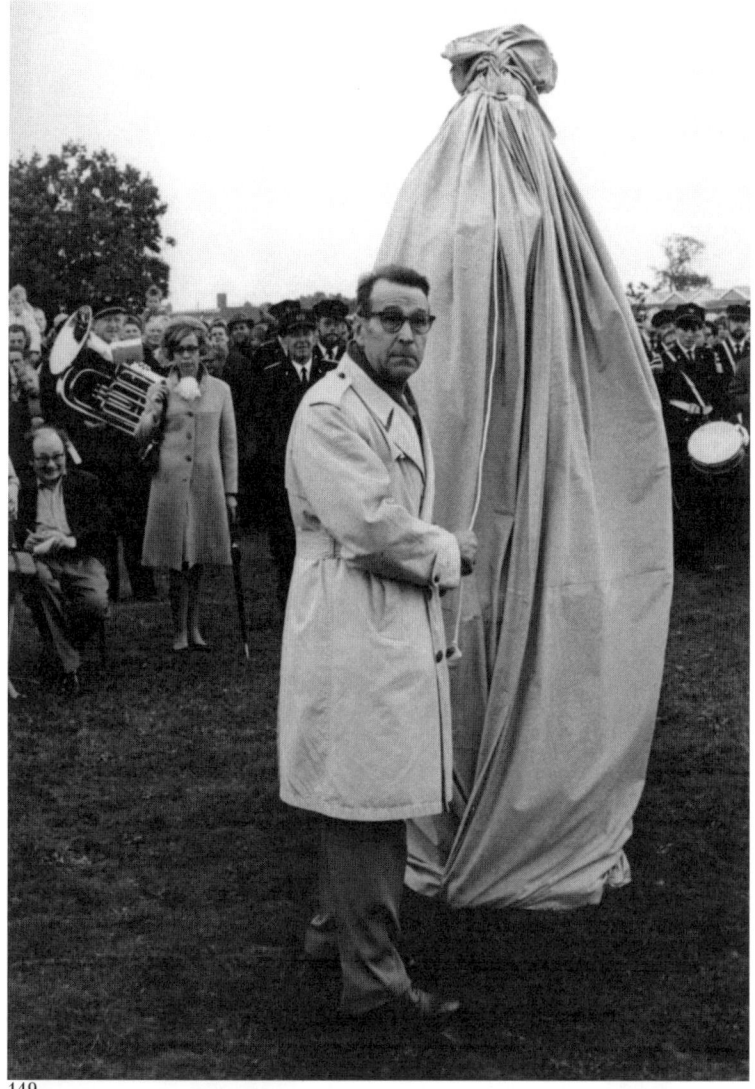

152

152 In Delfzijl, 1966, mit den Maigret-Darstellern, v.l.n.r.: Rupert Davies, Georges Simenon, Heinz Rühmann, Gino Cervi, Jan Teuling

153 Filmplakat von *Maigret und sein größter Fall* (nach dem Roman *Maigret und der Spion*), mit Heinz Rühmann in der Hauptrolle, 1968

154

155

Ich habe ein schlechtes Gewissen, weil ich meinem Kommissar nach dem letzten Roman, ›Maigret und Monsieur Charles‹, völlig den Rücken gekehrt habe. Es ist ein wenig so, als trennte man sich von einem Freund, ohne ihm noch einmal die Hand geschüttelt zu haben. Zwischen einem Autor und seinen Figuren bildet sich eine innige Beziehung, umso mehr, wenn man fünfzig Jahre lang zusammengearbeitet hat. In manchen Zeitungen steht, dass ich selbst das Vorbild für Maigret sei, so dass er eine Art Abklatsch von mir wäre. Das bestreite ich […] er war nie ich. Ich lasse ihn am Ufer der Loire zurück, wo er seinen Ruhestand verbringt, so wie auch ich im Ruhestand bin. Er gräbt seinen Garten um, spielt mit den Leuten im Dorf Karten und geht angeln. Ich gehe wandern, der einzige Sport, der mir noch erlaubt ist. Ich wünsche ihm einen angenehmen Ruhestand, so angenehm wie der meine. Unsere Zusammenarbeit war so lang, dass ich mit ein wenig Rührung von ihm Abschied nehme.

Aus: *Des traces de pas*, 1973

154 Maigret-Sondermarke der französischen Post, 1966
155 Mailand, 1957
156 Lausanne, 1956
157-159 Amerikanische Erstausgaben von Maigret-Romanen, 1940er Jahre

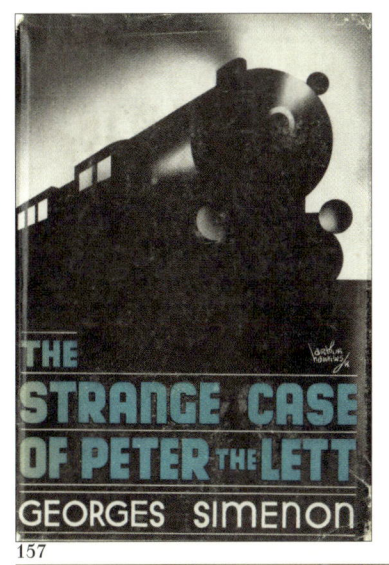

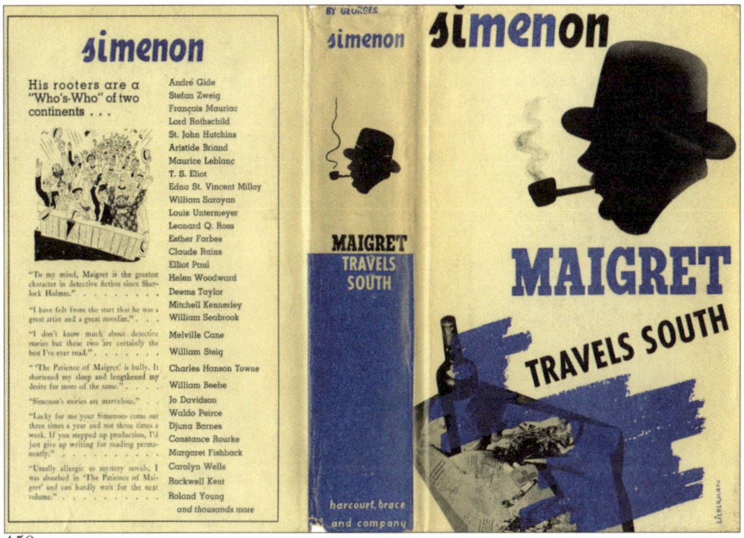

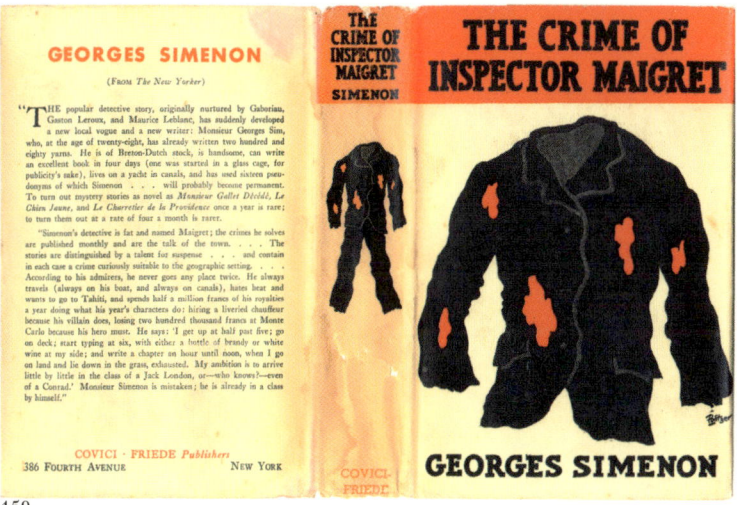

Simenon
als Reporter

Ich schrieb immer, in Panama wie auf Tahiti oder in Australien. Was war unser Ziel? Wohin fuhren wir? Überallhin. Nirgendwohin.

Reisen, um Reportagen zu schreiben? Oder Reportagen schreiben, um reisen zu können? Obwohl Simenon das Schreibhandwerk bei einer Zeitung gelernt hatte, war ihm der Journalismus selten Selbstzweck. An erster Stelle war er Romancier, und als solcher wollte er etwas sehen von der Welt, über die er schrieb: »Ich musste die Welt in all ihren Erscheinungsformen, horizontal und vertikal kennenlernen, das heißt, in ihrem ganzen Ausmaß, mit Ländern und Rassen in Berührung kommen, mit Klimazonen und Sitten, sie aber auch vertikal durchdringen, mit anderen Worten, zu den verschiedenen sozialen Schichten Zugang haben.«

In den zwanziger Jahren hatte Simenon einige Groschenromane mit exotischen Schauplätzen geschrieben und sich in seinem Büro an der Pariser Place des Vosges mit Hilfe von Enzyklopädien und Atlanten etwa nach Texas oder in den afrikanischen Busch versetzt (der Abenteuerroman *Die Zwerge der Katarakte* von 1928 zum Beispiel spielt im südafrikanischen Transvaal, wo Simenon nie war). Zu reisen, ohne sich zu bewegen, reichte Simenon, seinem literarischen Anspruch und seinem Erlebnishunger aber bald nicht mehr. Ab circa 1929 brach er immer wieder auf, nicht mehr nur per Boot durch Frankreich und die Nachbarländer, sondern in die Ferne, im Sommer 1929 etwa nach Norwegen und bis nach Lappland. Die erste große Reise außerhalb von Europa führte ihn 1932 nach Afrika, in Begleitung seiner Frau Tigy: Auf der Suche nach dem »nackten Menschen«, wie er sagte, bereiste er drei Monate lang Ägypten, den Sudan und Belgisch-Kongo (wo er seinen Bruder Christian traf) und machte

160 In Afrika, 1932
161 Paris, 1936

auf der Rückreise Zwischenhalt unter anderem in Gabun. Seine desillusionierten afrikanischen Eindrücke und die Verheerungen des französischen und belgischen Kolonialismus schilderte er in einer großen Reportage, *Die Stunde des Negers*, die in sechs Teilen in der Zeitschrift *Voilà* erschien. Die dreißiger Jahre wurden zu Simenons Reisejahren, die er zu einem großen Teil mit Reportagen finanzierte. 1933 folgen zwei Reisen durch Europa, die ihn nach Deutschland, Polen und Litauen, in die Tschechoslowakei, nach Ungarn, Rumänien, Bulgarien und zum Schwarzen Meer führten. Verschiedene Reportagen erschienen in *Le Jour*, eine ganze Reihe wurde unter dem Titel *Europe 33* in *Voilà* veröffentlicht. Am Ende dieser Reise, in der Türkei, gelang Simenon ein Scoop, von dem jeder Reporter träumt: Leo Trotzki, der berühmteste politische Flüchtling seiner Zeit, der kaum mit Journalisten sprach, empfing Simenon in seinem Exil auf der Insel Prinkipo im Marmara-Meer und gewährte ihm ein Exklusiv-Interview, das dann in *France-soir* abgedruckt wurde.

Reportagen waren es auch, die Simenon 1934 erlaubten, zwei Monate lang auf dem Zweimaster ›Araldo‹ das Mittelmeer zu befahren. 1935 dann brach Simenon zu einer Weltreise auf, nicht ohne vorher die Pariser Zeitungsredaktionen abgeklappert zu haben, um Vorschüsse für seine Reiseberichte einzusammeln. Erste Station der Reise, auf der ihn wiederum Tigy begleitete, war New York, dann ging es weiter nach Panama, Costa Rica, Ecuador, Peru und – mit Zwischenhalt auf den Galapagos-Inseln – über den Pazifik in die Südsee. Besonders gefiel Simenon Tahiti, wo er zwei Monate blieb. Die Rückreise führte über Australien, Neuseeland, Indien und den Suez-Kanal nach Marseille.

Mit dieser Reise um die Welt in 155 Tagen war die Serie der großen Reisen und der großen Reportagen, der sich auch viele Romane unmittelbar oder mittelbar verdanken, zunächst abgeschlossen. Erst mit Simenons Zeit in Nordamerika (Reportagen *Am Krankenbett der Welt*, *Amerika mit dem Auto*) lebte sie wieder auf. 1960 schrieb Simenon an seinen Verleger: »Ich bin Romanschriftsteller und möchte nichts anderes sein als das. Ich verfasse keine Artikel (auch keine Erzählungen oder Novellen) mehr.«

Das Geld von ›Détective‹ diente Tigy und mir dazu, zum Eismeer zu fahren, nicht an Bord der ›Ostrogoth‹, sondern eines großen Schiffes, an dessen Deck sowohl Kühe als auch Schweine und Kabeljaufässer befördert wurden. Es fuhr gemächlich von Hafen zu Hafen entlang der Küsten Norwegens und brachte uns am Nordkap vorbei nach Kirkenes, von wo aus man mit dem Fernglas jenseits eines kleinen Streifens von Finnland die russischen Soldaten an ihrer Grenze entlang patrouillieren sehen konnte.

Um dorthin zu gelangen, hatte unser Bug sich eine Fahrrinne in das Eis brechen müssen. Von Rentieren gezogene Schlitten brachten uns durch Lappland, von einem Zelt aus Rentierhaut zum anderen, in der weißen Unendlichkeit, und wir waren auch wie Lappen gekleidet, nicht wegen des malerischen Aussehens oder des Erinnerungsfotos, sondern weil wir anders die Kälte von fünfundvierzig Grad unter Null nicht ertragen hätten.

Aus: *Intime Memoiren*, 1981

162/163 In Norwegen, 1928
164 An Bord der ›Lafayette‹, New York, 1934

Ich habe es so eingerichtet, dass ich Ägypten im Sommer besucht habe und Lappland im Februar. Wenn man das wahre Gesicht eines Landes kennenlernen will, muss man es in seiner vollen Intensität erleben.

In einem Interview mit Francis Lacassin (In: *Conversations avec Simenon*, 1990)

164

165 »Bei Trotzki«, Reportage in *Paris-soir*, Juni 1933
166 Flug nach Prag, zusammen mit Tigy, während der Recherchen zur Reportage *Europe 33*. Artikel aus dem Magazin *L'Air*, April 1933
167 Leo Trotzki, 1933 auf der Insel Prinkipo im Marmara-Meer, fotografiert von Simenon

Tigy und ich sollten im Laufe der Jahre abwechselnd kalte und heiße Gegenden durchqueren, mehrere Male auf verschiedenen Ozeanen über den Äquator fahren, nach und nach die fünf Kontinente kennenlernen, und meine Schreibmaschine, die nicht mehr die alte, in der Rue des Rosiers geliehene Maschine war, sollte uns in einem verstärkten, eigens für sie gebauten Kasten überallhin folgen.

Denn ich schrieb immer, in Panama wie auf Tahiti oder in Australien.

Was war unser Ziel? Wohin fuhren wir? Überallhin. Nirgendwohin.

Auf der Suche wonach?

Auf jeden Fall nicht nach dem Malerischen, sondern auf der Suche nach Menschen. Wir waren nicht auf Reisen, denn wir waren überall zu Hause. Das Flugzeug überquerte noch nicht die Kontinente und die Ozeane. Die Passagierdampfer brauchten fünfundvierzig Tage von Sydney nach London, mit vielen Zwischenstationen in Asien, im Nahen Osten und im Mittelmeer.

Aus: *Intime Memoiren*, 1981

168 In Odessa, 1933
169 Mit Tigy auf Schiffsreise, 1930er Jahre
170 Presseausweis für die Zeitung *Paris-soir*, 1933

Norwegen und Lappland im Winter, dann eine große Europatour, Afrika, vor allem von Osten nach Westen, was damals sehr schwierig war, die Vereinigten Staaten, Panama, Äquator, Tahiti, Neuseeland, Australien, Indien usw., auch Russland, Türkei Ägypten ... Damit komme ich zu dem, was ich sagen wollte. Ich war nicht auf der Suche nach dem Pittoresken. Davon gibt es in meinen Romanen nur wenig. Diejenigen meiner Romane, die ich als exotisch bezeichnen würde, lassen sich an einer Hand abzählen: ›Der Stammgast‹, in der Türkei geschrieben, ›Die Schwarzen von Panama‹ in Panama, ›Tropenkoller‹ in Gabun, ›45° im Schatten‹ auf dem Weg von Matadi nach Bordeaux, ›Der ältere Bruder‹ im Kongo, ›...die da dürstet‹ auf den Galapagos-Inseln. Einige habe ich vielleicht vergessen, aber bestimmt nicht viele. ›Der Bananentourist‹ in Tahiti, ›Auf großer Fahrt‹ irgendwo unterwegs. Doch das pittoreske Element spielt dabei keine große Rolle.

Ich möchte behaupten, dass wenn man an einem bestimmten Ort lebt, ein Baum eben ein Baum ist, gleichgültig, ob es sich dabei um einen Wollbaum, einen Flammenbaum oder eine Eiche handelt. Das Pittoreske gibt es nur für diejenigen, die vorüberziehen. Und Touristen verabscheue ich.

Aus: *Als ich alt war*, 1960

171/172 Die Simenons auf ihrer Weltreise, 1933/1934
173 Reportage *Europe 33*, erschienen 1933 im Magazin *Voilà*
174 Istanbul, 1933, fotografiert von Simenon
175 New York, 1934, fotografiert von Simenon
176 Das Segelschiff ›Araldo‹, auf dem Simenon 1934 das Mittelmeer durchkreuzte
177 Als Kapitän der ›Araldo‹, 1934

Mich reizte nicht der Ortswechsel unter veränderten Lebensumständen. Ich versuchte vor allem, die kleine Welt, in der ich lebte, mit Abstand, aus dem Blickwinkel zu sehen, Vergleichspunkte, Distanz zu finden.

Ich reiste auf eigene Kosten, aber da ich verschiedene Herausgeber von Zeitschriften und Magazinen kannte, Prouvost (damals Herausger von ›Paris-soir‹), Florent Fels (›Voilà‹), Bailby (›L'Intransigeant‹, später ›Le Jour‹), bot ich ihnen vor der Abfahrt eine Serie von sechs, acht oder zwölf Artikeln gegen ein Pauschalhonorar an, und damit bestritt ich meine Kosten. So lieferte ich auch einige Artikel an eine Wochenzeitschrift von Gallimard, die damals von Emmanuel Berl geleitet wurde, als ich mit meinem dritten Schiff, der ›Araldo‹, fast ein Jahr lang kreuz und quer durchs Mittelmeer zog.

Aus: *Als ich alt war*, 1960

Das Exotische hat mich nie gelockt. Immer suchte ich auf Reisen den bloßen Menschen, den ›homme nu‹.

In einem Interview mit Francis Lacassi, 1975 (in: *Über Simenon*)

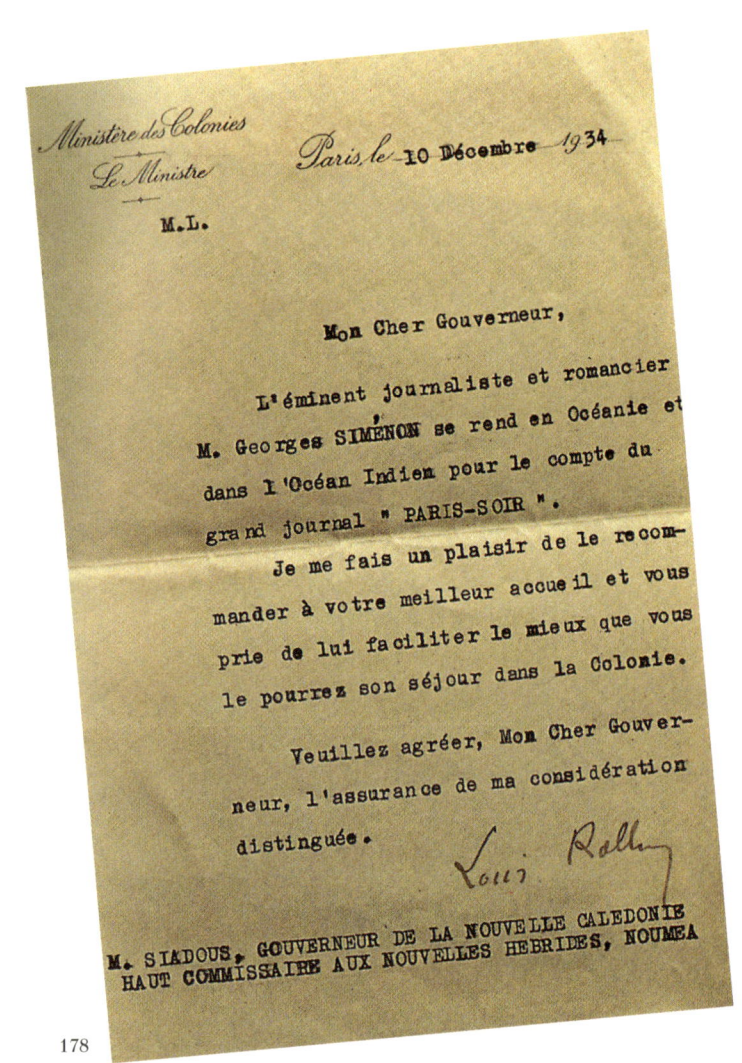

178 Empfehlungsschreiben des Gouverneurs von Neu-Kaledonien für Simenons Reise in die Südsee, 1934

179 Simenons Reisereportagen erschienen 1984 erstmals auf Deutsch im Diogenes Verlag in zwei Bänden: *Zahltag in einer Bank* und *Die Pfeife Kleopatras*.

180/181
In Afrika, 1932, in einem Boot auf dem Kongo und mit Einheimischen

182 In Afrika, 1932
183–185
Tahiti, 1935

Meine Vorliebe gilt, um offen zu sein, dem Menschen mit schwarzer, glänzender Haut, den ich noch in seinem Stamm mitten im Busch oder im Urwald am Äquator treffen konnte und der zu jener Zeit fern von den Weißen lebte, ohne die Bedeutung des Wortes ›Geld‹ zu kennen.

Er war nackt, schlief in einer Strohhütte, die man zu mehreren an einem Tag auf dem Boden baute, der allen gehörte, und morgens, kurz vor Sonnenaufgang, entfernte er sich, mit seinem kleinen Bogen und seinen kleinen, sehr spitzen Pfeilen versehen, ohne das leiseste Geräusch mit seinem geschmeidigen und vorsichtigen Gang zu machen, auf der Lauer, aufmerksam auf das leichteste Zittern des hohen Grases oder der Blätter achtend, während seine Frau oder Frauen nackt und glänzend in der Sonne wie er, von Gören mit großen Augen umgeben, die Hirse in den mit dem Flint direkt ins Holz gehauenen Mörsern zerstampften.

Bei diesem Mann, bei diesen Frauen entdeckte ich eine menschliche Würde, der ich nirgendwo sonst begegnet bin. Man sah und hörte sie kaum in der Natur, mit der sie verschmolzen und in deren Rhythmus sie lebten.

Aus: *Intime Memoiren*, 1981

186 Das Auto, in dem Simenon 1932 einen Teil Afrikas durchquerte

187 Afrika-Reportage für das Magazin *Voilà*, 1932

Ich bin in Gegenden gewesen, wo die Menschen noch wirklich nackt waren und im Urzustand lebten: Sie waren nicht anders als wir. Sie hatten eine Religion, kaum anders als unsere; eine Hierarchie, die nicht eine Hierarchie des Geldes war, sondern vom Stärksten, vom besten Armbrustschützen oder Einbaumschnitzer dominiert wurde.

Aber was ich noch nicht gefunden habe, ist der Mensch mit nur seinen Grund- und Urinstinkten.

Aus: *Intime Memoiren*, 1981

188 Tiki, kleine Holzskulptur, die Simenon als Souvenir aus Afrika mitbrachte und die immer auf seinem Schreibtisch stand

189 In Afrika, 1932

190 Simenon mit dem Tiki auf dem Cover des Magazins *Elle et Lui*

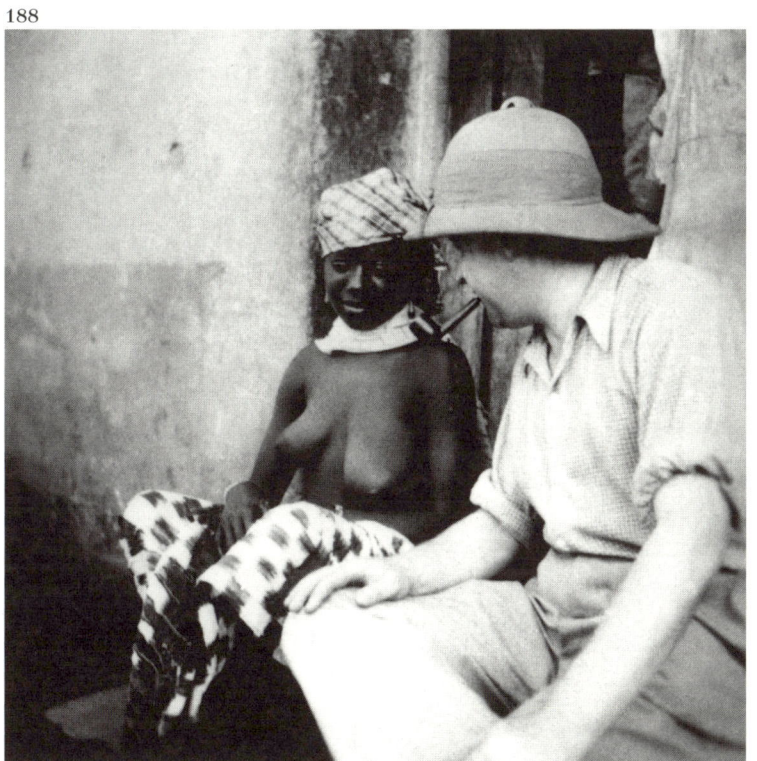

Simenon
als Fotograf

Wenn man das wahre Gesicht eines Landes wirklich kennenlernen will, muss man es in seiner ganzen Intensität erleben.

192

Simenon war kein Fotograf. Die ersten Fotos, die von ihm bekannt sind, sind unscharfe und unbeholfene Schnappschüsse von der Schiffsreise durch Frankreich 1928 an Bord der ›Ginette‹.

Doch die Fotografie interessierte ihn. An Federico Fellini schrieb er 1977: »Sie sprechen von Buchumschlägen. Wissen Sie, dass ich 1932, als die ersten Maigrets erschienen, als Erster auf der Welt fotografische Umschläge gestaltete, die nicht nur atmosphärische Details, sondern auch die wichtigsten Romanfiguren zeigten? Heute ist dies in Verlagen gang und gäbe, aber vor fünfundvierzig Jahren galt es als revolutionär.« Fotografen wie Robert Doisneau oder Man Ray wurden für Simenon-Umschläge verpflichtet, damals waren sie noch unbekannt. Simenon hatte seine eigenen visuellen Vorstellungen: Im Pariser Viertel um die Rue Mouffetard, ›la Mouf‹ genannt, einem Zufluchtsort der Clochards, war er 1931 »eine ganze Nacht lang auf der Suche nach einem Mann für das Umschlagfoto zu *Maigret und der Treidler der ›Providence‹*. In dem schäbigsten Nachtquartier für hoffnungslose Fälle habe ich ihn gefunden und habe ihn in das Studio gebracht, wo man ihn neben einem weißen Pferd, das man eigens gemietet hatte, fotografierte.« Im selben Jahr erschien eine Erzählung Simenons in einer Reihe mit sogenannten Fototexten, einer Art Comics mit Fotografien statt Zeichnungen. Die Bilder stammten von der Fotografin Germaine Krull. Trotz eines rauschenden Fests auf der ›Ostrogoth‹ zum Erscheinen des Bands blieb es bei einem einmaligen Experiment, der junge Verleger der Fototext-Reihe meldete kurz darauf Konkurs an.

191 Auf Malta, 1934
192 Schiff im Hafen von Bordeaux, 1932 oder 1934, Foto von Georges Simenon

Auf den großen Reportagereisen der dreißiger Jahre aber, in Frankreich, Belgien, Afrika, Mittelamerika und in der Südsee, war die Fotokamera Simenons ständiger Begleiter. Oft bebilderte er seine Reportagen selbst, seine Fotos wurden in Zeitungen und Zeitschriften abgedruckt. Er hatte auch technisch dazugelernt, und was ihm in diesem Bereich noch immer abging, machte er wett durch seinen unvoreingenommenen Blick, seinen Instinkt für den Bildausschnitt und sein Gespür für die Leute. Landschaften, Sehenswürdigkeiten finden sich nur wenige unter seinen Fotografien – sein Augenmerk richtete er auf den Menschen, häufig auf den einfachen Menschen.

Die Bilder dieser Reisen stellten Simenon und seine Frau Tigy sorgfältig in sechs Fotoalben zusammen. Mit den großen Reportagen endete aber auch Simenons Exkursion in die Fotografie als eine Art Nebenberuf. Danach schoss Simenon nur noch private Bilder.

193 Concarneau (Bretagne), um 1931
194 Im sogenannten ›Palais du peuple‹ (›Palast des Volkes‹) in der Kohlestadt Charleroi in Belgien, 20. Februar 1933
195 Boulogne im Pas-de-Calais, um 1931
196 Die belgische Grenze (vermutlich die Brücke von Ghyvelde, über dem Kanal zwischen Dünkirchen und Furnes), Dezember 1932
197 Belgien (Brüssel), Februar 1933

197

198 Im sogenannten ›Palais du peuple‹ (›Palast des Volkes‹) in der Kohlestadt Charleroi in Belgien, 20. Februar 1933
199 Saint-Martin de Ré auf der Insel Ile de Ré im Département Charente-Maritime, 16. September 1933
200/202/203 Polen (vermutlich in Vilnius, das damals zu Polen gehörte), ca. März 1933
201 Polen (vermutlich Warschau), ca. März 1933

200

201

202

203

204

205 206

204 Türkei (Istanbul),
    Ende Mai/Anfang Juni 1933
205 Rumänien, ca. März 1933
206 Türkei (Überquerung des
    Schwarzen Meers an Bord der
    ›Aventino‹, zwischen Batumi
    und Trabzon-Istanbul),
    Ende Mai 1933

207 Tunesien, eine Station der
 Mittelmeerreise an Bord des
 Segelschiffs ›Araldo‹, Juli 1934
208 Tahiti, Februar/März 1935
209 Aba-Faradje (Haut-Uélé,
 Belgisch-Kongo), Sommer 1932

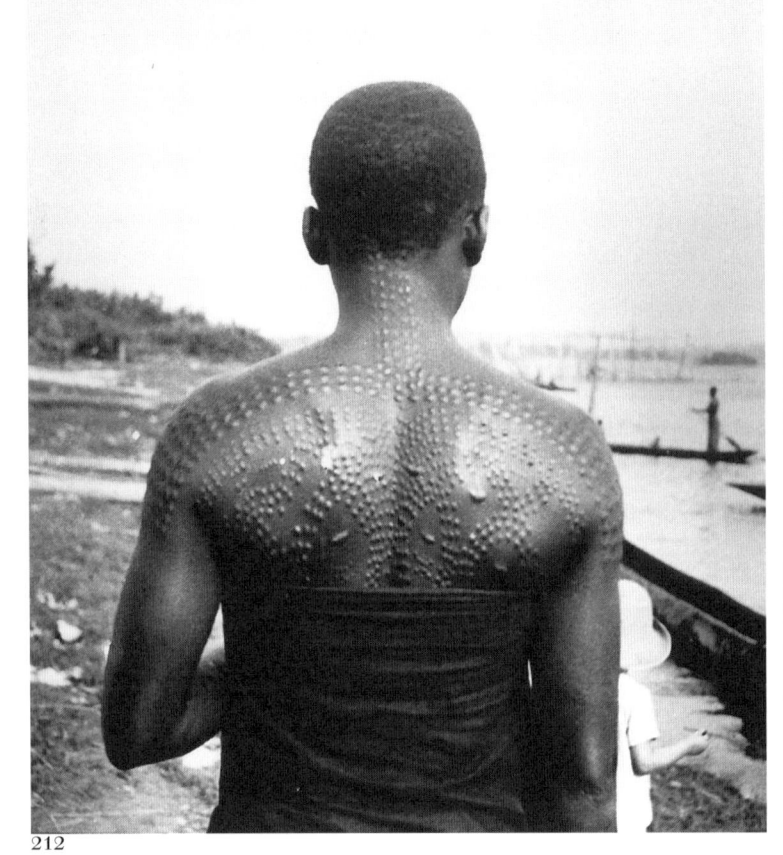

210 Wasserstraße, zwischen Wamba und Stanleyville (heute Kisangani), Sommer 1932

211 Elefantenfarm in Gangala Na Bodio (Belgisch-Kongo), Sommer 1932

212 Stanleyville (heute Kisangani, Kongo), Sommer 1932

213 Gilly (Belgisch-Kongo), Sommer 1932

214 Angehörige der Shilluk-Ethnie im Sudan, Sommer 1932

214

Frankreich
1932–1945

*Ich liebe Frankreich. Von allen Ländern
bin ich Frankreich am meisten verbunden,
obwohl ich nicht dazugehöre.*

216

In den dreißiger Jahren hatte Simenon es in Paris geschafft: Die Kriminalromane um Kommissar Maigret hatten ihn nicht nur bekannt, sondern auch reich gemacht. Nun wollte Simenon »echte« Romane schreiben, und 1931 erschien der erste Non-Maigret: *Das Gasthaus im Elsaß*. Auch sonst begann ein neues Kapitel in Simenons Leben, in dem Paris eine immer kleinere Rolle spielte. Auf seiner Schiffstour durch Frankreich 1928 hatte er La Rochelle und seinen pittoresken Hafen entdeckt, dessen Einfahrt zwei alte Wehrtürme flankieren. »Eines Tages werden wir hier wohnen«, hatte der begeisterte Simenon Tigy versprochen. Im April 1932 mietete Simenon das Herrenhaus La Richardière in Marsilly, in der Nähe der bretonischen Hafenstadt. Nach Paris wurde Simenon zum Landmenschen. Er züchtete Pferde, hielt sich Hunde und sogar zwei zahme Wölfe aus der Türkei. Zwischen seinen vielen Reisen wurde La Richardière zum Rückzugsort – wenn Simenon nicht gerade auf der Insel Porquerolles, in der Villa ›Les Tamaris‹, den Frühling oder Sommer genoss. 1938 konnte Simenon in Nieul-sur-Mer, wiederum in der Nähe von La Rochelle, ein altes Haus aus dem 17. Jahrhundert kaufen, in dem er 1939 auch *Maigret und die Keller des ›Majestic‹* schrieb, den ersten Maigret-Roman nach fünf Jahren Pause. Mit Ausbruch des Zweiten Weltkriegs wurde Simenon von der belgischen Botschaft in Paris beauftragt, ein Auffanglager für die belgischen Flüchtlinge in La Rochelle zu organisieren – eine Mission, die er gewissenhaft erfüllte. La Rochelle war mit seinem Hafen ein militärisch-strategisches Ziel und wurde bombardiert. Simenon brachte seine junge Familie in Sicherheit, in ein Bauernhaus in dem mitten im Wald gelegenen Dorf Vouvant: der erste von unzähligen Wohnorten Simenons während des Krieges, von denen das Schloss Terre-Neuve in Fontenay-le-Comte der herrschaftlichste war. Es waren nicht die Kriegswirren, die ihn zu den vielen Ortswechsel zwangen, sondern vielmehr Simenons charakteristische Rastlosigkeit. Und so war das Wichtigste,

215 Simenon, 1934
216 La Richardière in Marsilly, das Haus, das Simenon von 1932 bis 1935 bewohnte

was der Verleger Gaston Gallimard seinem Erfolgsautor besorgte, ein Passierschein, der es dem Belgier ermöglichte, sich frei im besetzten Frankreich zu bewegen. Der Krieg brachte für Simenon auch sonst keine großen Einschränkungen mit sich – er litt weder Verfolgung noch Hunger. Und auch in den Kriegsjahren war Simenon ungemein produktiv: allein 1941 erschienen sechs Romane, 1942 ebensoviele. Und während des Krieges wurden neun Romane verfilmt.

Die bedrohliche Stimmung vor dem Krieg hatte Simenon bereits 1938 in dem Roman *Der fremde Vetter* dargestellt. Der Krieg floss als Thema lediglich in drei Romane ein: *Die Flucht der Flamen* (1947), *Der Zug* (1961) und vor allem *Der Schnee war schmutzig* (1948), eine düstere Parabel über ein besetztes Land – alle drei Romane schrieb Simenon nach dem Krieg. Ein einziges Mal kommt Simenon während der Besatzungszeit in Bedrängnis: Im Oktober 1942 wurde er von den Deutschen verdächtigt, jüdischer Abstammung zu sein (wegen der Nähe des Namens Simenon zu Simon). Es wurden Untersuchungen angestellt, und Simenon hatte größte Schwierigkeiten, diese Annahme aus der Welt zu räumen.

Doch der erschütterndste Vorfall dieser Kriegsjahre war ein rein persönlicher: Als Simenon sich 1940 bei Holzarbeiten an der Schulter verletzte, missdeutete der örtliche Landarzt ein Röntgenbild und diagnostizierte bei Simenon fälschlicherweise einen Herzfehler. Er gab ihm maximal zwei Jahre zu leben. Simenon reagierte als Vater und als Schriftsteller. Für seinen Sohn Marc, den er schon als Halbwaise sah, zeichnete er in ein Heft den Stammbaum seiner Familie. In Form eines langen Briefs an Marc begann er die Geschichte seiner Vorfahren und sein eigenes Leben zu erzählen, und beendete sie, obwohl er mittlerweile erfahren hatte, dass die Diagnose falsch war. Aus dem Brief wurde ein Buch: *Je me souviens*, das 1945 erscheint. Auf André Gides Rat, der ihm empfahl, die Erzählperspektive zu wechseln, schrieb Simenon eine neue Fassung in der dritten Person und nannte sie *Pedigree – Stammbaum* (1948) –, einer seiner ambitioniertesten und persönlichsten Romane. Das Kriegsende erlebte Simenon in Les Sables-d'Olonne in der Vendée.

Das Land oder das Meer! Für mich ist beides dasselbe...
Die Vendée... ein flaches Land endlich, wie Limburg, und folglich ein weiterer Himmel als irgendwo anders. Eine besondere Helligkeit, die Vermeer so gut auf seinen Bildern wiedergegeben hat... Ich spürte, dass ich mich dem Ziel näherte. Von Zeit zu Zeit mussten wir, da die Straße nicht an der Küste entlangführte, einen Umweg machen, um zehn oder zwanzig Kilometer weiter wieder ans Meer zu gelangen.

An einem klaren Morgen (warum sind meine Erinnerungen fast alle morgendliche und sonnige Erinnerungen?) stieß ich plötzlich auf eine kleine Bucht, und ich sah ein Haus mit Türmchen, das ich sehr gut kannte, Wiesen, auf denen ich so oft entlanggeritten war, einige weiße Bauernhäuser: La Richardière lag vor uns. Hinfällig, mit seinen größten – teils geschlossenen – Fensterläden. Tränen rannen mir die Wangen hinunter, und die Brust presste sich mir zusammen.

Endlich hatten wir es gefunden, nach sechs Wochen oder zwei Monaten Suche.

Hier war es, wo ich leben wollte, in der Nähe von La Rochelle, wohin ich zweimal in der Woche mit Boule gefahren war, um auf dem Markt einzukaufen.

Aus: *Intime Memoiren*, 1981

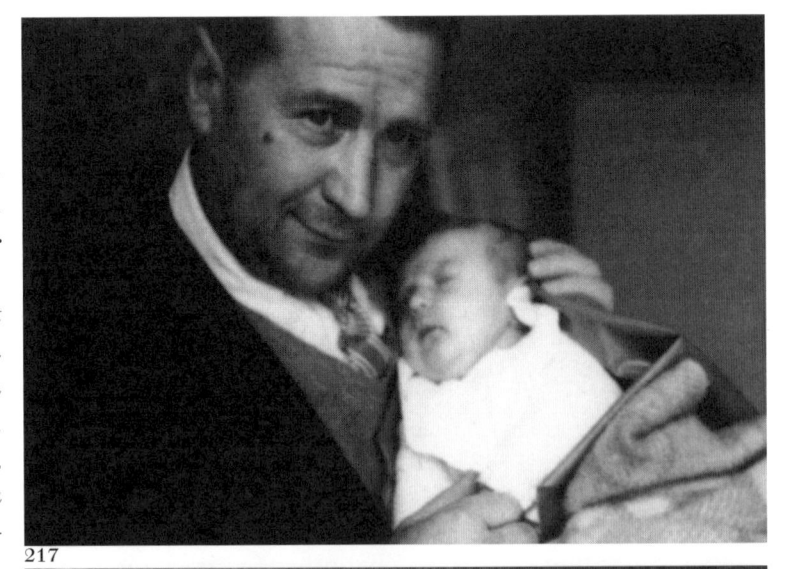

217 Mit seinem Sohn Marc, 1939. Marc wurde im April 1939 in Uccle-les-Bruxelles in Belgien geboren.
218 Die junge Familie, 1939
219 In Fontenay-le-Comte, wo Simenon im Schloss Terre-Neuve wohnte, 1941
220 Innenansicht vom Haus in Nieul bei La Rochelle, ca. 1939

221 In La Richardière, 1933/1934
222 Die hochschwangere Tigy vor dem Schloss Scharrachbergheim (Elsass), Februar 1939
223 Simenons Visitenkarte von La Richardière
224 La Richardière (hier ein Foto von 1984)

Die Sonne schien hell, das Wetter war mild, als das Radio am 10. Mai meldete, dass Holland angegriffen worden war und, um Zeit zu gewinnen, einen Teil des Landes überschwemmt hatte, indem es die Deichschleusen öffnete, die das Land vom Meer trennten. Am selben Tag drangen deutsche Panzer in Belgien ein, das sie, so gut es ging, aufhielt, und jetzt wurde die Generalmobilmachung befohlen. Ich war an der Reihe.

Aus: *Intime Memoiren*, 1981

Dann … die Übervölkerung aller Straßen, aller Landgebiete, die Unordnung, ein unentwirrbares Gewühl. Das war das Ende.
La Rochelle, das normalerweise fünfzigtausend Einwohner zählte, beherbergte zweihunderttausend, und genauso war es in allen anderen Städten und Dörfern der beiden Charentes.
Ich hörte kein Radio, aber ich vernahm das Geschrei aller Bewohner des Camps, die sich umarmten und vor Freude weinten: »Es ist Waffenstillstand!«
Ich glaubte, meine Aufgabe wäre beendet gewesen, aber als die Deutschen ankamen, musste ich noch mit ihnen über die Mittel und Wege diskutieren, wie man meine ganze »Familie« wieder in ihre Heimat bringen konnte, wobei jeder es eilig hatte, nach Hause zu kommen. So viele Züge … So viele Ärzte … So viele Abfahrtsbahnhöfe, so viel Brot, Butter, Schinken, Kaffee, Zucker, Babyfläschchen …
Als ich endlich richtig nach Hause kam […], konnte ich mich kaum aufrecht halten, und nun waren es die englischen Flugzeuge, die den Hafen von La Pallice ganz in der Nähe bombardierten, während deutsche Scheinwerfer sie am Himmel suchten. Ich hatte nichts mehr zu tun. Wir fuhren alle zusammen weg, auf der Suche nach einer Unterkunft im Wald von Vouvant in der nahegelegenen Vendée, wo wir ein kleines Bauernhaus mieteten.

Aus: *Intime Memoiren*, 1981

225 Nach Kriegsende in Sables d'Olonne, 1945
226 Mit Tigy und Marc in Saint-Mesmin, November 1944
227 Amerikanische Erstausgabe von *Der Schnee war schmutzig*, Simenons eindrücklicher literarischer Umsetzung der Themen Krieg und Besatzung, Routledge & Kegan Paul, 1953

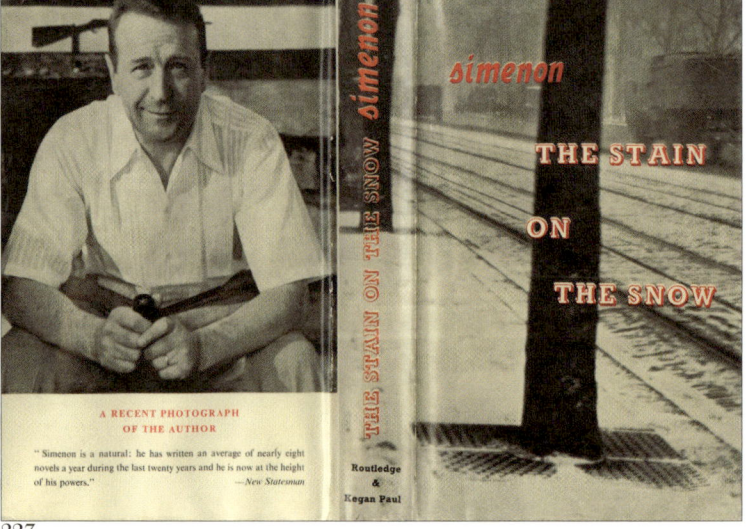

Der Krieg ist, wie das Leben, ein Lottospiel, und man folgt seinem Schicksal, ohne zu protestieren. Die einen kämpften erbittert oder standen Angst bei den Bombenangriffen aus. Von einem Ende Europas zum anderen wurde gemordet und gefoltert, während ohne offensichtlichen Grund Inseln idyllischen Friedens existierten. Man schämte sich fast, sich in der Stille auf einer davon zu befinden, Gebäck zu backen, jeden Morgen einen ansteigenden Pfad, der die Wiese durchzog, zu erklimmen, um in Vouvant auf dem Markt einzukaufen.

    Aus: *Intime Memoiren*, 1981

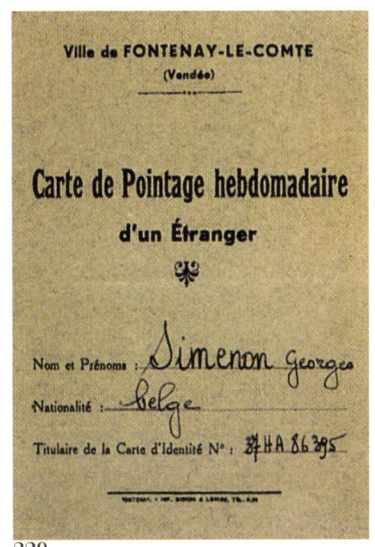

228 Bericht von Simenon über seine Tätigkeit als Flüchtlingskommissar, 1940. In den Wirren des Kriegsanfangs passierten 18 000 belgische Flüchtlinge La Rochelle.

229 Simenons Ausländerkarte der Gemeinde Fontenay-Le-Comte, 1940

230 Mit Tigy, 1945

231 Militär-Dienstbüchlein, 1920

Hier in Fontenay lebe ich seit sechs Monaten in einem kleinbürgerlichen Haus unter Leuten, die mich bald an der ganzen Menschheit zweifeln lassen. Dazu noch materielle Sorgen… Und so habe ich eines schönen Tages, ohne zu wissen, worauf ich mich einließ, mit ›Pedigree‹ angefangen. Das hat mir eine solche Freude, eine solche Erleichterung gebracht, dass ich mich ohne Atempause daran festgeklammert habe. Dann musste ich plötzlich wegen Brotarbeit unterbrechen. 25 000 bis 30 000 Zeilen pro Monat. In drei Wochen ist das geschafft. Dann mache ich mich sicher wieder an ›Pedigree‹. Aber sogar meine Begeisterung verunsichert mich. Schreibe ich denn nicht, indem ich im Grunde nur zu meinem eigenen Vergnügen schreibe, aus Freude, endlich alle Regeln, sogar jeden Gedanken an eine sofortige Veröffentlichung zu missachten, schließlich Dinge, die nur für mich allein Reiz und Wert besitzen? Dies ist die Frage, die ich Ihnen stellen möchte. Ich habe nichts durchgelesen. Ich habe meinen ersten Wurf abtippen lassen und wage es nicht, ihn durchzusehen, denn ich muss bis Ende Februar noch 10 000 Zeilen schreiben und könnte in ein Loch fallen. Werde ich, wenn das Werk abgeschlossen ist, die kleinen persönlichen Redensarten stehen lassen? Werde ich die Namen verändern? Nicht so wichtig. Ich möchte lange an ›Pedigree‹ weiterschreiben, 100 oder 200 Personen, die ich kenne und die man kennenlernen sollte, darin aufnehmen, eine Art Heldenepos daraus machen, das Epos der Menschenherde, ihrer Freuden, ihrer Hoffnungen, ihrer Kleinkariertheit und ihrer unergründlichen Größe…

In einem Brief an André Gide, 1941 (In: *Das Simenon Lesebuch*)

232 Selbstportrait Simenons, 1952
233/234 Das Haus in Nieul (Außen- und Innenansicht, Fotos von 1983) ging nach der Trennung von Simenon und Tigy in ihren Besitz über.

235/236
Saint-Mesmin, 1944
237 Ende der 1930er Jahre

238

Einst im Jahre 1941, in einem großen Renaissanceschloss, das ich in der Vendée gemietet hatte, stellte ein Arzt bei mir eine falsche Diagnose. Er gab mir höchstens noch zwei Jahre zu leben, unter der Bedingung, nicht zu arbeiten; mich, ich weiß nicht wie viele Stunden am Tag, auf meinem Bett auszuruhen; nicht zu rauchen und sexuell enthaltsam zu leben. Ich war achtunddreißig Jahre alt. Dein Bruder Marc war zwei. Ich ging in die Schreibwarenhandlung der kleinen Stadt in der Nähe und begann für ihn, wenn er erwachsen sein würde, die Geschichte seiner Familie zu schreiben, seiner Eltern, seiner Großeltern, Onkel, Tanten, Cousins und Cousinen.

Aus dem Vorwort zu Intime Memoiren, 1981

238/240
    Château Terre-Neuve,
    Fontenay-le-Comte, 1942
239 Simenon schreibt an seinem
    Roman *Pedigree (Stammbaum)*,
    1942
240 Château Terre-Neuve, 1942
241 Mit Sohn Marc, 1942

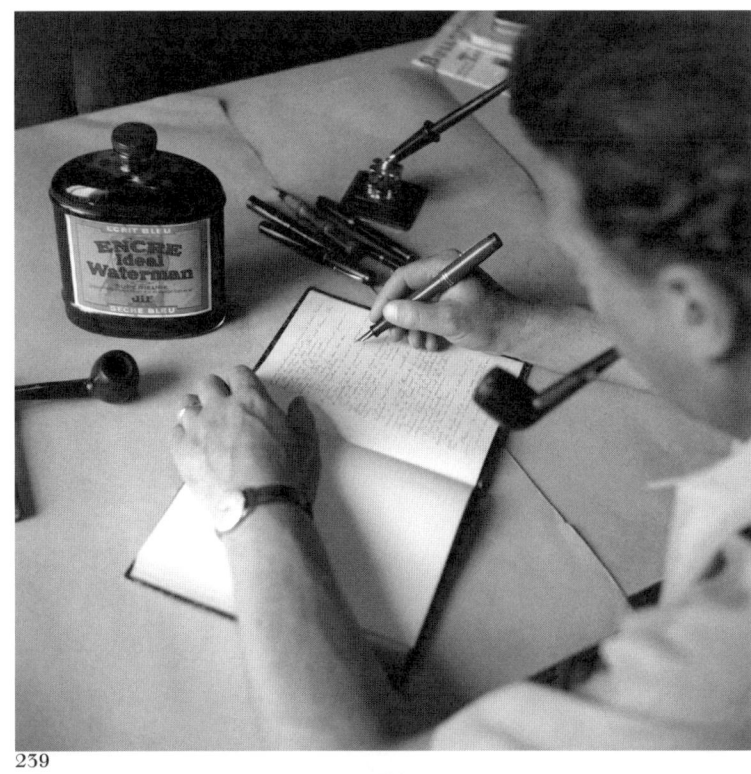

Mein Sohn wächst heran, hat eine Leidenschaft für Pflanzen, Fische, Steine, für die ganze Natur, aber überhaupt keine für Lesen und Schreiben. Mit seinen sieben Jahren kann er kaum lesen und schreiben, aber er weiß mehr über das, was auf der Erde existiert, als viele Erwachsene. Ich versuche nicht, ihn davon abzubringen, und meine, dass für Lesen immer noch Zeit ist. Dafür, die Dinge sozusagen aus zweiter Hand zu erfahren. Geben Sie mir unrecht?

In einem Brief an André Gide, 1945 (in: *Simenon Lesebuch*, S. 339)

242 Château Terre-Neuve, Fontenay-le-Comte, 1941

243–245 Mit Sohn Marc, Château Terre-Neuve, 1942

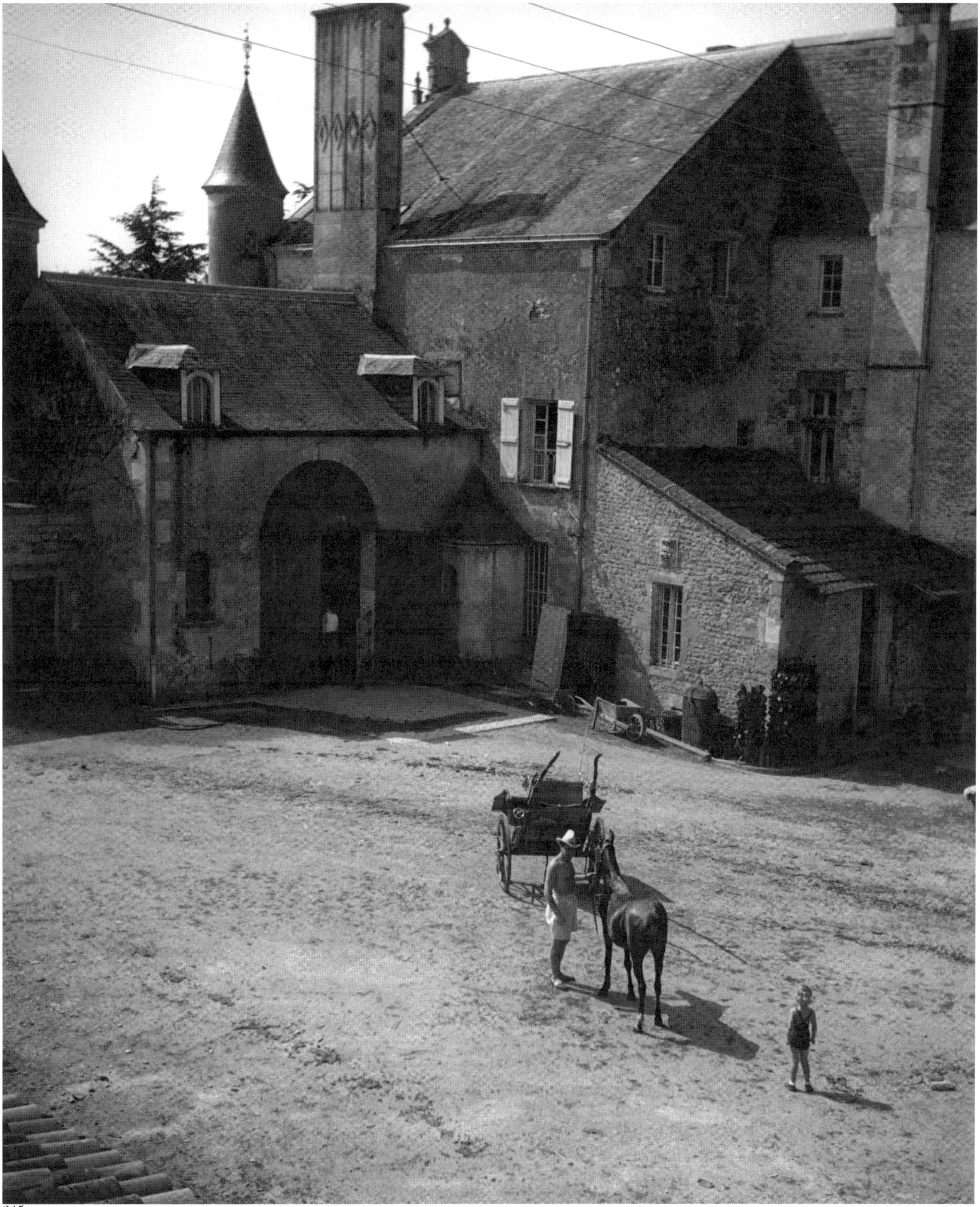

245

Die Non-Maigrets

246

Der Roman ist nicht bloß eine Kunst und noch weniger ein Beruf. Er ist vor allem eine Leidenschaft.

247

Mit zwanzig hatte Simenon sich vorgenommen, mit dreißig seinen ersten Roman zu veröffentlichen. Als nach unzähligen Groschenromanen *Maigret und Pietr der Lette* erschien, der erste Maigret und zugleich das erste Buch unter seinem richtigen Namen, war Simenon 28 Jahre alt. Mit dreißig entschied Simenon: »Um zu leben, das Leben kennenzulernen, will ich erst einmal halbliterarische Romane schreiben; den ersten wirklichen schreibe ich mit vierzig.« Die Maigret-Romane waren von Anfang an nur als Etappe auf dem Weg zur richtigen Literatur gedacht. Kaum hatte Simenon mit Maigret Erfolg, wandte er sich auch schon ab von der Serie, die er als »halbliterarisch« einstufte. Nun wollte er »echte« Romane schreiben. 1931 erschienen neun Romane von Simenon: acht Fälle für Maigret und *Das Gasthaus im Elsaß*, der erste Roman ohne Maigret, den er mit Georges Simenon zeichnete. 1932 schrieb er bereits fünf Non-Maigrets: *Die Verlobung des Monsieur Hire, Tropenkoller, Zum Roten Esel, Der Stammgast* und *Das Haus am Kanal*. In einem Brief an André Gide hatte Simenon Mitte Januar 1939 erklärt: »Der Weg über den Kriminalroman ermöglichte es mir, sowohl an die breite Öffentlichkeit wie an das Geld heranzukommen und mich gleichzeitig unter den günstigsten Bedingungen in meinem Handwerk weiterzubilden – das heißt, einen Spielführer einzuschalten […] Nach achtzehn Kriminalromanen bin ich es leid – ich fühle mich stärker und lasse den Spielführer – also Maigret – weg […] Aber der Rahmen, in dem ich mich bewege, ist noch eng. Ich brauche die Aktion als Stütze. Nur durch einen dramatischen Handlungsablauf kann ich mir die Aufmerksamkeit des Lesers sichern.«

1934 erschien der vorläufig letzte Maigret-Band, auf Französisch mit dem schlichten Titel *Maigret* (auf Deutsch: *Maigret und sein Neffe*). Simenons Verleger Arthème Fayard verstand die Welt nicht mehr. In einem Brief schrieb er: »Sie sind wie Conan Doyle, der immer Sherlock Holmes sterben lassen wollte, um einen echten Roman zu schreiben.« Doch die Mei-

246 Paris, 1939
247 Saint-Mesmin, 1944

nung von Fayard interessierte Simenon nicht sonderlich, er hatte ein Auge auf den wichtigsten literarischen Verlag in Frankreich geworfen: Gallimard. Indirekt war er bereits Gallimard-Autor, denn für die Gallimard-Zeitschrift *Marianne* hatte Simenon nämlich bereits einige sehr erfolgreiche Kriminalgeschichten geschrieben.

Nach 19 Maigrets und 10 Non-Maigrets bei Fayard wechselte Simenon 1935 schließlich zu Gallimard. Damit begann eine neue literarische Epoche in Simenons Leben. Seine Bücher erschienen in der prestigeträchtigen Reihe der NRF. André Gide, den er auf einem Verlagscocktail im selben Jahr kennengelernt hatte, wurde zu einem seiner wichtigsten Fürsprecher. Die Zeitschrift *Cahiers du Nord* widmete ihm 1939 eine Sondernummer, und Simenon war im Gespräch für die wichtigsten literarischen Preise wie den Prix Goncourt oder den Prix Renaudot. Doch jedes Mal ging er leer aus. Wirklich akzeptiert wurde Simenon als seriöser Schriftsteller nicht. Seine ungeheure Produktivität (und sein immenser Erfolg) irritierte die Kritiker, die Simenons literarische Qualität – mit wenigen Ausnahmen – übersahen. Die Non-Maigret-Romane verkauften sich schlechter als die Maigrets, und in vielen Ländern, auch im deutschsprachigen Raum, blieb Simenon für die breite Öffentlichkeit jahre-, wenn nicht jahrzehntelang »bloß« der Autor und Erfinder von Maigret. Die Non-Maigrets wurden im Ausland größtenteils erst spät wahrgenommen. Als der Diogenes Verlag 1977 die erste große Simenon-Gesamtausgabe startete, schrieb Georg Hensel in der *Frankfurter Allgemeinen Zeitung*: »Nach einem Vierteljahrhundert Simenon-Veröffentlichungen in deutscher Sprache kommen erst jetzt seine wichtigsten Bücher heraus […] Der andere Simenon, der Non-Maigret-Simenon, wird endlich auch im deutschen Sprachbereich sichtbar.«

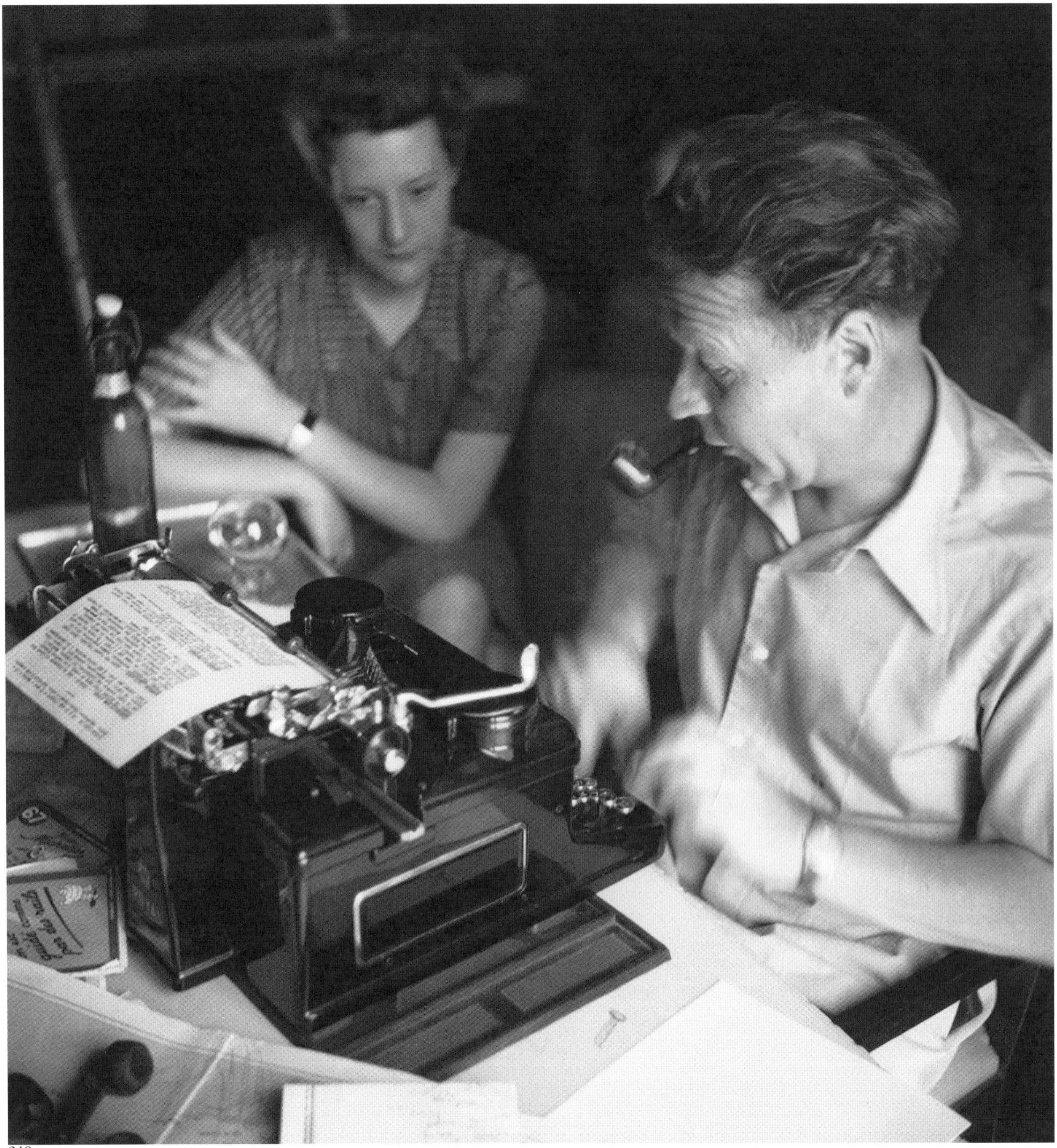

248

Und seit meinem achtzehnten Lebensjahr ist mir klar, dass ich eines Tages ein richtiger, gestandener Romanschriftsteller sein will. Und ebenso klar ist mir, dass das eigentliche Œuvre eines Romanschriftstellers erst so mit vierzig beginnt – wenn's gutgeht… Romanschriftsteller, sage ich: nicht Dichter.

Damals habe ich mich also völlig bewusst für meinen Weg entschieden, im Einverständnis mit meiner Frau, die dann als einziger Mensch mein stetiges Voranschreiten auf diesem Weg mitbekommen hat.

Zuerst der Beruf. Gips anrühren, die eigentliche Arbeit vorbereiten. Zehn Jahre habe ich mir dafür gegeben. Ganz zu Anfang kam es noch vor, dass ich mich nach meinem Tagewerk (das heißt dem Schreiben von Groschenromanen, für die ich pro Stück drei Tage brauchte) in Trance steigerte und eine Erzählung oder eine Novelle schrieb. Ich habe nie versucht, diese Sachen zu veröffentlichen. Ganze Ordner habe ich voll davon. Ich wusste, woran es ihnen fehlte. Und ich wusste, was ich eines Tages tun wollte… Ich habe es bis heute noch nicht getan.

Ich erlaube mir, Ihnen beigefügt ›M. Gustave‹ zu schicken, eine kleine Novelle aus dieser Zeit – mit der Bitte um Rückgabe, da es sich um ein Andenken handelt. Sie werden sehen, dass ich mich damals schon mit einem Problem herumgeschlagen habe, das mich immer noch beschäftigt: die drei Dimensionen – Vergangenheit, Gegenwart und Zukunft – atmosphärisch zu verdichten und mit Leben anzureichern und zugleich eng in einer einzigen Handlung zu verzahnen – noch ist mir das nicht geglückt, damals nicht und bis heute nicht. Und damals schon verursachte mir die eine oder andere dieser Novellen Brechreiz – so sehr hatte sich mir nach ein paar Minuten der Magen zusammengeschnürt.

Diese Erzählungen haben mir gezeigt, was mir fehlte: in die Haut eines beliebigen Menschen hineinschlüpfen zu können. Die eine Haut war für mich durchlässig, die andere nicht. Und während ich an meinen Groschenromanen (ich frage mich, wie sie aufgenommen wurden) schrieb, bemühte ich mich, Dialogführung, straffen Stil und Handlungsabläufe einzuüben… Zugleich nahm ich mir für die nächste Etappe vor, mich im Leben zu üben.

Ich habe fast zehn Jahre gewartet. Um in aller Eile viele Leben zu durchleben, brauchte ich viel Geld.

In einem Brief an André Gide, 1939 (in: *Das Simenon Lesebuch*)

Colette hatte zu mir gesagt: »Lernen Sie, eine Geschichte zu erzählen, und der Rest kommt dann von selbst!«

Ich habe zehn Jahre gebraucht, um zu lernen, den kleinen Jungen, den Näherinnen, den Sekretärinnen und Conciergen schlecht und recht Geschichten zu erzählen. Der Tag kam – vielleicht vorzeitig –, an dem ich mich zum Letzten fähig glaubte und ankündigte: »Nun werde ich Romane schlechthin schreiben.«

Aus: *Der Romancier* (In: *Über Simenon*)

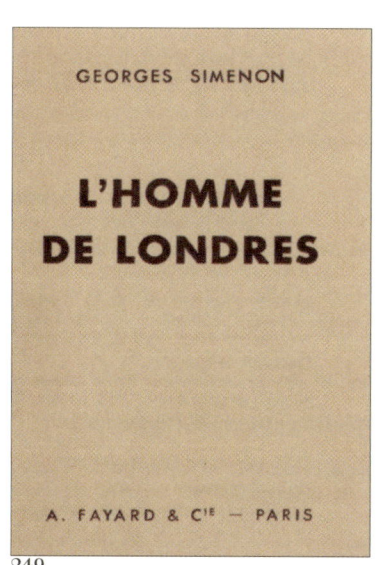

248 Im Château de Terre-Neuve, in Fontenay-le-Comte, 1942
249 Französische Luxus-Erstausgabe von *Der Mann aus London*, Fayard, 1934
250 Französische Erstausgabe von *Das Gasthaus im Elsaß*, der erste Non-Maigret-Roman, den Simenon schrieb, Fayard, 1931. Das Coverfoto wird dem jungen Robert Doisneau zugeschrieben.

In den Non-Maigrets identifiziere ich mich schon mit meinen Figuren, aber in den Maigret-Romanen nicht. (…) Mit Maigret identifiziere ich mich nicht. Meiner Meinung nach ist mir Maigret überhaupt nicht ähnlich. (…) Ich schreibe ganz aus der Figur heraus. Klar, wenn Maigret auf einer Caféterrasse in der Sonne sitzt und sein Bier genießt, kann ich mich natürlich in ihn hineinversetzen. Aber ich mache Maigret nicht zum Sprachrohr meiner Ideen. Maigrets Ansichten, etwa über einen Verbrecher oder über was auch immer, sind nicht notwendigerweise meine eigenen, sondern schlicht die eines Mannes, der seit fünfundzwanzig Jahren Kommissar in Paris ist.

In einem Interview mit Roger Stéphane, 1963

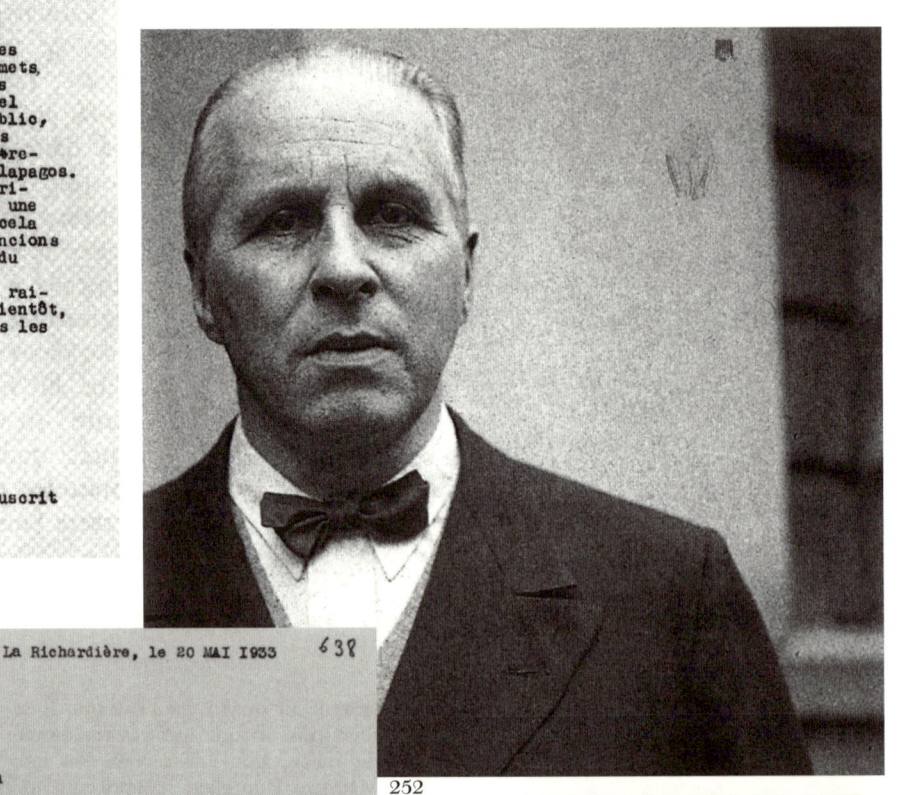

251 Brief vom 30. April 1935 von Gaston Gallimard an seinen neuen Autor Georges Simenon, dem er aus Aktualitätsgründen von einer Publikation des Non-Maigrets *Hotel ›Zurück zur Natur‹* abrät

252 Gaston Gallimard, Simenons Verleger in Frankreich nach Fayard von 1935 bis 1946

253 Briefvertrag Simenons mit dem Verlag Gallimard, 1933. Der Vertrag garantiert Simenon einen Vorschuss von 50 000 Francs auf dessen nächsten Roman

254 Der erste Simenon-Roman bei Gallimard: *Le Locataire* (Der Untermieter), 1934

Ich bin jetzt sechsunddreißig Jahre alt. Ich habe einen kleinen Vorsprung, aber nicht so viel, wie es aussieht: Noch ist die Rechnung nicht aufgegangen. Der Weg über den Kriminalroman ermöglichte es mir, sowohl an die breite Öffentlichkeit wie an das Geld heranzukommen und mich gleichzeitig unter den günstigsten Bedingungen in meinem Handwerk weiterzubilden – und zwar indem ich einen Spielführer einschaltete.

Dritter Abschnitt. Nach achtzehn Kriminalromanen bin ich es leid – ich fühle mich stärker und lasse den Spielführer – also Maigret – weg. Es entstehen: ›Tropenkoller‹, ›Zum Roten Esel‹, ›Die Leute gegenüber‹, ›Das Unheil‹ usw.

Aber der Rahmen, in dem ich mich bewege, ist noch eng. Ich brauche einen Handlungsbogen als Stütze. Nur durch eine dramatische Geschichte vermag ich mir die Aufmerksamkeit des Lesers zu sichern.

In einem Brief an André Gide, 1939 (In: *Das Simenon Lesebuch*)

Der Roman, das ist der Mensch, der Mensch in seiner ganzen Blöße und der bekleidete Mensch, der Alltagsmensch und manchmal das schreckliche Drama zwischen dem bloßen und dem bekleideten Menschen, zwischen dem ewigen Menschen und dem Menschen einer bestimmten Erziehung, einer Kaste oder eines Augenblicks der Welt, vor allem aber ist er das Drama des Menschen in den Händen seines Schicksals.

Aus: *Intime Memoiren*, 1981

255 Gallimard-Werbeprospekt, von Raymond Queneau zusammengestellt, 1942

256 Metrowerbung für Simenon-Romane in Paris, 1951. Einer der Hauptgründe für den Wechsel 1946 von Gallimard zum aufstrebenden Verlag Presses de la Cité war, dass Gallimard nach Ansicht Simenons zu wenig Werbung für seine Bücher machte.

257

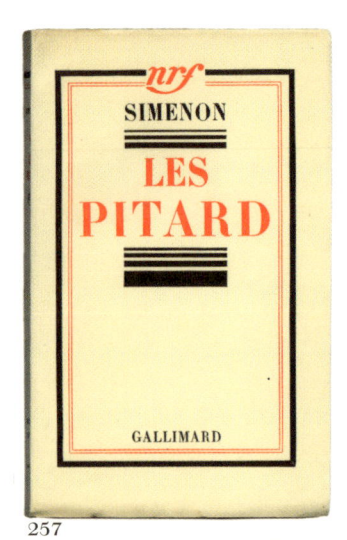

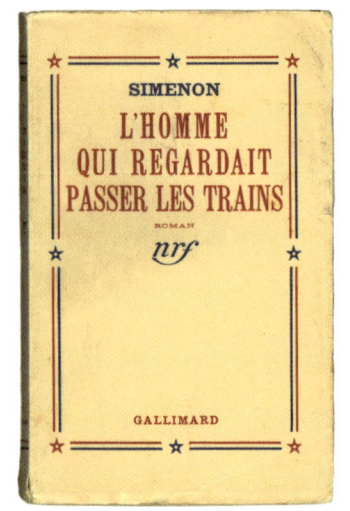

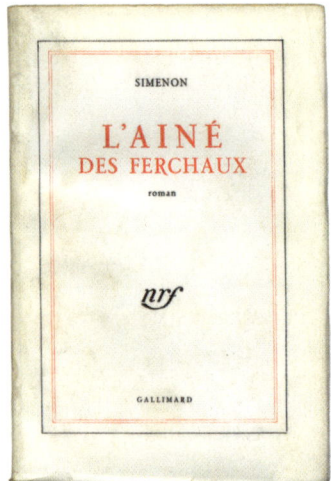

258

259

260

Die ›Non-Maigrets‹ oder ›romans durs‹ sind gleichsam Romane ohne Korsett. Als ich merkte, dass ich fähig war, einen Roman ohne Korsett zu schreiben, das heißt, ohne mich irgendwelchen Regeln wie zum Beispiel des Kriminalgenres entlang zu hangeln, habe ich sogenannte harte Romane geschrieben, in denen ich meine Charaktere völlig frei entwickle … In den letzten zwanzig Jahren sind meine Maigret-Romane meinen ›romans durs‹ – damals nannte ich sie noch ›romans romans‹, ›echte Romane‹ – immer ähnlicher geworden.

In einem Interview mit Bernard Pivot, *Apostrophes*, 1981

257 Französische Erstausgabe von *Die Pitards*, Gallimard, 1934
258 Französische Erstausgabe von *Der Mann, der den Zügen nachsah*, Gallimard, 1938
259 Französische Erstausgabe von *Der ältere Bruder*, Gallimard, 1945
260 Paris, 1936
261 Lakeville, 1950er Jahre
262 Französische Erstausgabe von *Die Marie vom Hafen*, Gallimard, 1938

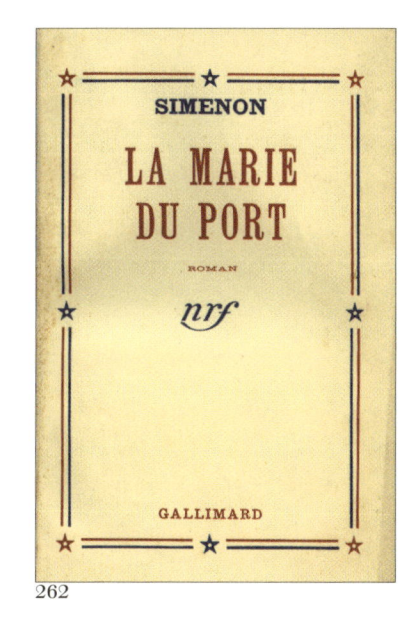

Während bald zwanzig Jahren – meinen ersten Roman, ›Au Pont des Arches‹, habe ich mit sechzehn veröffentlicht, und noch Frühlingsanfang werde ich sechsunddreißig –, während bald zwanzig Jahren also habe ich, ungeachtet meiner mehr oder weniger beabsichtigten Hanswurstiaden, die lediglich meinem Broterwerb dienten, alles darangesetzt, um der menschlichen Wahrheit jenseits der Psychologie nachzuspüren, die ja nichts weiter ist als die offizielle Version der Wahrheit und somit ebenso fragwürdig wie die Säerin auf den französischen Briefmarken und jedem Musterschüler zugänglich. Hätte ich diese Wahrheit gefunden, wie es vor mir einem Rembrandt, Bach, Cézanne oder Renoir glückte, so würde ich es überall hinausposaunen, ohne mich um ironische Bemerkungen zu scheren. Ich fürchte jedoch, ich habe nur einen schwachen Hauch davon eingefangen. Zwar habe ich selbst den Eindruck, es sei ein Stück vom wirklichen Leben, doch wird das vielleicht kein anderer bemerken.

Zu meinem Leidwesen bin ich noch weit von der Verwirklichung meines ehrgeizigen Projekts entfernt, mit dem ich mich von Jugend auf trage, nämlich von der Wiedervereinigung der geistigen und sinnlichen Sphäre, von ihrer Verschmelzung, ihrer Verflechtung, so dass ein Mensch einfach nur Mensch ist, ohne dass man sagen könnte, ob er denkt oder ob er handelt. Dennoch habe ich aufgrund einer geringfügigen Annäherung an mein Ziel, aufgrund eines Funkens Hoffnung, eines Hoffnungsschimmers, der vergangenen Oktober bei der Niederschrift von ›Die Marie vom Hafen‹ aufkeimte, meinen Verleger gedrängt, alle meine druckfertigen Romane, die diesen Funken nicht aufweisen (für mich ist es einer, doch vielleicht nur für mich allein), so schnell wie möglich herauszubringen. So wurde eine neue Legende in Umlauf gesetzt: die Legende vom Mann, der monatlich einen Roman produziert. Wie alle anderen ist auch diese Legende eine grobe Vereinfachung, denn diese Serie umfasst mehrere Romane, die schon vor drei Jahren entstanden waren, wenn sie auch erst nach den Manuskripten gedruckt wurden, deren Tinte kaum getrocknet war.

Endlich ist ›Die Marie vom Hafen‹ an der Reihe. Nach ihr werden zwei oder drei Romane erscheinen, die ein Literaturkritiker zur »alten Manier« zählen würde.

Wenn es einem Autor gestattet ist, einen Wunsch auszusprechen, so lautet der meine, dass man mich nach der ›Marie‹ und nach dem ›Weißen Ross‹ beurteilt (und auch nach zwei oder drei anderen Romanen, die ich dieses Jahr allem Gerede zum Trotz in aller Muße geschrieben habe, immer auf der Suche nach einer einfacheren, dichteren Wahrheit), aber nicht so, wie man ein Werk beurteilt. Sondern so, wie man Anfänge bewertet, in denen man nach Anzeichen für vielversprechende Ansätze sucht – die in den seltensten Fällen eingelöst werden.

Im Vorwort zu *Die Marie vom Hafen*, 1938

263

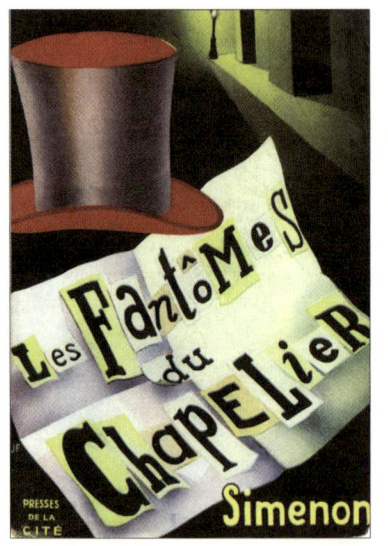

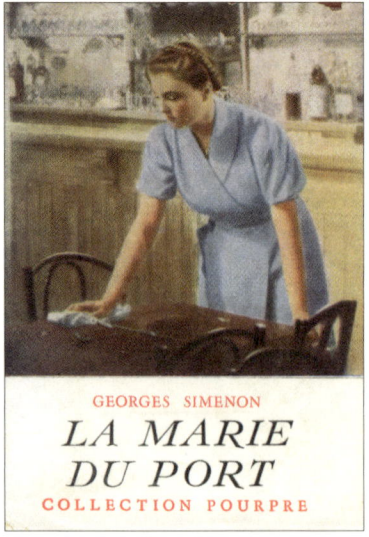

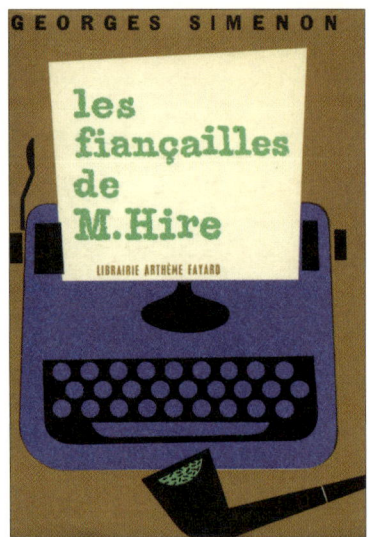

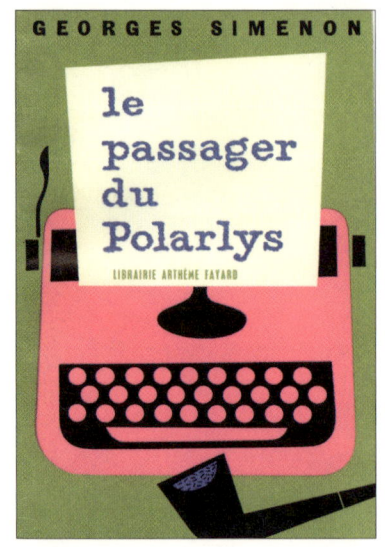

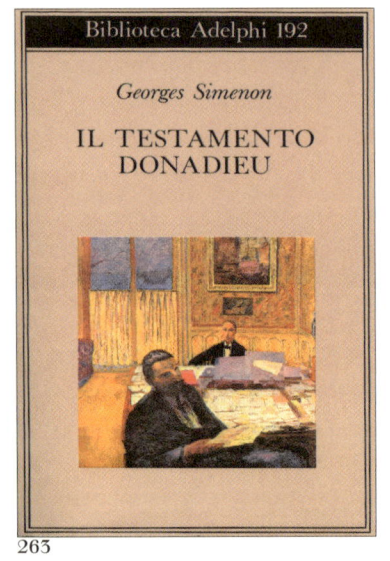

*Ich werde niemals einen großen Roman schreiben. Mein großer
Roman ist das Mosaik all meiner kleinen Romane.*
  Aus: *Der Romancier* (In: *Über Simenon*)

Wenn ich wüsste, wie meine Romane beschaffen sind, wenn ich ein Konzept entwerfen, meine Romane anhand eines methodischen Fadens entwickeln würde, hätte ich keine Angst. Ich weiß aber nicht, ob womöglich die zweite Zeile der dritten Seite zum Kernsatz des ganzen Romans wird. Meine Romane entstehen also, ich will nicht sagen unbewusst, aber zumindest in einem Zustand der geistigen Abwesenheit. Ich glaube, so geht es auch dem Psychiater, der mit einem neuen Fall konfrontiert wird: Es gibt niemals zwei gleiche Patienten; jedesmal muss das Abenteuer neu beginnen. Jedesmal muss ich aufs Neue in die Haut meiner Figur schlüpfen. […] Ich schlüpfe also in die Haut einer Figur, die ich nicht kenne, die ich erst im Laufe meiner Arbeit am Roman kennenlerne. Die Frage, die sich mir stellt, ist nicht, ob ich meinen Roman schreiben kann, sondern ob ich die Beziehung zu meiner Figur herstellen kann!

In: *Simenon auf der Couch*, 1968

Wenn ich einen Roman anfing, habe ich nie gewusst, wie er enden würde. Nie, nie, nie.

In einem Interview mit Maurice Piron und Robert Sacré, 1982

Der Leser vollendet den Roman. So gesehen sind alle Romane unvollendet.

In einem Interview mit Bernard de Fallois und Gilbert Sigaux, 1970

263 Non-Maigret-Romane in alten französischen und neuen ausländischen Ausgaben
264 Simenon-Sondernummer der Literaturzeitschrift *Cahiers du Nord*, 1939
265 In Cannes, 1955

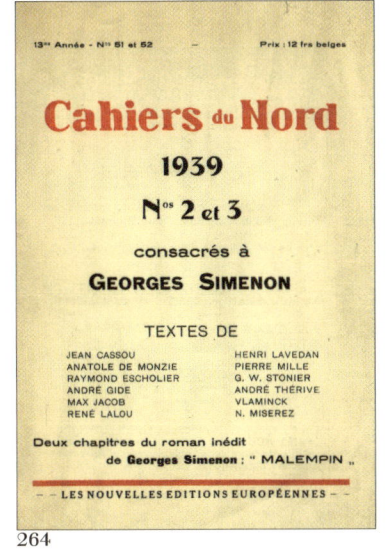

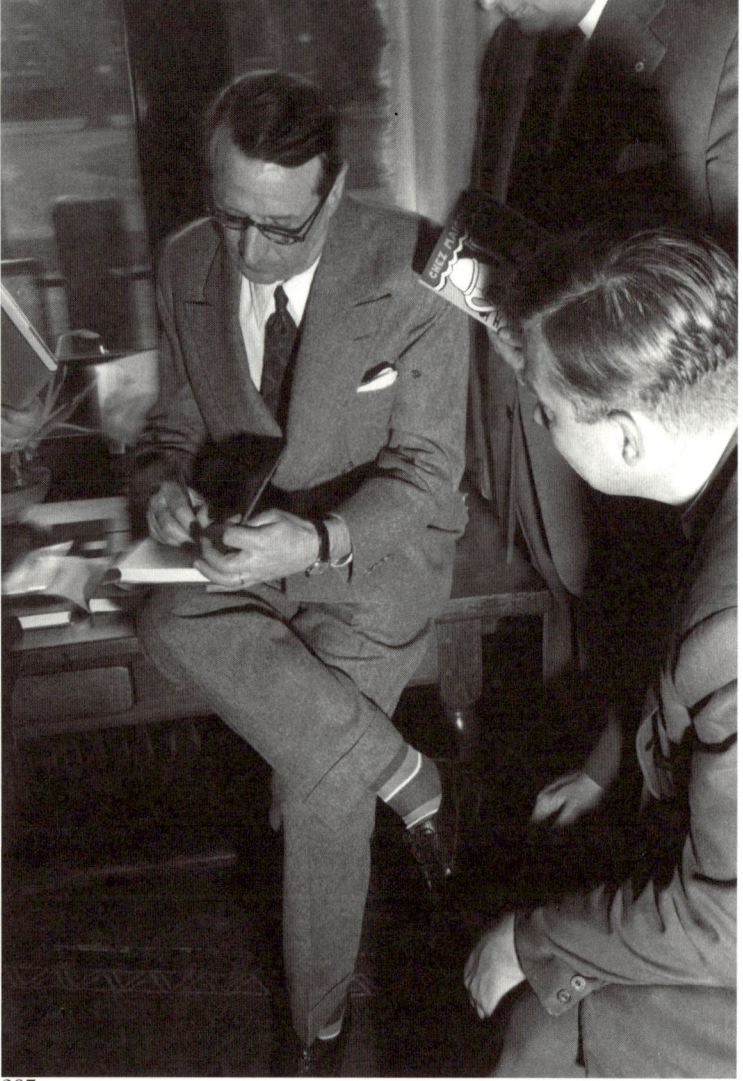

Ich kann Ihnen genau sagen, was anfangs war. Es gab zunächst einen bedeutenden, vitalen, aktiven Mann, dessen Vergangenheit ich zu dem Zeitpunkt nicht kannte. Nun musste ich diesen Mann aber plötzlich hilflos sehen, der Umwelt ausgeliefert; er sollte weder allein essen noch trinken können, er sollte vollkommen abhängig sein. Dieser Mann, der zur Pariser High Society gehörte, ein eigenes Stadtpalais besaß und die besten Restaurants besuchte, liegt nun im Krankenhaus – ich habe sogar gezögert, ihn in einen Saal dritter Klasse zu legen. Ich wollte wissen, wie dieser Mann nun die andern Menschen sieht, wie er, durch seine halbseitige Lähmung beinahe in den Zustand einer Mumie versetzt, alles aufnimmt, was um ihn herum geschieht. Das ist eigentlich alles, davon bin ich ausgegangen. Alles andere ist nach und nach hinzugekommen.

Über *Die Glocken von Bicêtre* (In: *Simenon auf der Couch*, 1968)

266 1940er Jahre
267 Signierstunde in Holland, 1956
268 Typoskript des Vortrags *Le roman de l'homme*, den Simenon anlässlich der Weltausstellung 1958 in Brüssel hielt

Il y a trente-huit ans, presque jour pour jour, j'écrivais mon premier roman, " Au Pont des Arches ", ce qui n'a pas constitué, même à Liège, ma ville natale, un événement littéraire.

Si j'en parle aujourd'hui, c'est que ce roman a été suivi par d'autres, qu'en fait, depuis cette date, je n'ai pas cessé d'être un romancier, ou plutôt, pour employer un terme que je préfère, un <u>artisan du roman.</u>

Je suppose qu'il arrive à tous les artisans de se poser des questions sur leur métier, ses origines,

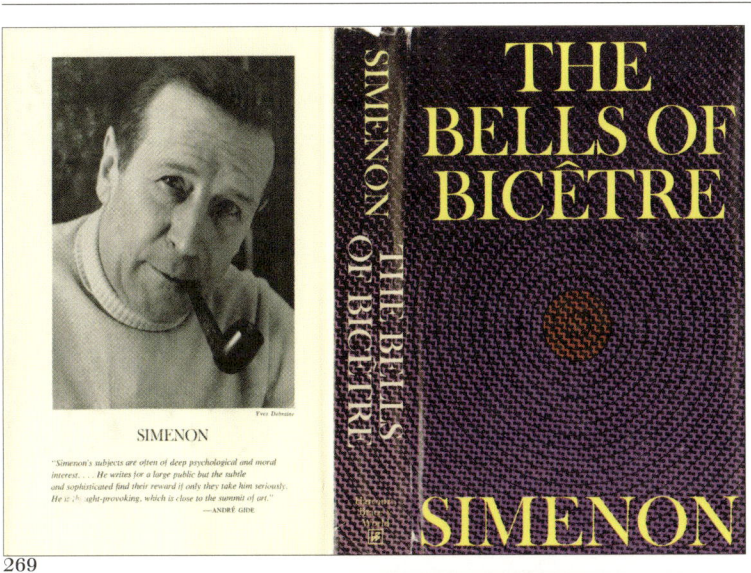

Der Ausgangspunkt dieses Romans, die Keimzelle sozusagen, war eine Beobachtung auf der Straße. Manchmal begegnet man auf der Straße einem älteren Menschen; an der Gangart, am Blick, wie er einem die Hand hinhält, zum Beispiel, erkenne ich, dass dieser Mensch todkrank ist, dass er im nächsten Augenblick vielleicht einen Anfall haben wird. Jedes Mal, wenn ich an solchen Leuten vorbeigehe, frage ich mich, was sie von mir denken, was sie von dem Umriss halten, den ich für sie abgebe. Ich empfinde das immer als sehr pathetisch.

Das ist wohl der echte Ursprung der ›Glocken von Bicêtre‹.

In: *Simenon auf der Couch*, 1968

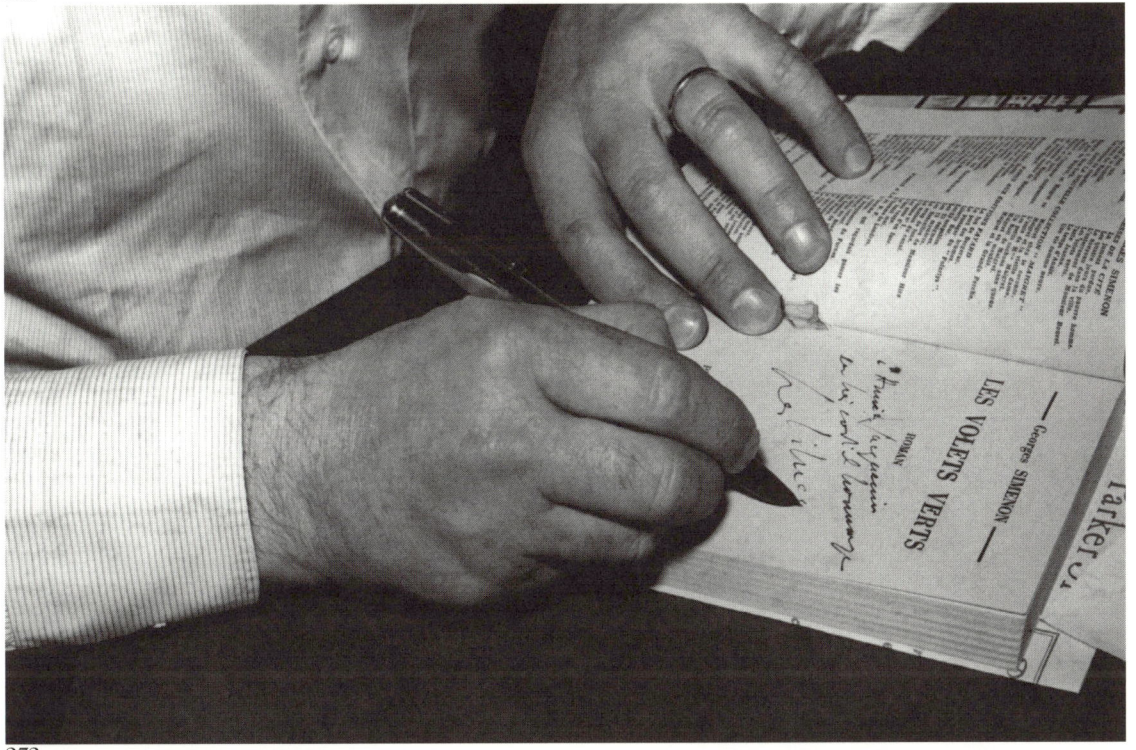

269/271 Amerikanische Erstausgaben von *Die Glocken von Bicêtre*, Harcourt Brace, 1964 und *Das blaue Zimmer*, Hamish Hamilton, 1965

270 Französische Erstausgabe von *Die grünen Fensterläden*, Presses de la Cité, 1950

272 Simenon signiert ein Exemplar von *Die grünen Fensterläden*, 1950

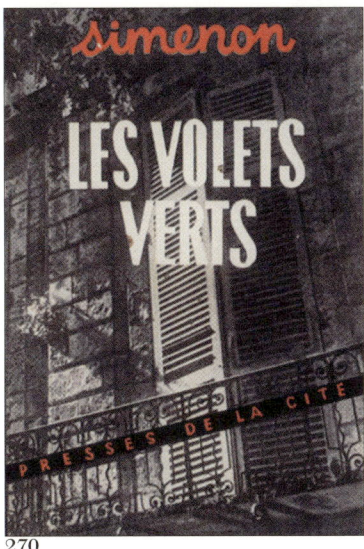

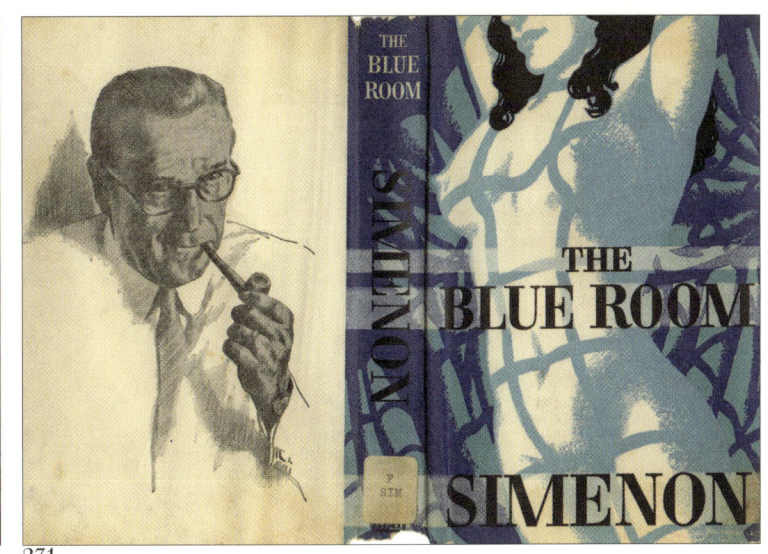

Amerika
1945–1955

*Gleich vom ersten Augenblick
meiner Ankunft in New York an
fühlte ich mich zu Hause.*

273/274
New York, Anfang 1950er Jahre

Das Jahr 1945 brachte zwei einschneidende Ereignisse in Simenons Leben: das Ende des Krieges und das Ende seiner Ehe mit Tigy. Tigy hatte Simenon *in flagranti* mit der langjährigen Haushälterin Boule überrascht und forderte deren sofortige Entlassung. Man einigte sich schließlich auf einen Kompromiss: Simenon und Tigy lösten ihre Ehe auf, privat und ohne Scheidung, wohnten aber um des Kindes willen weiterhin zusammen. Für Simenon, der Tigy seit der Hochzeit ständig betrogen hatte, war es eine Befreiung vom Zwang, sie zu belügen und seine zahlreichen Affären zu verheimlichen.

Die Befreiung Frankreichs aber war für Simenon weniger glücklich als erhofft. Nach Kriegsende fand eine richtiggehende Hexenjagd auf echte und vermeintliche Kollaborateure statt. Simenon hatte eigentlich nur einen Makel: Er hatte während des Krieges zu gut gelebt. Seine Romane und Geschichten waren in Zeitungen und Zeitschriften (vor)abgedruckt und von Produktionsgesellschaften verfilmt worden, die sich mit den deutschen Besatzern arrangiert hatten oder von ihnen kontrolliert wurden. Als Belgier wurde er nun im Nachkriegsfrankreich unter Hausarrest gestellt. Die Vorwürfe erwiesen sich als haltlos, der Arrest wurde bald wieder aufgehoben, doch Simenon war seine Wahlheimat verleidet. Bevor er alle Verbindungen mit Frankreich kappte, wechselte er auch noch den Verlag. Er verließ Gallimard und vertraute sein Werk dem aufstrebenden jungen Verleger Sven Nielsen an, der seine Presses de la Cité mit unkonventionellen, modernen, ›amerikanischen‹ Methoden zu einem der erfolgreichsten Pariser Verlage machen sollte. Und nach Amerika zog es auch Simenon.

Einen Monat lang hatte er in London auf die Einreisepapiere warten müssen, doch am 5. Oktober 1945 traf Simenon endlich in New York ein, nach zwölftägiger Überfahrt auf einem schwedischen Frachter. Er bezog ein Zimmer im Drake Hotel und fühlte sich in New York sofort zu Hause. Seine Reportagen für die Tageszeitung *France-Soir*, in denen er Amerika als Vorbild für Europa anpries, zeigen seine Amerika-Euphorie deutlich.

Wegen seiner schlechten Englischkenntnisse ließ sich Simenon zunächst in Kanada nieder, in Montreal, doch er reiste regelmäßig nach New York. Dort lernte er, kaum einen Monat nach seiner Ankunft in Nordamerika, Denyse Ouimet kennen (das »y« im Namen gefiel Simenon nicht, er schrieb ihren Namen deshalb Denise), eine Frankokanadierin, die fließend Englisch sprach und ihm als Sekretärin empfohlen worden war. Es war ein *coup de foudre* – den Simenon in einem seiner autobiographischsten Romane (und einem der seltenen mit Happy End) beschrieb: *Drei Zimmer in Manhattan*.

Die Zeit in Kanada und den USA war also nicht nur geographisch ein neuer Lebensabschnitt für den 42-Jährigen. Im September 1946 reiste Simenon zusammen mit Denise, Tigy, dem Sohn Marc und einem Kindermädchen mit dem Auto quer durch Amerika, vom Norden bis in den Süden, durch Alabama, Tennessee und Georgia bis nach Florida. Über die 5000 zurückgelegten Kilometer schrieb Simenon für *France-Soir* die Reportage *Amerika mit dem Auto*. Nach einigen Monaten in Bradenton Beach in Florida und einem Monat auf Kuba (um eine dauerhafte Aufenthaltserlaubnis in den USA zu bekommen, musste Simenon erneut aus dem Ausland einreisen) zog Simenon im Sommer 1947 weiter, nach Arizona. Dort, in Tucson und Tumacacori, blieb er knapp zwei Jahre und führte ein Leben als Gentleman-Cowboy. Die nächste Station war, ab Oktober 1949, Carmel by the Sea in Kalifornien. Die nicht ganz unkomplizierte *ménage à trois* mit Tigy und Denise wurde endgültig zum Problem, als Denise schwanger wurde. Im September 1949 kam John auf die Welt, im Juni 1950 ließ sich Simenon in Reno (Nevada) von Tigy scheiden, um am nächsten Tag Denise zu heiraten. Der Scheidungsvertrag sah vor, dass Tigy mit dem Erstgeborenen Marc im Umkreis von sechs Meilen von Simenon wohnen müsse. Dessen Wohnort änderte sich gleich darauf wieder: Simenons letzte Amerika-Etappe war die Shadow Rock Farm in Lakeville (Connecticut), wo er zwischen 1950 und 1955 15 Maigrets und 18 Non-Maigrets schrieb, darunter etliche Meisterwerke. 1953 brachte Denise die Tochter Marie-Georges zur Welt, die Marie-Jo gerufen wurde. Von den 26 Non-Maigret- und 21 Maigret-Romanen, die Simenon während seiner amerikanischen Jahre schreibt, spielen nur neun in Amerika, etwa *Maigret in New York*, *Maigret in Arizona*, *Der Neue*, *Bellas Tod*, *Der Uhrmacher von Everton*, *Schlusslichter*. Seine europäischen Wurzeln vergaß Simenon nicht. Und aus den Romanen der letzten Jahre in Amerika lässt sich vielleicht so etwas wie Heimweh nach dem alten Kontinent herauslesen.

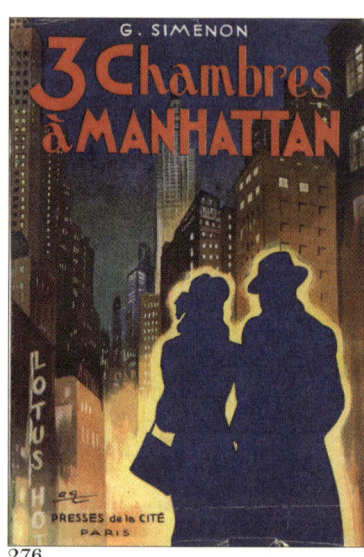

275 Denyse Ouimet, Mitte 1940er Jahre, die am 22. Juni 1950 Simenons zweite Frau wurde. Simenon lernte die Frankokanadierin, deren Vornamen er immer Denise schrieb, 1945, kurz nach seiner Ankunft in Amerika, kennen.
Sie war keine große Leserin, erinnerte sich aber, einen Roman von Simenon aus der Bibliothek ihres Vaters gelesen zu haben.

276 Französische Erstausgabe des Romans *Drei Zimmer in Manhattan*, Presses de la Cité (1946), in dem Simenon seine Begegnung mit Denise in New York literarisch verarbeite

Amerika

Im Oktober 1945 New York, das Hotel mit den wer weiß wie vielen Etagen, dann Montreal, meine mehr oder weniger kurzen Reisen in die Vereinigten Staaten, und in demselben Monat, entgegen aller Erwartungen, meine Begegnung mit Denise, die meine Pläne durcheinanderbrachte, die beinahe wütende Leidenschaft, die für lange Zeit auch mein Leben durcheinanderbringen würde.

Aus: *Intime Memoiren*, 1981

Ich habe mich mit meiner Familie in zwei Häusern 60 Meilen nördlich von Montreal angesiedelt, in den sogenannten St.-Lorenz-Ebenen oder, wie es hübscher heißt, den »hoch gelegenen Orten« – niederen Bergen, die schon seit einem Monat mit Schnee bedeckt sind, die Häuser sind fast unter dem Schnee begraben, und die Wege müssen nach jedem neuen Schneefall wieder freigeschaufelt werden. Mein eigenes Haus ist ein grobes Blockhaus direkt am Ufer des Sees, der zugefroren ist und den man nur mit Skiern oder Schneetellern überqueren kann. Mein Sohn bewegt sich nur noch auf Skiern. Und wir genießen hier einen wunderbaren Komfort, von dem wir uns vor dem Krieg nicht einmal eine Vorstellung gemacht haben! Das Flugzeug bringt mich in zweieinhalb Stunden nach New York.

In einem Brief an André Gide, 1945 (In: *Das Simenon Lesebuch*)

277 Kanada, 1945. Da Simenon kaum Englisch sprach, zog es ihn mit Tigy und Marc zunächst in den französischen Teil Kanadas, wo die drei anfangs in einem Haus in Sainte-Marguerite-du-Lac-Masson und dann, ab Mai 1946, in Saint Andrews wohnten.
278 Mit seinem Sohn Marc, 1945
279 Englisches Einreisedokument. Simenon gelangte über London 1945 nach New York.
280 Bei der Einreise in die USA, 1945

281 Mit Denise in New York, Mitte 1940er Jahre

282/283 Mit Denise im New Yorker ›Stork Club‹, 1940er Jahre. Wie im Roman *Drei Zimmer in Manhattan* beschrieben, besuchte Simenon mit Denise in New York gerne die angesagten Bars.

284 *A Crime of Passion*, nach Simenons Erzählung *Der kleine Schneider und der Hutmacher*, abgedruckt in der Zeitschrift *Cosmopolitan*.
1948 gewann Simenon den 1. Preis für die beste Kriminalgeschichte, organisiert wurde der Wettbewerb vom *Ellery Queen's Magazine*.

285 Mit Denise, Tucson, 1947

In den vielleicht hundert Romanen, die ich bis 1948 schrieb, habe ich über die Liebe, glaube ich, nie anders als über ein Unglück, wenn nicht gar eine Krankheit geschrieben – ich würde sagen, fast wie über eine Geschlechtskrankheit. Auf jeden Fall wie über etwas, was den Menschen beeinträchtigt, indem es ihm seine Selbstbeherrschung raubt. Das entsprach auch ziemlich genau meinem Gefühl. Als ich mit neunzehn heiratete, wollte ich im Grunde eine Partnerin – fast schon einen Partner. Und da ich eine Verpflichtung eingegangen war, setzte ich meine Ehre darein, diese auch gewissenhaft zu erfüllen. Da ich aber gleichzeitig von Neugier geplagt war und wahrlich meine Begehrlichkeiten hatte, habe ich mich über zwanzig Jahre lang mit Kompromissen abgefunden. Das hat vielleicht diesen dumpfen Ton in mein Werk gebracht, der überall zu spüren ist, und diese kalte, hellsichtige Verzweiflung. Ein banaler Zwischenfall hat mich erlöst. 1944 überraschte mich meine Frau mit einem unserer Dienstmädchen. Und ich entdeckte, dass das, was ich für Liebe gehalten hatte, nur Stolz, Besitzanspruch, Herrschsucht war. Zwei Wochen später schlief ich seelenruhig mit einem siebzehnjährigen Burschen, der bei uns zu Gast war und den wir von Geburt an kannten. Was für eine Erlösung!

Drei Monate später lernte ich die Liebe kennen, zufällig, die leidenschaftliche Liebe, deren geradezu griechische Schönheit, gepaart mit Zärtlichkeit, ich entdeckte. Habe ich das in ›Drei Zimmer in Manhattan‹ schlecht zum Ausdruck gebracht? Habe ich zu viel Romantik hineingelegt, wovor ich mich sonst immer schwer gehütet hatte? Ich habe das Buch geschrieben, um mich von meinen Phantomen zu befreien. Seither habe ich das Gefühl, ein neues, ausgefülltes Leben zu führen, das voller Saft ist wie eine Frucht.

In einem Brief an André Gide, 1948 (in: *Das Simenon Lesebuch*)

286 Simenon kam erst nach Kriegsende nach Amerika, während des 2. Weltkriegs war er der einzige nicht-amerikanische Autor, von dem es eine Militärausgabe seiner Romane für die amerikanischen Armeeangehörigen gab.

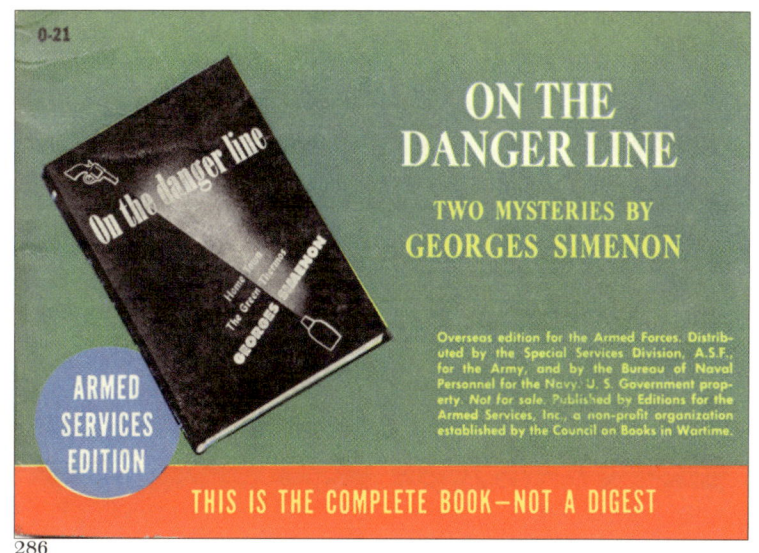

287/288 Auto-Reiseführer der American Automobile Association aus dem Nachlass von Simenon, die er während seiner Fahrt quer durch Amerika benutzt haben muss

289 In Tumacacori (Arizona), 1948

290 Mit Denise, auf der Fahrt quer durch Amerika, 1947. Die Simenons fuhren in zwei Wagen. Neben Denise fuhren noch Tigy, Sohn Marc und ein Kindermädchen mit.

291 Zulassung für Simenons Dodge, den er ab 1955 in Lakeville fuhr

292 Landschaft von Arizona, 1948 – vorläufiges Ziel von Simenons Odyssee durch die USA

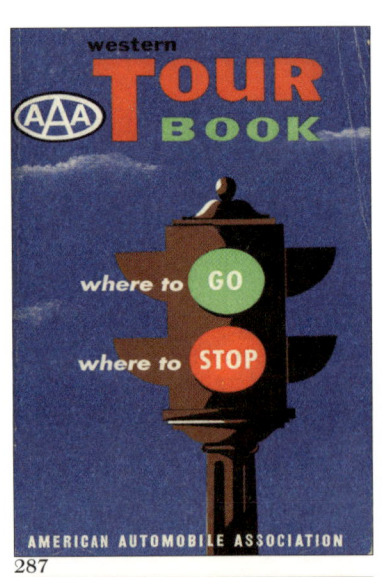

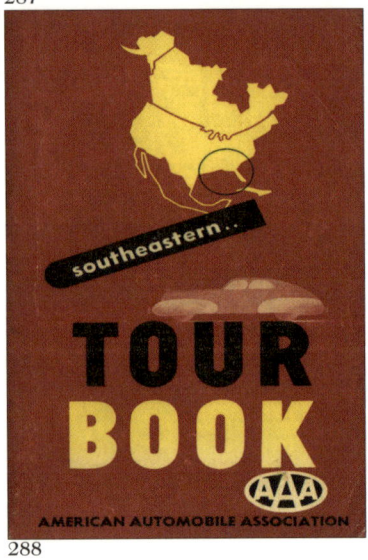

Wir brechen Montag mit unseren beiden Wagen, meine Frau voraus, zu einer langen Rundreise durch die USA auf – Richtung Süden, Carolina, Florida etc. Vielleicht bis zu den Inseln. Ich weiß nicht, wo wir uns den Winter über niederlassen. Kuba? Martinique? Texas? Kalifornien? Das ist nicht so wichtig. Das Pittoreske spielt für mich keine große Rolle. Ich glaube wie mein Meister und Freund Leriche, dass das Klima, in dem man sich langweilt, schädlich ist, und da man sich nach einer gewissen Zeit überall langweilt, ist es am besten, häufig umzuziehen.

Wahrscheinlich werde ich über all dies nie schreiben, höchstens Artikel zum Broterwerb. Aber ich weiß, dass ich jedes Mal, wenn ich mich in einer neuen Umgebung befinde, einen oder zwei Monate lang besser arbeite.

In einem Brief an André Gide, 1946 (in: *Das Simenon Lesebuch*)

Ich spürte, dass wir nicht mehr lange hierbleiben würden, dass wir bald wieder, nach den Feiertagen, weiterfahren würden. Immer noch stellte sich dieselbe Frage: Wohin?

Ich hatte keine Vorstellung. Vor sehr langer Zeit hatte ich im ›Geographic Magazine‹ Bilder von einem Staat Amerikas gesehen, an dessen Namen ich mich nicht erinnerte. Das Gras dort war blau, und es schlängelten sich Bäche entlang. Ich sah auch wieder einen Fluss vor mir, an dessen Ufern große Bäume standen, und wo vor allem Pferde weideten. Es war irgendwo im Süden oder im Westen.

Weite Fläche. Pferde ...

War das das Ziel meines langen Suchens? Oder würde es noch viele andere Etappen geben? Jedenfalls reisten wir ab, du, D. und ich, während deine Mutter darauf wartete, dass wir irgendetwas finden würden.

Irgendetwas Unbestimmbares, was es vielleicht nicht gab.

Aus: *Intime Memoiren*, 1981

293 Desert Sands, 1949. In dem kleinen Haus zwischen dem Stadtrand von Tucson und der Wüste leben die Simenons zwischen Juni und Oktober 1949.

294 Letzte Typoskript-Seite des Romans *Mein Freund Maigret*, den Simenon in Tumacacori am 2. Februar 1949 beendete

295 In Amerika vor den Listen seiner Projekte, Mitte 1940er Jahre

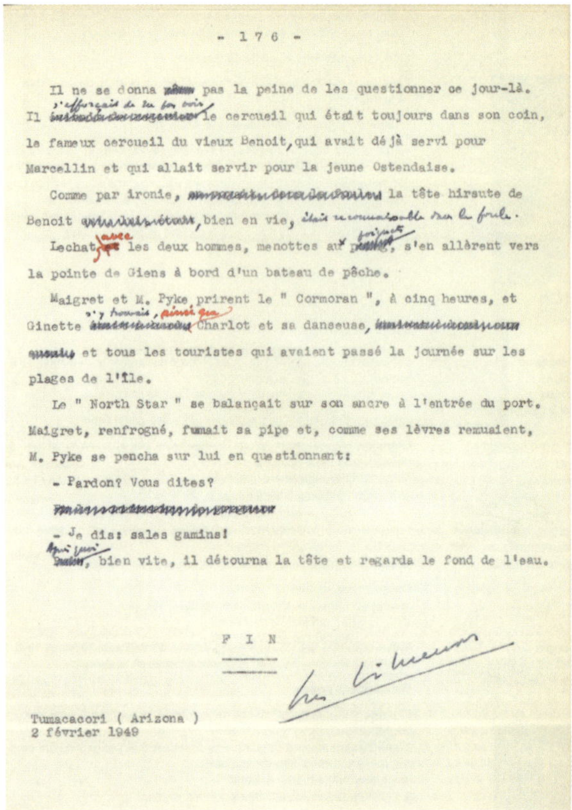

Seit wie viel Tagen fuhren wir? Wir rechneten nicht mehr nach. Die Landschaft zog vorbei. Die oft ärmlichen Städte und Dörfer. Weite Ebenen, gewiss, aber noch nicht die, von denen ich träumte seit diesem Bild, das ich in einer Zeitschrift gesehen hatte.

Bald trat Sand an die Stelle des Grases. Indianer mischten sich unter die Schwarzen. Wir waren in New Mexico und sahen den berühmten, fast ausgetrockneten Rio Grande aus den Liedern und den Western.

Wir hielten einen Nachmittag in Dos Pasos an der mexikanischen Grenze, wo wir, nachdem wir unsere Zimmer im Hotel reserviert hatten, über die Brücke, die als Grenze diente, fuhren und in ein mexikanisches Restaurant gingen, um zu Abend zu essen. Der Sand war rot, und die Ebene war von ebenfalls fast roten Hügeln gekrönt.

Wir kamen nach Arizona, wo mir der Raum weiter als irgendwo sonst erschien. Herden von mehreren tausend Tieren. Cowboys zu Pferd, die du hingerissen beobachtetest und die so aussahen wie in den Filmen oder den Comics, mit silberverzierten Sätteln und Stiefeln.

Aus: *Intime Memoiren*, 1981

296 Carmel by the Sea, 1949.
In dieser ruhigen Kleinstadt in Kalifornien erwarten Simenon und Denise die Geburt des gemeinsamen Sohns John am 29. September 1949.
297 Tumacacori, Arizona, 1948
298 Tucson, 1947
299 Mit Denise und Marc, Tumacacori, 1948

300
301
302
303

300–306
Mit Denise und Sohn Marc in Arizona, 1948. Mit dem Reiten hörten Georges und Denise Ende September 1948 auf, nachdem Denise gestürzt war und Monate brauchte, um sich zu erholen.

304

305

Welche Freude, zu hören, dass Sie in die Vereinigten Staaten kommen! Eine doppelte Freude. Zunächst die, Sie zu sehen. Denn ich brauche Ihnen nicht zu sagen, dass Arizona zwar im äußersten Südwesten des Landes liegt, ich aber deshalb die Reise dorthin, wo Sie sein werden, in Florida oder South-Carolina, nicht scheuen werde. Freude aber auch darüber, dass Sie dieses Land kennenlernen werden, das ich täglich leidenschaftlicher liebe. Wie sehr freue ich mich darauf, mit Ihnen darüber zu reden! Sofern man zulässt, dass Sie das Alltagsleben und die Leute von der Straße kennenlernen und nicht in die »intellektuellen« Kreise verbannt werden. Schließlich ist (wie wahrscheinlich überall) das Volk hier das eigentlich Begeisternde. Die Leute, die sich um Sie kümmern, kennen die USA gewiss besser als ich. Aber ich habe ein Jahr in Florida gelebt. Die Monate Mai, Juni, Juli sind zum Ersticken heiß. Sie kennen die Hitze Nordafrikas, die eine trockene Hitze ist. Die Floridas ist furchtbar feucht, und ich hatte dort keine Spannkraft. Außerdem ist das Land (wie die Côte d'Azur) künstlicher als South-Carolina. Und seine Bevölkerung ist zusammengewürfelter, fast ohne Eigencharakter. Sie haben gewiss Faulkner gelesen? Meiner Meinung nach hat er das Leben im Süden (Georgia, Carolina, Virginia) am besten geschildert. Er ist neben Steinbeck mein amerikanischer Lieblingsautor. Viel besser, meine ich, als Hemingway, der sehr europäisiert ist. Aber, wie sagt man in Lüttich: »Was mischst du dich da ein?«

In einem Brief an André Gide, 1948 (in: *Das Simenon Lesebuch*)

306

Ich habe tatsächlich jeden Kontakt mit der Außenwelt, und besonders der Welt der Literatur, verloren. Ich bewohne ein sehr kleines, völlig alleinstehendes Haus am Fuß des Gebirges, wo Rinder und Pferde frei herumlaufen – sonst nichts. Das Pferd ist zu unserem normalen Fortbewegungsmittel geworden, und unser Sohn könnte mit seinen zehn Jahren in Europa schon fast eine Cowboy-Nummer geben. Von hier aus gesehen erscheinen mir Literatencafés, Redaktionen oder Verlegervorzimmer (in denen ich allerdings nie häufig zu finden war) ausgesprochen extravagant. Ich frage mich, ob sich diese völlige Ungebundenheit, die zwar nicht beabsichtigt ist, die mir aber seit eh und je liegt, als heilsam erweisen wird oder nicht ... Nun, darüber wird die Zukunft entscheiden. Einstweilen ist es recht angenehm so.

In einem Brief an André Gide, 1948 (in: *Das Simenon Lesebuch*)

Dieses Buch war fast eine Reportage. Wir hatten in dem Justizpalast mit den weißen Wänden, wo der einzige Schmuck das Sternenbanner war, zwei oder drei Tage lang gespannt einen Prozess beigewohnt, der uns ganz besonders interessierte, denn es ging um den dramatischen Tod eines jungen Mädchens an einem Ort zwischne Tucson und Tumacacori, den wir sehr gut kannten. Vier Soldaten waren darin verwickelt [...]. Wie und warum war das Mädchen enthauptet worden? Das ging mich nichts an. Ich wünschte, dass mein guter Maigret Bekanntschaft mit der Justiz des Westens machte, und aus diesem Grund schrieb ich diesen Roman.

Über *Maigret in Arizona*. Aus: Intime Memoiren, 1981

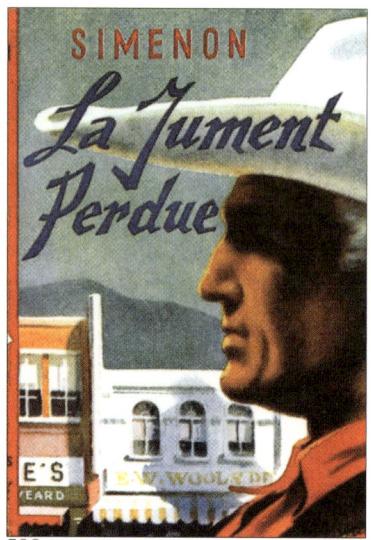

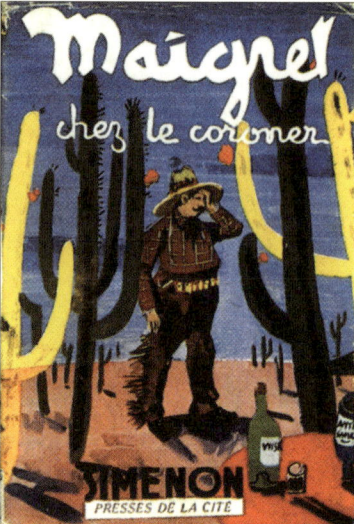

307 Arizona, ca. 1947

308/309 Französische Erstausgaben bei Presses de la Cité der in Amerika spielenden Romane *Die verlorene Stute* (1948), der in der Umgebung von Tucson (Arizona) spielt, wie auch *Maigret in Arizona* (1949)

Ich hatte den Fehler gemacht, eine Partnerin zu heiraten, die ich als Gleichgestellte wollte, und habe danach den Fehler gemacht, sie immer auf gleicher Ebene zu sehen. Heute habe ich eine Frau im wahren Sinne des Wortes. Und ich bin glücklich, mein lieber Meister. So glücklich, dass ich manchmal schon Angst habe, dieses Glück könnte meinem Werk schaden.

In einem Brief an André Gide, 1948 (in: *Das Simenon Lesebuch*)

310 Lakeville, 1953
311 Denise vor dem Haus Desert Sands am Stadtrand von Tucson, 1949
312 Denise in Tucson, 1949, schwanger mit dem ersten gemeinsamen Sohn John
313 Denise mit John und Marie-Jo, Lakeville, ca. 1954

Lakeville erinnert zugleich an die Vogesen und an den Wald von Fontainebleau!
   In einem Brief an Sven Nielsen, 1950

Ich habe mich für Connecticut entschieden, wo ich gerade ein Landgut, eine alte (wirklich alte, zweihundert Jahre!) Farm gekauft habe, die von einem meiner amerikanischen Kollegen so wunderbar eingerichtet und modernisiert worden ist, dass es ein Traumhaus für einen Schriftsteller wurde.
   In einem Brief an Frédéric Dard

314 Französische Erstausgabe von *Maigret in New York*, Presses de la Cité, 1947. Simenon schrieb den Roman vom 27. Februar bis 7. März 1946, nur wenige Monate nach seiner Ankunft in Amerika.
315 Lakeville, Conneticut, 1953
316 Simenons Farm Shadow Rock in Lakeville, wo er mit seiner zweiten Frau Denise Ouimet von 1950–1955 wohnte. Hier entstanden 26 Romane. Tigy, Simenons erste Frau und Mutter von Marc, wohnte in dieser Zeit in Lime Rock, vier Meilen entfernt.

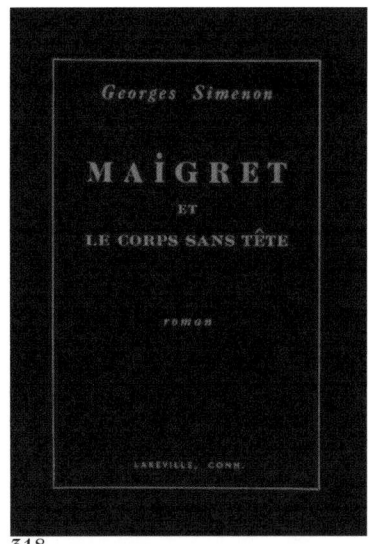

317 1952 besuchte Simenons Mutter Henriette Lakeville, hier mit ihrem Enkel John.
318 Während seiner Zeit in Lakeville publizierte Simenon einige seiner Romane im Eigenverlag in einer Auflage von 100 Exemplaren für enge Freunde, hier *Maigret und die kopflose Leiche* 1955 – der letzte Roman, den Simenon in Amerika schrieb.
319 Lakeville, Anfang 1950er Jahre

Ich erinnere mich nicht, ob ich Ihnen schon von dem Haus erzählt habe, das ich hundert Meilen von New York entfernt in Connecticut besitze, in einer Gegend, die so wild ist, wie man sie 500 (oder mehr) Kilometer von Paris entfernt findet – Seen, Wälder, Bäche mit Forellen, Bären im Gebirge, Rehe, die zum Grasen bis ans Haus kommen, etc. Es ist ein sehr gut hergerichtetes altes Bauernhaus, das langsam unseren Geruch annimmt. Ich bin hier vollkommen glücklich, ebenso wie meine junge Frau und Marc.

In einem Brief an André Gide, 1950 (in: *Das Simenon Lesebuch*)

320 Mit Denise und John, Anfang der 1950er Jahre
321 Lakeville, 1954
322 Denise mit der am 23. Februar 1953 geborenen Tochter Marie-Jo
323/324 Sohn John Simenon als Indianer verkleidet auf einer Kinderparty, 1953

325 Lakeville, 1954

326 Cover der amerikanischen Zeitschrift *Suspense*, in der neben Geschichten von Simenon auch Storys von Agatha Christie und anderen Kriminalschriftstellern abgedruckt werden, 1959.

1952 wurde Simenon zum Präsidenten der Mystery Writers of America gewählt.

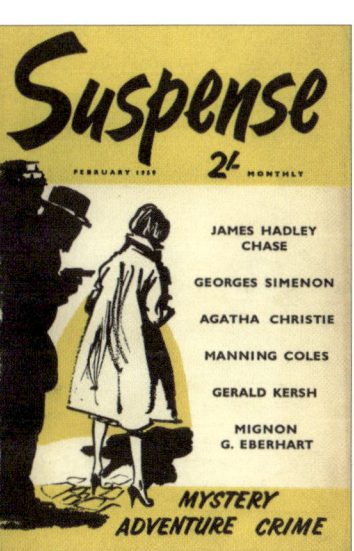

327-330
Lakeville, 1953

Hier in unserer alten Haus-Festung Shadow Rock Farm war ich verzaubert, davon überzeugt, dass es fürs Leben sein würde, denn ich fügte mich ganz selbstverständlich in das Leben eines Landes ein, dem anzugehören ich, vielleicht zum ersten Mal, die Illusion habe. Eine innige und herzliche Welt, in die wir uns alle einfügten.
Aus: *Intime Memoiren*, 1981

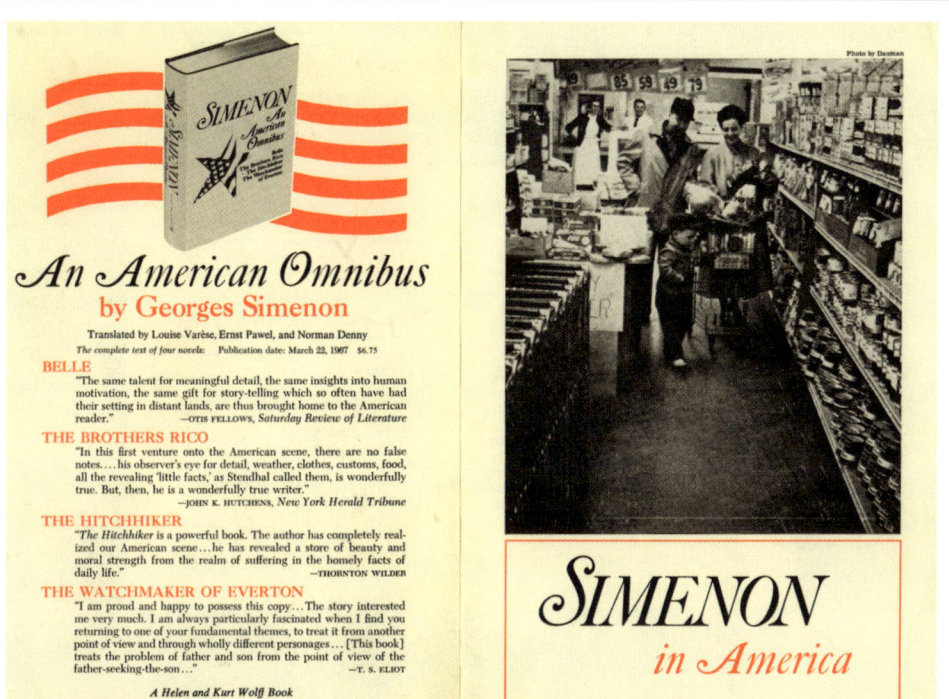

331/332
Simenon in America, Werbeprospekt für einen Simenon-Sammelband des Verlags Harcourt, Brace & World, New York, 1967.
In dem Prospekt wird Simenon zitiert: »Zehn meiner Romane spielen in Amerika. Habe ich es geschafft, die Atmosphäre und die Landschaft des Landes wiederzugeben? Es liegt nicht an mir, darüber zu urteilen. Wenn mir Fehler unterlaufen sind, bitte ich um Entschuldigung.«

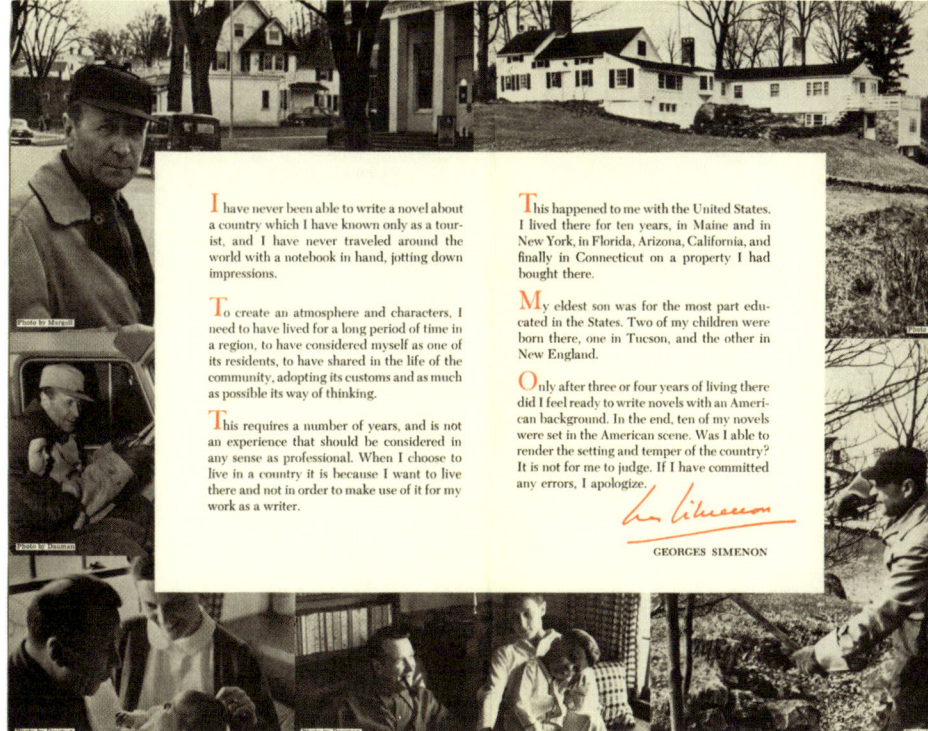

333 Lakeville, 1953

Ich fühle mich wohl in Amerika, weil es dort keine literarischen Cafés gibt, wo die Intellektuellen über ihre Romane sprechen, die sie niemals schreiben werden.

In einem Interview mit Philippe de Baleine in *Paris-Match*, 1952

Es ist übrigens doch merkwürdig, dass Romanautoren nicht die gleiche Bandbreite zugebilligt bekommen wie die Maler, denen man erlaubt, kleinere und größere Werke, Studien, Skizzen zu schaffen und auch gewisse Motive und Themen immer wiederaufzunehmen. Nun, je weiter ich vorankomme, desto lieber möchte ich wie ein Handwerker arbeiten und so wie ein Maler auch den unwichtigsten Themen Leben einzuhauchen versuchen. Vielleicht ist das bei mir ein instinktiver Protest gegen die Tendenz, die mich bei der ›engagierten‹ Literatur und dem ganzen philosophischen Wust aufbringt, der mir aus den Pariser Wochenzeitungen entgegenschlägt. Da bekomme ich eine unbändige Lust, ganz einfach eine Geschichte zu erzählen. Leider gerate ich dabei wider Willen und wahrscheinlich weil ich ein Kind meiner Zeit bin, jedesmal in die Hölle der ›guten Absichten‹.

Sie sehen, all dies ist nicht sehr deutlich. Ich gehe meinen Weg fast ein wenig wie ein Blinder weiter, wobei mich vielleicht einzig und allein eine Art Gespür oder Instinkt leitet. Und der darf mich auch nicht in die falsche Richtung führen.

In einem Brief an André Gide, 1949 (in: *Das Simenon Lesebuch*)

334 Lakeville, 1953

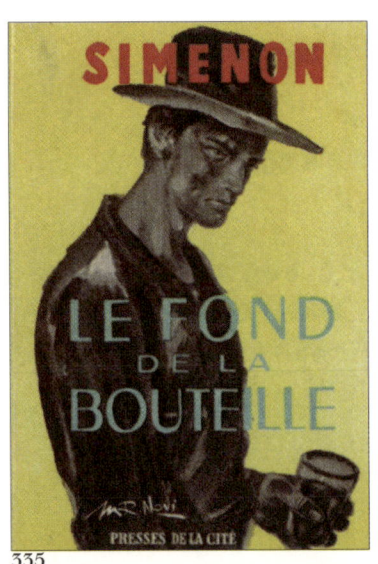

335–337 Französische Erstausgaben bei Presses de la Cité der Romane *Am Maultierpaß* (1949), *Die Brüder Rico* (1952) und *Bellas Tod* (1952), drei von zehn Simenon-Romanen, die in Amerika spielen

338 Urkunde der American Academy of Arts and Letters, in die Simenon 1971 als Ehrenmitglied aufgenommen wurde

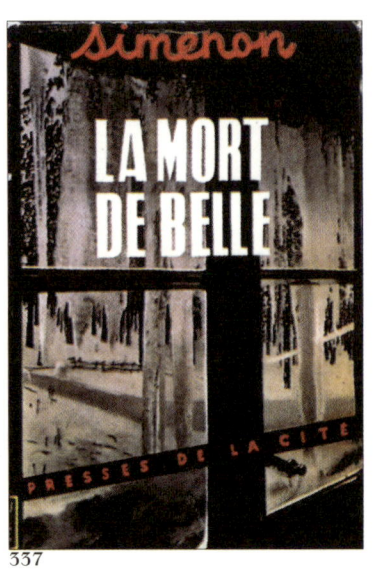

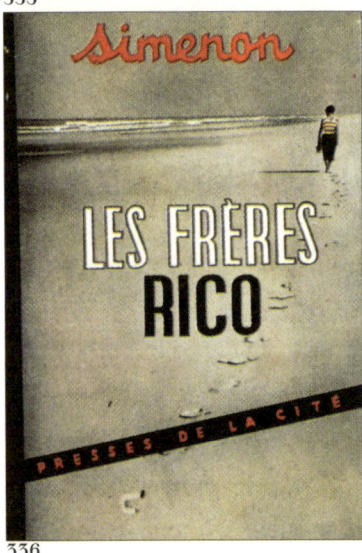

339 Mit Sohn Marc, Lakeville, 1953
340 Mit Denise, Lakeville, Anfang 1950er Jahre
341 In Lakeville, Anfang 1950er Jahre

Rückkehr nach Europa
1945–1957

Warum diese plötzliche Abreise? Heimweh nach Frankreich? Nein. Übrigens wusste ich noch nicht, in welchem Land Europas ich mich mit meiner Familie niederlassen würde.

1952 kam Simenon nach seiner Übersiedlung in die USA zum ersten Mal wieder nach Europa zurück, vorerst nur zu Besuch. Mit Denise und Sohn John überquerte er auf der ›Liberté‹ den Ozean und ging in Le Havre an Land, wo ihm ein rauschender Empfang bereitet wurde. Und das war erst der Anfang: In Paris folgten Empfänge, Signierstunden, Interviews. Der Polizeipräfekt lud zu einem Gala-Essen ein, mit Besichtigung der Räumlichkeiten der Police Judiciaire am Quai des Orfèvres – der Adresse, die Simenon durch Maigret weltbekannt gemacht hatte. Simenon wurde eine Sonder-Polizeimarke überreicht, die er bis zu seinem Tod als Schlüsselanhänger bei sich trug.

Von Paris aus ging es weiter nach Mailand und Rom. Der eigentliche Höhepunkt der Reise aber war Simenons Heimatstadt Liège, die den berühmt gewordenen Sohn der Stadt triumphal empfing. Simenon besuchte seinen ersten Arbeitgeber, die *Gazette de Liège*, wo er seinem ehemaligen Mentor und Chefredakteur Joseph Demarteau noch die Hand schütteln konnte, und hielt im bis auf den letzten Sitz gefüllten Conservatoire de la Ville eine Rede. Ein wichtiger privater Besuch galt seiner Mutter Henriette. In Brüssel wurden Simenon noch höhere Ehren zuteil, als er feierlich in die Académie royale de Belgique aufgenommen wurde, dem Pendant zur Académie française.

Die einzige Unannehmlichkeit auf dieser Europareise war ein gegen Simenon angestrengter Verleumdungsprozess um

342 Simenon und Denise, 1950er Jahre

343 Bei ihrer Ankunft in Le Havre auf der ›Liberté‹, 1952. Simenon wurde in Le Havre von seinen drei französischen Verlegern empfangen: Jean Fayard (dem Sohn von Arthème Fayard), Gaston Gallimard und Sven Nielsen von Presses de la Cité.

Pedigree, den autobiographischen Roman, in dem sich einige Personen wiedererkannt hatten. Simenon verlor den Prozess, musste Schadensgeld zahlen und einige Passagen streichen. Doch der Skandal war auch eine enorme Werbung für das Buch.

1954 reiste Simenon erneut nach Europa, er hielt sich zwei Monate in London auf und einige Tage in Paris. In den USA verdichteten sich die Hinweise, dass der ewig rastlose Simenon wieder umziehen wollte, zurück nach Europa. Simenons Frau Denise, die von jeher eine Vorliebe für einen glamourösen Lebensstil hatte, langweilte sich im abgeschiedenen Lakeville immer mehr. Die kurzen Ausflüge nach New York reichten ihr nicht mehr, und nach der Geburt der Tochter Marie-Jo 1953 machten sich erste Anzeichen von Depressionen bei ihr bemerkbar. Ein Szenenwechsel würde ihr – und auch der Ehe, die erste Risse zeigte – vielleicht helfen.

1956 war es so weit: Simenon zog mit der Familie wieder nach Frankreich. Nach einem kurzen Intermezzo in der Villa La Gatounière in Mougins im Departement Alpes-Maritimes, wo drei Romane entstanden, bezog die Familie in Cannes die standesgemäße Villa Golden Gate oberhalb der Stadt, mit Garten und Swimmingpool. Denise blühte in Cannes sichtlich auf, tummelte sich in den Boutiquen und in Gesellschaft der Schönen und Reichen und gab während des Filmfestivals große Partys für die Leinwand-Prominenz. Simenon selbst präsidierte 1960 sogar die Jury des Festivals. Ihn interessierte das gesellschaftliche Leben wenig, aber er kümmerte sich vermehrt um Public Relations. Nach den ruhigen Jahren in den USA, fern von seiner Hauptleserschaft, hatte er viel nachzuholen: Er gab Interviews, öffnete die Tore der Villa Golden Gate für Fotografen aus aller Welt und fand trotzdem die Zeit, in Cannes sieben Romane zu schreiben, darunter *Striptease*, zu dem ihn Besuche in den Nachtclubs der Croisette inspirierten.

344/345 Ankunft in Paris, 1952
346 Menü für das Bankett zu Ehren Simenons während seines Besuchs der Police Judiciaire in Paris, 1952
347 Gästeliste für die Überfahrt auf der ›Liberté‹, 1952
348 Simenon im Büro von Ferney, dem Direktor der Police Judiciare, 1952
349 Bankett an Bord der ›Liberté‹ zu Ehren Simenons, 1952

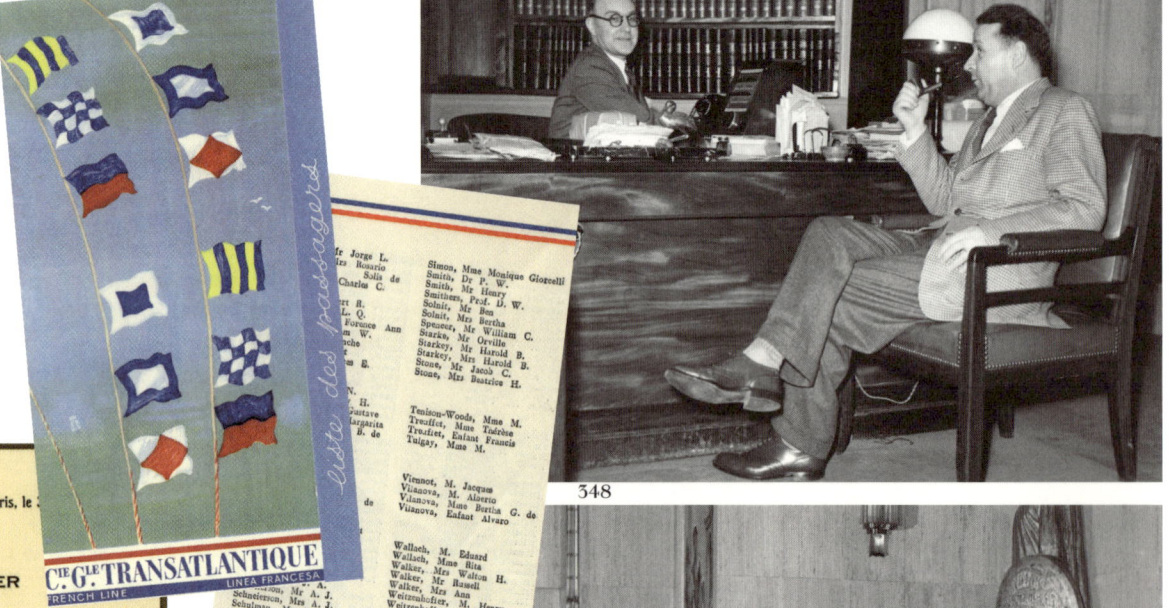

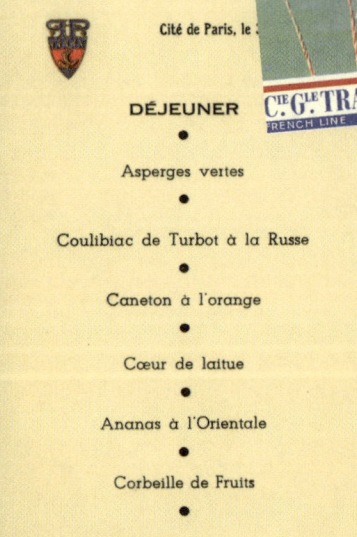

Ich war nicht gefasst auf das, was in Le Havre geschah. Kaum hatte das Schiff festgemacht, als etwa dreißig Journalisten die Gangway stürmten und mich zum Salon zogen. Fragen. Immer weitere Fragen, auf die ich antwortete, so gut ich konnte. Unser Gepäck war schon ausgeladen und befand sich schon im Zug nach Paris. Durch das Bullauge sah ich eine kleine Menschenmenge auf dem Quai, und Stimmen skandierten meinen Namen.

Aus: *Intime Memoiren*, 1981

Ein großes offizielles Mittagessen auf der Polizeipräfektur. Steinbutt und Ente à l'orange. Ich mag diese beiden Gerichte sehr gern, aber der Zufall wollte es, dass man sie uns beinahe jeden Tag servierte, einmal sogar mittags und abends. Der Polizeipräfekt, umgeben von Kommissaren seiner Abteilungen des Quai des Orfèvres, überreichte mit feierlich eine silberne Kommissarmarke mit Maigrets Namen.

Aus: *Intime Memoiren*, 1981

350 Einladung für Monsieur und Madame Simenon zum Bankett in der Pariser Polizeipräfektur am 30. April 1952

351 Paris, 1952

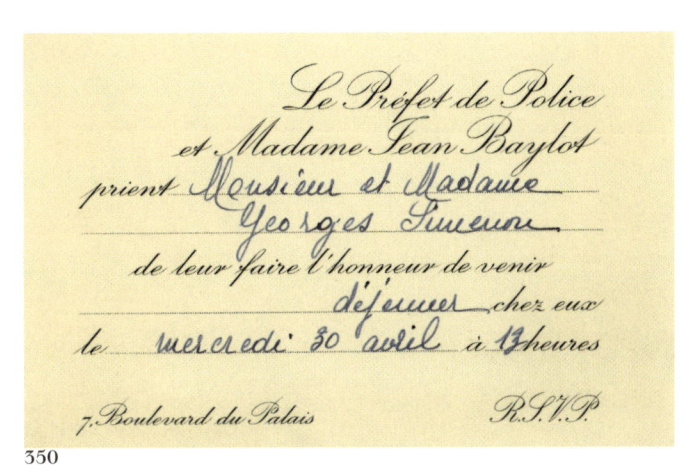

352 Simenons französischer Verleger Sven Nielsen filmt Simenon in Liège, 1952.
353 Mit Joseph Demarteau, Simenons ehemaligem Chef bei der *Gazette de Liège*, 1952
354 Simenon im Institut Saint-André, 1952, in dem er als Kind die Schulbank drückte
355 Die *Gazette de Liège* feiert Simenons Rückkehr in seine Heimatstadt.

Es war ein Eintauchen in eine entfernte Vergangenheit, die mir gehörte.

Moremans erwartete uns im Hôtel de Suède, herzlich wie immer, denn er war einer meiner Treuesten. Er hatte mir mehrere Briefe geschrieben, um mir das Programm während meines Aufenthalts in Lüttich darzulegen, und es wurde Tag für Tag reichhaltiger. Ich sollte zuerst im Rathaus empfangen werden, das, ich weiß nicht, warum, ›La Violette‹ genannt wurde und mir so vertraut war. Der Bürgermeister und die Beigeordneten würden danach mir zu Ehren ein Mittagessen im Museum Ansembourg veranstalten, dann ... Mein guter Moremans las und las, Mittagessen beim Gouverneur. Abendessen, veranstaltet von meinen Lütticher Kollegen ...

Aus: *Intime Memoiren*, 1981

Rückkehr nach Europa

Gazette de Liége MARDI 6 MAI 1952

Georges Simenon a retrouvé la "Gazette"

Il a fait battre le cœur d'Outremeuse
et a pleuré en revoyant son vieux professeur

UNE IDÉE NETTE
La situation économique en Belgique

356

356 Festempfang im Conservatoire de Liège, 1952
357 Mit Denise, Liège, 1952
358/359 Simenon hält eine Dankesrede und trägt sich in das Goldene Buch der Stadt Liège ein, 1952.
360 Christian Libens' Buch *Sur les traces de Simenon à Liège (Auf den Spuren von Simenon in Liège)*, Les Editions de l'Octogone, 2005

Aufnahmesitzung im Palais des Académies. Ich hielt die Rede auf meinen Vorgänger, einen Schriftsteller aus Lüttich, den ich nie gesehen hatte, dessen väterliches Geschäft ich jedoch kannte, ein Uhrengeschäft gleich neben der Rue Léopold, wo ich geboren wurde. Königin Elisabeth war anwesend, ebenso wie die französischen Akademiemitglieder in Uniform ...

Der Saal, obwohl groß, war gefüllt, und es war so heiß, dass ich die französischen Akademiemitglieder bedauerte, die in ihren dicken Uniformen schwitzen mussten.

Beim Hinausgehen Blitze der Fotografen und Interviews. Denise und mir gelang es, uns abzusetzen und auf dem Boulevard spazierenzugehen; wir hielten auf der Terrasse eines kleinen Cafés an, wo ich eine Flasche Guese-Lambic bestellte, das berühmte Bier der Brüsseler, das ich Denise probieren lassen wollte. Es war kühler hier als im Palais des Académies, wohin ich nie mehr meinen Fuß setzen würde. Es war erholsam, in Ruhe die Passanten vorbeiströmen zu sehen.

Aus: *Intime Memoiren*, 1981

362 Mit Denise in den Straßen von Liège, 1952

361/363
Zwei Artikel in *Les Beaux-arts* und *Le Face à Main* berichten über die Aufnahme Georges Simenons in die Belgische Académie royale de langue et de littérature françaises.
Zu diesem Anlass besuchen die Mitglieder der Académie française (die sogenannten Habits verts) die Akademie in Brüssel – deren erste Auslandsreise ist eine Sensation.

Rückkehr nach Europa

LES BEAUX-ARTS
HEBDOMADAIRE D'INFORMATION ARTISTIQUE
PUBLIÉ PAR LE PALAIS DES BEAUX-ARTS DE BRUXELLES

SEIZIÈME ANNÉE ★ N° 572 ★ VENDREDI 9 MAI 1952

BUREAUX : 10 RUE ROYALE, BRUXELLES ★ RÉDACTEUR EN CHEF : S. YOUNG
DIRECTEUR DU JOURNAL : LIONEL GIRAUD-MANGIN

ABONNEMENT ANNUEL INDIVISIBLE :
BELGIQUE, 220 FRANCS
CONGO BELGE ET PAYS ÉTRANGERS, 300 FRANCS
À VERSER AU C.C.P.
N° 323.40

TÉLÉPHONES
DIRECTION ET RÉDACTION : 12.70.89
ADMINISTRATION ET ABONNEMENT : 12.95.44
PUBLICITÉ : 12.69.35

L'ACADÉMIE ROYALE DE LANGUE ET DE LITTÉRATURE FRANÇAISES
ACCUEILLE CE 10 MAI
l'Académie Française
ET REÇOIT
Georges Simenon et Roger Bodart

364/365 Signierstunde in der Librairie Gallimard am Boulevard Raspail in Paris, 1952. Mit Verleger Gaston Gallimard, André Bernheim und der Schauspielerin Danielle Darrieux

366 Mit Denise und seinem Verleger Sven Nielsen beim Empfang im Palais der Académie Royale de Belgique, Brüssel, 1952

367 Ankunft in New York auf der ›Queen Elizabeth‹, 1954, nach seiner zweiten Europa-Reise, und vor Simenons endgültigem Wegzug aus Amerika 1955

In New York hatte mich der französische Generalkonsul bereits zum Ritter der Ehrenlegion ernannt. Ich hatte nie die Ehrenzeichen eines dieser Orden getragen, und ich entschuldige mich dafür bei denen, die sie mir verliehen haben. Ich bin allergisch gegen Dekorationen und Titel aller Art.
    Aus: *Intime Memoiren*, 1981

Ehrungen sind mir so gleichgültig, dass ich keinen einzigen meiner Orden mehr habe. Meine Kinder haben damit gespielt. Ich habe sie nie getragen und könnte kaum eine genaue Aufstellung davon geben.
    Aus: *Ein Mensch wie jeder andere*, 1975

368 Mit Denise an Bord der ›Ile de France‹, 1954. Zwei Jahre nach seinem triumphalen Besuch in Europa fährt Simenon im Oktober und November 1954 für PR-Zwecke nach London und kurz nach Paris.

369 Simenon wird im französischen Generalkonsulat in New York mit der ›Légion d'Honneur‹ ausgezeichnet, 1955.

370/372
Die Villa ›Golden Gate‹ in
Cannes (1956), Simenons
Wohnsitz von 1955 bis 1957

Warum hatten wir Cannes als Raststätte gewählt, bevor wir uns einen Ort suchten, wo wir uns mehr oder weniger endgültig niederlassen würden? Aus praktischen Gründen, sagte ich, und auch wegen der Kinder. Schließlich, ich gestehe es, weil ich nicht gerne in einer großen Stadt lebe, und vielleicht auch wegen D.s Bedürfnis, um sich herum ein reges Leben zu spüren.

Aus: *Intime Memoiren*, 1981

Man bot uns an, ein prachtvolles Anwesen im oberen Teil von Cannes zu mieten, Golden Gate, mit einer riesigen Bucht, beleuchteten Wasserbecken und einem in den Felsen gehauenen Schwimmbecken.
Hier konnten Johnny und Marie-Jo sich austoben. Mein Arbeitszimmer ging auf eine Art Kreuzgang, wo ich, wenn es regnete, spazierengehen konnte, bevor ich mich an die Arbeit setzte.

Aus: *Intime Memoiren*, 1981

373 *Cannes en toutes Saisons*, Artikel über Cannes, den Simenon für den Fremdenverkehrsverein schrieb, 1956

371/374 Im Garten der Villa ›Golden Gate‹ in Cannes, 1956

Den gestrigen Tag ganz sonntäglich mit einem Fotografen von ›Paris Match‹ verbracht. Er ist für vier Tage hier, nachher kommt auch noch ein Redakteur, um eine sogenannte große Reportage zu machen. Die vierte, die ›Match‹ in den letzten sieben oder acht Jahren über mich und meine Familie bringt.

Nach diesen beiden kommen welche von ›Good Housekeeping‹ und danach ein Engländer, der ich weiß nicht wie viele Artikel schreiben will. Alle drei oder vier Monate öffnen wir so den Journalisten die Tür, einem nach dem andern. Es sind fast immer sympathische Leute, die auf den ersten Blick intelligent wirken, und vielleicht sind sie's auch wirklich. Ob sie aus Finnland, Deutschland oder Italien kommen, sie machen stets den Eindruck, als versuchten sie zu verstehen. Sie hören zu, schreiben sich alles auf, versichern, dass sie »es anders« machen, dass sie die Wahrheit bringen werden.

Ob wir aber nun in Lakeville, in Cannes oder hier sind, stets bitten die Fotografen uns, dieselbe Haltung an denselben Plätzen einzunehmen, so dass die Kinder schon von vornherein wissen, was sie tun sollen. Die Redakteure stellen alle dieselben Fragen. Kennen sie die Artikel ihrer Kollegen nicht? Meistens haben sie auch meine Bücher nicht gelesen, oder höchstens einige.

   Aus: *Als ich alt war*, 1970

375 Familie Simenon in Cannes, 1955, v.l.n.r.: John, Denise, Simenon mit Marie-Jo und Marc
376 Simenons Schreibtisch in Cannes, 1955

377 Cannes, 1956. In der Villa ›Golden Gate‹ schreibt Simenon sieben Romane, der erste ist *Im Falle eines Unfalls*, den er vom 1. bis zum 8. November 1955 schreibt und der 1956 erscheint.

378-380 Fotoshooting mit der Schauspielerin Susan Hayward, Cannes, 1956

381

382

Wir besuchten recht häufig ein Striptease-Lokal, in dem mich D., wie in denen von Cannes, dazu ermunterte, Kontakt zu den jungen und fast immer hübschen Tänzerinnen aufzunehmen. Wir hatten dort unsere Loge, zu der man uns führte, ohne dass wir etwas zu sagen brauchten. Der Champagner war mehr oder weniger Pflicht, aber man servierte D. ihren bevorzugten Scotch, Black Label, während ich eine halbe Flasche Pommery bestellte, oder eine Cola, wenn mir danach war.

»Gefällt dir das Mädchen da nicht?«

Viele gefielen mir, aber sie waren nicht gehalten, auf meine Avancen einzugehen. Sie waren allerdings verpflichtet, sich nach ihren Darbietungen an die Bar zu stellen, hinten im Saal, um die Gäste zum Trinken zu animieren.

Aus: *Intime Memoiren*, 1981

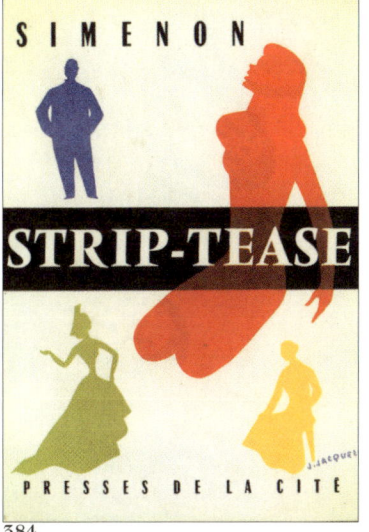

383/384
Simenon beim Besuch eines Striptease-Lokals in Cannes. Seine Eindrücke verarbeitete er in dem Roman *Striptease*, hier die französische Erstausgabe bei Presses de la Cité, 1958. *Striptease* ist der letzte Roman, den Simenon in Cannes schrieb.

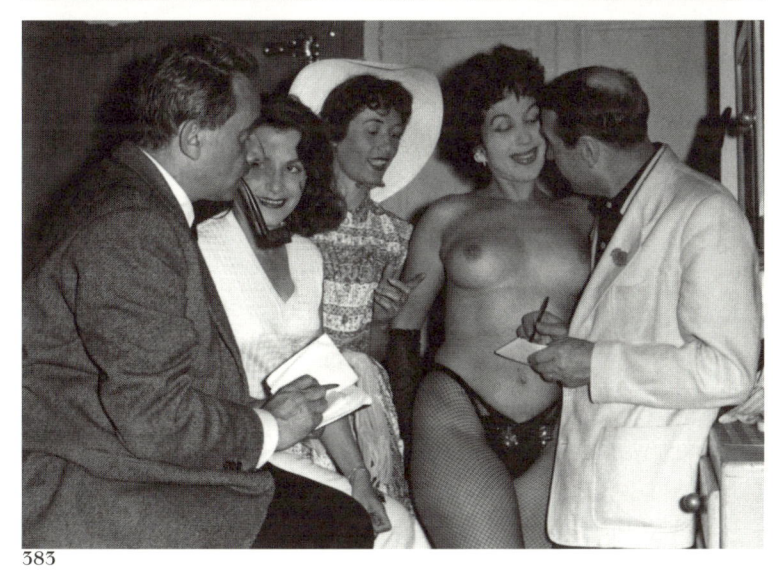

381 Cannes, im Innenhof der Villa Golden Gate, 1955
382 Mit Denise ebenda, 1956
385 Simenon bei einem Auftritt im Radio Monte Carlo, ca. 1955

Schweiz
1957–1972

386

*Ich will jetzt nicht mehr weiterziehen,
ich fühle mich wohl in Lausanne.*

387

Nach seiner Rückkehr aus den USA war Cannes von Anfang an nur eine Zwischenstation für Simenon, der weiter nach dem idealen Ort für seine Arbeit und seine Familie suchte. Italien gefiel Denise nicht, Holland, das die beiden im Februar 1956 besuchten, ebenso wenig. Die Wahl fiel schließlich auf die Schweiz. Denise war begeistert von der Landschaft rund um den Genfer See; von Vorteil war auch, dass Französisch gesprochen wird und die Steuern niedrig sind. Immer wieder besuchten Simenon und seine Frau die Schweiz, stiegen im Hôtel Palace in Lausanne ab und erkundeten die Gegend auf der Suche nach ihrem Traumhaus. 17 Kilometer von Lausanne entfernt fanden sie es: das Schloss von Échandens, eine Postkartenidylle aus dem 16. Jahrhundert. Es war in Gemeindebesitz und unverkäuflich, aber Simenon konnte es, vorerst für sechs Jahre, mieten. »Ein Ort des Friedens. Ist das nun endlich das lang ersehnte Wunder von einem Zuhause?«, fragte er sich.

Das neue Heim war zumindest malerisch mit seinen Türmchen, dem Bergfried, den Steintreppen und einem wunderschönen Park mit alten Bäumen. Doch die Jahre in Échandens waren nicht sonderlich glücklich, trotz der Geburt des vierten und letzten Kindes Pierre im Mai 1959. Das Neugeborene rang um sein Leben und wurde erst nach Monaten gesund. Simenon selbst litt damals am Morbus Menière, einer Erkrankung des Innenohrs, und an Schlaflosigkeit. Und Denises psychische Verfassung wurde immer labiler, sie versank in Depressionen. Simenon spürte sein Alter, und so hießen die autobiographischen Aufzeichnungen aus dieser Zeit *Als ich alt war* (sie erschienen erst 1970). Anderseits war

386 Mit seinem Hund Mister in Échandens, 1962
387 Das Schloss von Échandens bei Lausanne, Simenons Wohnsitz von 1957 bis 1963

Simenon nun auf dem Höhepunkt seiner Bekanntheit und seines Erfolgs. 1958 reiste er dreimal nach Brüssel, wo er Jury-Vorsitzender des Filmfestivals war, die Weltausstellung besuchte und im Oktober eine große Rede über den Roman hielt. 1960 war er Vorsitzender der Jury des Filmfestivals in Cannes, reiste nach Venedig und nach London, wo er mit der BBC einen lukrativen Vertrag über eine Maigret-Serie abschloss. Und er schrieb unaufhörlich weiter. Ans Ende der Romane, die in der Schweiz entstanden, setzte Simenon nicht wie üblich den Ort, wo das Buch geschrieben wurde, sondern »Noland« (von »No man's land«). Als ob die Neutralität der Schweiz auch einen Ort auf der literarischen Landkarte verhinderte. Die Schweiz kommt übrigens nur in drei seiner Romane überhaupt vor: *Der Zug von Venedig*, *Die verschwundene Tochter* und *Maigret, die Tänzerin und die Gräfin*. Die Schweiz, das waren für Simenon drei Häuser, drei Etappen. Als in der Nähe des Schlosses von Échandens ein Rangierbahnhof errichtet werden sollte, baute Simenon zum ersten Mal in seinem Leben ein eigenes Haus, oberhalb von Lausanne in Épalinges, mit einer grandiosen Aussicht auf die Alpen. Das Haus selbst, nach Simenons Ideen gebaut, war zwar funktional, aber riesengroß und klobig. Für die Presse wurde es zum Sinnbild von Simenons Gigantomanie. Vor allem über den angeblichen Operationssaal im Keller wurde viel geschrieben – eine weitere Legende: Im Haus gab es lediglich ein einfaches Krankenzimmer mit Massagebank.
Wie so oft markierte der Umzug eine Zäsur in Simenons Leben. Denn Denise, die immer öfter in psychiatrischer Behandlung war, wohnte fast gar nicht im neuen Haus. Der räumlichen Trennung folgte ein unschönes Nachspiel: 1978 rechnete Denise in einem Buch mit dem Titel *Un oiseau pour le chat (Ein Vogel für die Katze)* mit ihrem Mann ab, von dem sie sich jedoch nie scheiden ließ.
Richtig wohl gefühlt hat sich Simenon im neuen Haus nie, und als er 1972 mit dem Schreiben aufhörte, vollzog er einen radikalen Bruch: Er ließ innerhalb von drei Tagen das gesamte Hausinventar verkaufen und zog in eine Wohnung im Stadtzentrum von Lausanne. Simenons letzte Lebensetappe hatte begonnen.

388 Marie-Jo, 1957

389 Die Familie Simenon in Échandens, 1959. V.l.n.r.: Marie-Jo, Marc, Denise mit Pierre, Georges und John

390 Échandens, 1964
391 Vor dem Schloss von Échandens, 1960er Jahre. In Échandens schreibt Simenon 25 Romane, der erste: *Maigret auf Reisen* geschrieben in einer Woche, vom 10. bis 17. August 1957.

Rechts an der Ecke des Hauptgebäudes ein viereckiger Turm, und gleich daneben die Tür zum eigentlichen Schloss, schmal und niedrig. Wenn man diese durchquert hatte, ging man eine Stufe hinunter und befand sich einem sehr breiten, mit grauen Steinen gepflasterten Flur gegenüber, dessen Wände, ebenfalls aus Stein, dunkelrot gestrichen waren, belebt durch Lithographien und Stiche in winzigen Goldrahmen.

Die steile Wendeltreppe führte ohne Geländer nach oben, und ich hatte solch eine Angst um die Kinder, dass ich große Eisenringe anbringen ließ, durch die ein Hanfseil lief.

Erste Tür links, zum Garten hin, wie man im Theater sagt, aber hier nicht nur in der Einbildung, denn alle Fenster lagen zum Garten hin, der in Wirklichkeit ein kleiner Park war. Dann eine Tür mit zwei Flügeln, die Tür zum großen Salon mit den holzvertäfelten Wänden, perlgrau, mit drei hohen Fenstertüren. Die Vorhänge waren rot, die Möbel, Louis XVI, mit Bronze überladen.

Aus: *Intime Memoiren*, 1981

392/393
In Échandens, 1962
394 Château d'Échandens

Und dass wir jetzt hier sind. In der Schweiz! Warum bin ich, ein Belgier, französischer Schriftsteller, mit meiner kanadischen Frau und meinen in den Vereinigten Staaten geborenen Kindern im Kanton Waadt?

Das ist ebenso einfach, ebenso logisch, sofern man nicht eine Legende daraus macht, nicht etwas Pittoreskes, eine Geschichte dahinter sucht, mit anderen Worten, solange sich Journalisten und Biographen nicht einmischen.

Aus: *Als ich alt war*, 1970

395/396
Échandens, 1962 und 1963

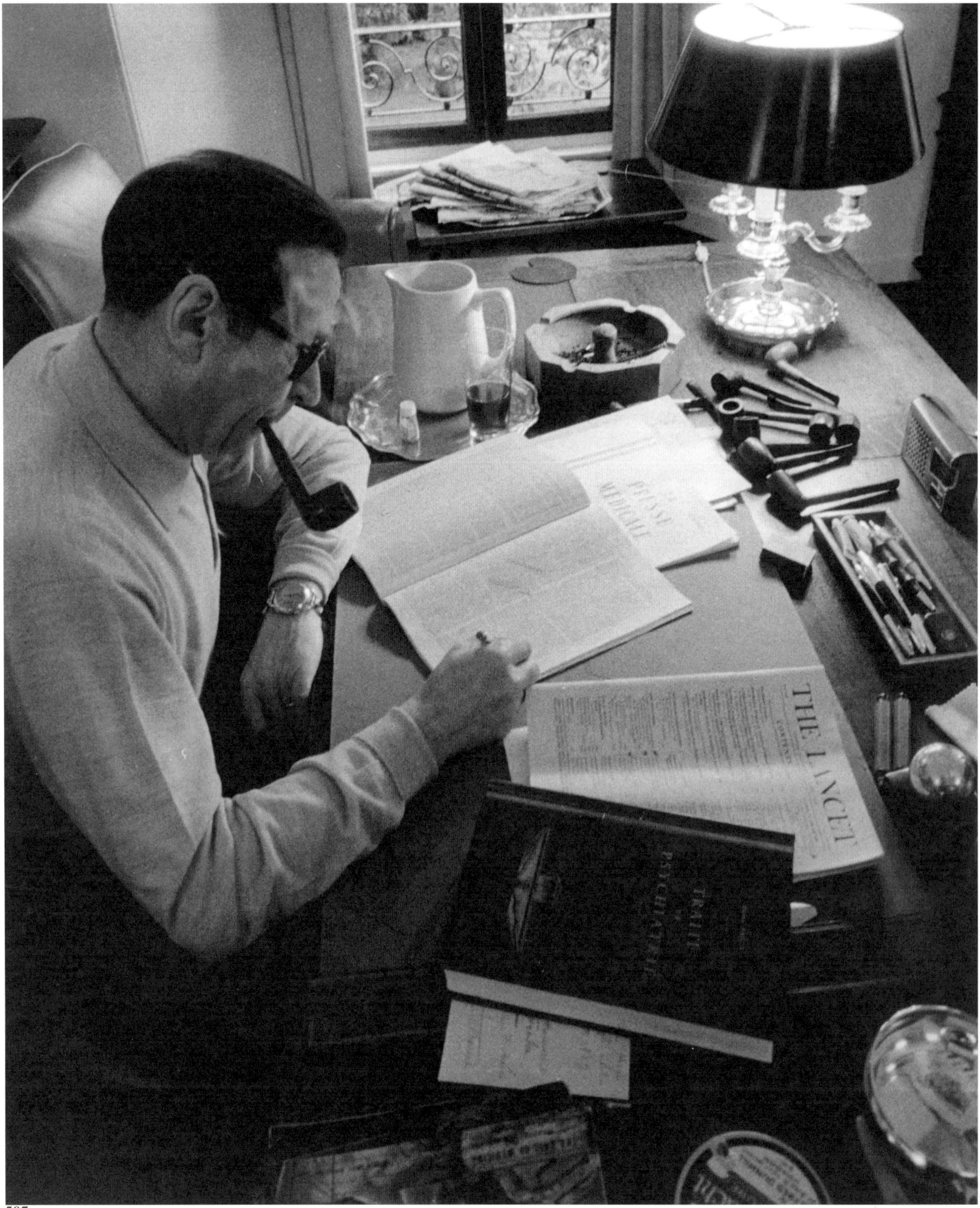

397

Wären Sie vor drei oder vier Jahren zu mir gekommen, Sie hätten in meinem Arbeitszimmer sehr viel medizinische Zeitschriften entdeckt, gerade auch ›Médecine et Hygiène‹. Das hatte mit meinen Romanen überhaupt nichts zu tun, es war nur ein Hobby, das mir keineswegs dazu diente, meine Figuren zu schaffen. Ich interessiere mich auch leidenschaftlich für Fragen der Kriminologie,

Aus: *Simenon auf der Couch*, 1968

397 Échandens, mit der Medizin-Zeitschrift *The Lancet* auf dem Schreibtisch, 1960
398 Échandens, 1957
399 Échandens, 1957. Büro von Denise, im Hintergrund das Simenon-Portrait von Bernard Buffet
400 Échandens, 1960

Ich habe die Schweiz als ein Land entdeckt, wo man die Menschen in Ruhe lässt. Noch nie hat hier jemand ohne vorherige Anmeldung an meiner Tür geklingelt. Keiner hat mich nach meinen politischen, religiösen oder philosophischen Überzeugungen gefragt. Ich habe hier ein Gefühl der Freiheit und großer Diskretion. Dasselbe Gefühl hatte ich auch in den USA, wo man die individuelle Freiheit ebenfalls hochhält.

In einem Interview mit Henri-Charles Tauxe, *24 heures*, 1973

401 Simenon steht dem Bildhauer Assen Peikov in Rom Modell, 1966.
402/404 Échandens, 1959 und 1957
403 Büste von Assen Peikov
405 Simenons Arbeitszimmer, Échandens, 1960
406 Innenhof von Schloss Échandens, 1958

407 Auf dem Cover der Zeitschrift *Le Patriote Illustré*, 1967
408 Épalinges, 1965
409 Im Vordergrund das Haus in Épalinges, oberhalb von Lausanne, in das Simenon im Dezember 1963 einzieht. Während neun Jahren entstehen hier 27 Romane.
410 Vor seinem selbstentworfenen Haus in Épalinges, Mitte der 1960er Jahre
411 Wohnzimmer in Épalinges, Mitte der 1960er Jahre

Zum ersten Mal in meinem Leben kam mir der Gedanke zu bauen, statt etwas zurechtzuflicken. Ich hatte Épalinges entdeckt, als ich dort Golf spielte, und die Gegend, die noch mit Wiesen und Ackerland bedeckt war und eine unerwartete Aussicht auf die französischen Alpen, die Berner Alpen, über den See hinweg bis nach Genf bot, wo man bei klarem Wetter sogar die Wasserfontäne sah, diese Gegend hatte es mir angetan. Ich bat einen Architekten, uns aufzusuchen, und erläuterte ihm unser Projekt. In den Vereinigten Staaten, die Europa stets um zehn Jahre voraus waren, hatte ich gelernt, wie man ein Haus lärm- und witterungsgeschützt mit dem größtmöglichen Komfort baut.
   Aus: *Intime Memoiren*, 1981

Würden nicht auch wir ganz andere Menschen werden? Und würde nicht sogar Denise sich in einer anderen Umgebung versöhnt fühlen? Dieses neue Haus, dem ich alle meine Aufmerksamkeit widmete, erinnerte mich plötzlich an ein altes chinesisches Sprichwort: »Wenn das Haus fertig ist, zieht das Unglück ein.« Ich verscheuchte diesen Gedanken, der mich dennoch ein Jahr lang verfolgen sollte.
Bäume mussten gepflanzt werden, und ich wählte Birken, die mir am freundlichsten erschienen, wegen ihrer silbrigen Rinde, der Leichtigkeit ihres Blattwerks und außerdem, weil sie im Winter nicht wie Baumskelette aussehen.
Auch das erinnerte mich an ein Sprichwort [...]: »Bauen geht ja noch an, doch in diesem Alter zu pflanzen…«
Ich war 59. Ich würde die 60 überschritten haben, wenn das Haus fertig ist. »… doch in diesem Alter zu pflanzen …«
   Aus: *Intime Memoiren*, 1981

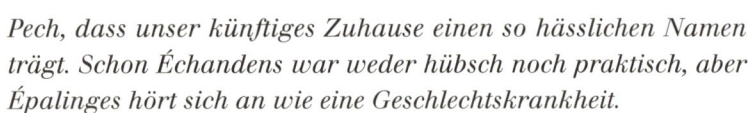

Pech, dass unser künftiges Zuhause einen so hässlichen Namen trägt. Schon Échandens war weder hübsch noch praktisch, aber Épalinges hört sich an wie eine Geschlechtskrankheit.

In einem Brief an Sven Nielsen, 1962

Theoretisch wohne ich in Lausanne, aber genau genommen in einem Vorort. Die Stadtmitte ist schon fast Ausland, und in die Stadt gehen bedeutet fast schon eine Reise.

Aus: *De la cave au grenier*, 1975

414 Simenons Rolls-Royce in der Farbe ›Blue Mist‹, den er 1961 spontan am Genfer Autosalon kaufte

415 In der überdimensionierten Eingangshalle von Épalinges, 1964

412/413/416/417 Épalinges, 1960er Jahre: Wohnzimmer, Schreibzimmer, Hallenbad (oft zu Gast: die Kinder von Charlie Chaplin, der in der Nähe wohnte) und die Terrasse

418 Simenon neben der Kopie der Maigret-Statue von Delfzijl im Garten von Épalinges, 1972

419 In den 1960er Jahren in Épalinges

Jedes Mal, wenn ich mich irgendwo niederließ, dachte ich mir: Hier wirst du ein ganz unbürgerliches Haus bauen, ein Haus, das ein Gefühl der vollkommenen Freiheit vermittelt. Aber jedes Mal entstanden dann dieselben Schutzmauern. Bevor ich mir dieses Haus hier in Épalinges baute, habe ich mir 29 andere eingerichtet. Mein ganzes Leben lang habe ich solche Sachen gemacht und Unmengen Geld investiert, um alte, baufällige Schlösser und Bauernhöfe umzubauen. Eine Zeitlang hatte ich sogar 150 Kühe, Hunde und Wölfe. Die totale Unordnung hat mich immer gelockt, aber es ist merkwürdig: Seit meiner Jugend habe ich als erlösende Reaktion darauf, wenn ich so sagen darf, selbst auch den Ausgleich herbeigeführt.

Aus: *Intime Memoiren*, 1981

420 Mit Denise in London, 1960 oder 1962
421 Das Buch *Le Phallus d'Or*, unter dem Pseudonym Odile Dessane veröffentlicht, in dem Denise 1981 mit Simenon abrechnete
422 *Une femme à la mesure de l'homme (Eine Frau auf Augenhöhe des Mannes)*: Artikel aus einer Frauenzeitschrift über Denise in ihrer Rolle als Ehefrau, Mutter und als Managerin des berühmten Schrifstellers, 1954
423 Denises Büro in Échandens, 1960

Bei Denise war es Leidenschaft, eine Leidenschaft, die imstande war, einen Menschen um den Verstand zu bringen. Er nimmt bei seinem Partner nichts mehr wahr, wenn er aber etwas wahrnimmt, gestaltet er es so um, dass es nicht mehr der Wirklichkeit entspricht. Bei Denise wollte ich nicht Pygmalion spielen, was immerhin noch eine Form der Zuneigung ist. Gewiss, ich fühlte, wie schwach sie war, und, wie sie selbst sagte, war sie zu jener Zeit wie ein Vogel, hinter dem die Katze her ist. Ich versuchte, den Vogel zu retten. Ich habe es fast zwanzig Jahre versucht. Es fällt mir heute schwer, die Jahre zu verstehen, die wir zusammen verbracht haben.

Aus: *Ein Mensch wie jeder andere*, 1975

Wenn ich meinen Auszug aus Épalinges und meinen Einzug in die Wohnung in der Avenue de Cour in Lausanne mitrechne, habe ich also einunddreißigmal die Wohnung gewechselt.

Die ersten drei Male könnten auch weggelassen werden, weil es da meine Eltern waren, die umgezogen sind, und ich ja nur mit ihnen ging. Trotzdem haben auch diese Umzüge ihre Bedeutung gehabt, denn sie versetzten mich in verschiedene Umgebungen, in das Leben verschiedener Stadtviertel.

Dieses ganze Hin und Her hat manche veranlasst, von Unbeständigkeit zu sprechen. Dem ist aber nicht so.

Der Vorgang war jedes Mal gleich. Ich fing an, um mich herum ein Gefühl der Leere zu empfinden. Die Umgebung, die Möbel, die Gesichter, die ich draußen erblickte, hatten aufgehört, einen Sinn für mich zu haben. Es war fast, als gäbe es nur noch eine erstarrte Welt. Heißt das, eine Welt, deren Substanz ich aufgebraucht hatte? Es wäre anmaßend, dies zu behaupten. Jedenfalls floh ich. Denn all meine Umzüge sind Fluchten gewesen. Ich floh aus einer Welt, die nicht mehr die meine war, die aufgehört hatte, zu mir zu gehören, ein Teil meiner selbst zu sein, und mir, ob mir das nun bewusst war oder nicht, den Stoff zu einigen Romanen geliefert hatte. Manche Orte gaben mehr her als andere. Manche Situationen ebenfalls.

Ich habe nie den Reiz des Fremdartigen gesucht. Ich habe auch in meinen Büchern nicht darauf zurückgegriffen. Für mich waren Menschen überall Menschen, und ob es nun halbnackte Schwarze oder mit Blumen geschmückte Tahitianer im Pareo waren, ich suchte nie die Unterschiedlichkeit, sondern im Gegenteil die Gleichartigkeit.

Aus: *Ein Mensch wie jeder andere*, 1975

424 1973 erhielt Simenon den Ehrendoktortitel der Universität seiner Heimatstadt Liège

Au nom de S. M. le Roi des Belges,

Nous, Recteur-Président et Professeurs-Membres du Conseil Académique de l'Université de l'Etat à Liège,

En vertu des dispositions prescrites par les articles 3 et 17 de la loi du 28 avril 1953 et par les articles 6 et 7 de l'arrêté royal du 30 septembre 1964,

Sur la proposition de la Faculté de Philosophie et Lettres,

Avons décerné et décernons à Monsieur

Georges SIMENON

le diplôme honorifique de docteur «honoris causa»

Liège, le 22 mai 1973

Die letzten Jahre
1972–1989

*Ich bin vor allem ein Mensch,
der viel gearbeitet hat, der weiter arbeitet,
und der verzweifeln würde, wenn er dies
nicht bis ans Ende seiner Tage tun könnte.*

426

In dem nach seinen Plänen erbauten Haus in Épalinges bei Lausanne vollendete Simenon zwischen 1964 und 1972 27 Romane, davon 13 Fälle für Maigret. Im Februar 1972 schrieb er den 75. Maigret, *Maigret und Monsieur Charles*. Einige Monate später machte sich Simenon an seinen 213. Roman, der den Arbeitstitel *Victor* trug. Wie immer notierte er Personen und Fakten auf einem gelben Umschlag und setzte sich an die Schreibmaschine. Reine Routine. Doch bald stellte Simenon fest, dass er den Roman nicht schreiben konnte. *Victor* blieb ungeschrieben. Es folgte auch kein weiterer Roman mehr.

Die Frau, die ihn in dieser Phase seines Lebens begleitete, war die Italienerin Teresa Sburelin, seit 1961 Hausangestellte bei den Simenons. Die beiden waren sich bereits 1966 nähergekommen, als Teresa Simenon nach einem Unfall (Simenon hatte sich im Bad mehrere Rippen gebrochen) liebevoll gepflegt hatte. Nach dem Bruch mit Denise wurde sie zur letzten Liebe seines Lebens.

Simenon beschloss, mit dem Schreiben aufzuhören, und machte diese Entscheidung öffentlich. Er ließ die Berufsbezeichnung »Schriftsteller« aus seinem Pass streichen und verließ das riesige Haus in Épalinges. Mit Teresa zog er in den 8. Stock eines Wohnblocks in Lausanne. Aus dem Fenster seiner kleinen Wohnung konnte er ein rosa Häuschen sehen, mit einem Garten, der von einer riesigen Libanonzeder fast ausgefüllt wurde. Ein Wohnzimmer, zwei Zimmer, eine kleine Küche. Hier richteten sich Simenon und Teresa 1974 ein, Avenue des Figuiers 12 – Simenons letzte Adresse.

425 Mit Teresa Sburelin, der Gefährtin der letzten Lebensjahre, Anfang der 1980er Jahre
426 Lausanne, 1982. An diesem kleinen Schreibtisch schrieb Simenon, trotz seines Entschlusses, mit dem Schreiben aufzuhören, zwischen Februar und November 1980 sein großes autobiographisches Werk, *Intime Memoiren*.

Simenon als Rentner? Täglich ging er mit Teresa am See spazieren, trotz gesundheitlicher Probleme. Doch Simenon konnte nicht leben, ohne etwas zu produzieren. Er brach seinen Vorsatz, nicht mehr zu schreiben. Seine literarische Produktion nahm jedoch eine vollkommen neue Form an: Er kaufte sich ein Aufnahmegerät und besprach Tonbänder mit tagebuchartigen Einfällen und Beobachtungen, aber auch Erinnerungen. Zwischen 1975 und 1981 veröffentlichte der Verlag Presses de la Cité 21 Bände mit diesen ›Dictées‹ (Diktaten). Vor allem der separat erschienene *Brief an die Mutter* (1972) ist ein literarisches Kleinod. In die Zeit der Diktate fällt auch das berühmte Interview mit Federico Fellini für die Zeitschrift L'Express, in dem Simenon behauptete, mit 10 000 Frauen geschlafen zu haben.

In Simenons zurückgezogenes, ruhiges Leben platzte 1978 die schreckliche Nachricht vom Selbstmord seiner Tochter Marie-Jo. Simenon war umso mehr erschüttert, als Denise ihm die Schuld daran gab. Das große Alterswerk *Intime Memoiren*, das nun entstand, war nicht nur Autobiographie, sondern auch Verteidigungsschrift und Hommage an die geliebte Tochter, deren eigene Texte er im Anhang veröffentlichte. Dieses Buch, das 1981 erschien, war Simenons letztes. Nach der Veröffentlichung stand er Bernard Pivot Rede und Antwort für eine Sondersendung der vielbeachteten Literatursendung *Apostrophes*. Danach zog sich Simenon immer mehr zurück und empfing nur noch engste Freunde. 1984 wurde ihm ein Gehirntumor operativ entfernt. Simenon erholte sich zunächst gut, doch ab 1987 verschlechterte sich sein Gesundheitszustand wieder. In der Nacht vom 3. auf den 4. September 1989 starb Georges Simenon im Schlaf in einem Hotel in Lausanne. Ungeachtet der Wellen, die die Nachricht von Simenons Tod in der Weltpresse schlug, verstreute die treue Teresa wenige Tage später seine Asche unter der Zeder im Garten – dort, wo Jahre zuvor auch die Asche von Marie-Jo verstreut worden war.

427 Gelber Umschlag für Simenons letzten Roman *Victor*, der nie geschrieben wurde, 1972

428 Deutsche Erstausgabe von *Als ich alt war*, Diogenes, 1977

429 Cover der belgischen Zeitschrift *Le Soir illustré* mit der Schlagzeile: *Georges Simenon rentier (Georges Simenon als Rentner)*, 1977

Ich habe beschlossen, keine Romane mehr zu schreiben. Heute spreche ich zum ersten Mal darüber. Ich habe die Berufsbezeichnung »Schriftsteller« aus meinem Pass tilgen lassen. Ich bin jetzt »ohne Beruf«.

In einem Interview mit Henri-Charles Tauxe, *24 heures*, 1973

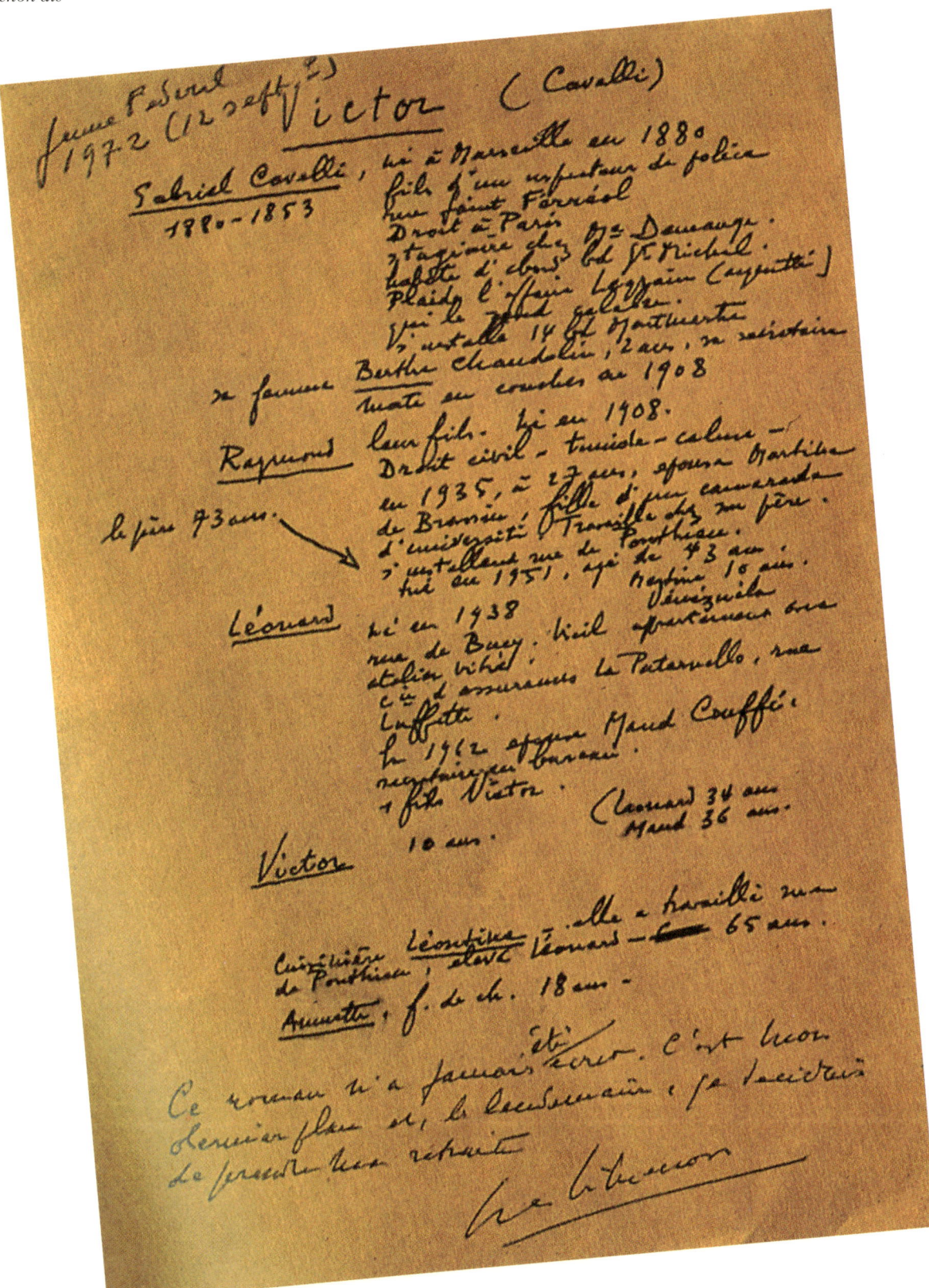

Im September ging es nach Épalinges zurück. Am 18. September, einem Feiertag wegen des Eidgenössischen Dank-, Buß- und Bettages, ging ich in mein Arbeitszimmer hinunter, um dort den ›gelben Umschlag‹ für einen neuen Roman vorzubereiten, den zu schreiben ich mich entschlossen hatte. Es war neun Uhr, als ich mich einschloss. Es ging darum, die Namen für die in meinem Roman auftretenden Personen festzulegen, ihre Personalien, ihre Herkunft, manchmal auch die Namen ihrer Spielkameraden in der Kinderzeit – alles Angaben, von denen ich später gewöhnlich nur einen kleinen Teil verwendete. Ich musste es aber wissen, musste die Leute kennen, und zeichnete einen Grundriss von ihrem Haus auf, oft auch einen Plan von dem Viertel, in dem sie wohnten … Noch ein paar Namen, einige Notizen. Das, was ich als meine »Pläne« bezeichnete, waren in Wirklichkeit nie solche in der Bedeutung des Wortes gewesen, denn ich erdachte die Aktionen und Reaktionen meiner Helden je nach Bedarf, Kapitel für Kapitel, und deckte stets die Lösung erst auf der letzten Seite auf. Bei ›Victor‹ sollte es nicht so ablaufen. Ungefähr zweihundertzwanzigmal hatte dieses System tadellos funktioniert.

Aus: *Intime Memoiren*, 1981

Wann genau ich meine Entscheidung revidierte und mich dazu entschloss, gar keine Romane mehr zu schreiben, kann ich nicht einmal genau sagen, aber dies war in den folgenden Wochen, und mein Entschluss wurde mit derselben Schnelligkeit, derselben Sicherheit getroffen wie der, Épalinges zu verlassen.

Im Gegensatz zur Auffassung vieler Leute löste dies in mir ein Gefühl unendlicher Erleichterung aus. Ich hatte plötzlich das Gefühl, ich selbst zu sein. Ich begegnete Empfindungen wieder, die ich mit sechzehn gehabt hatte, als ich meinen ersten Roman schrieb und mit hocherhobenem Kopf und in den Taschen vergrabenen Händen durch die Straßen von Lüttich lief. Die Leute waren nicht mehr dieselben. Die Umgebung auch nicht, sogar die Bäume und Rasenflächen hatten gewechselt. All dies hatte den Charakter bloßer Dekoration verloren. Es war dies nun kein Stoff mehr für eine Geschichte, einen Roman, eine mehr oder weniger ausgefeilte Studie über einige wenige Menschen.

Ich hatte es nicht mehr nötig, in die Haut der Menschen zu schlüpfen, denen ich begegnete. Ich steckte nun in meiner eigenen Haut, vielleicht zum ersten Mal seit fünfzig Jahren.

Ich jubelte, ich war erlöst. Ich bin es noch immer. Innerhalb weniger Tage, weniger Stunden änderte sich alles für mich. Vorher war mir nicht einmal aufgefallen, wie sehr mich meine Romanfiguren und ihre jeweiligen Lebensumstände beherrscht hatten. Dies hatte sich sicher in meinem Unterbewusstsein abgespielt, denn ich ›beobachtete‹ weder Menschen noch Dinge mit dem Hintergedanken, sie möglicherweise einmal zu verwerten. Zweifellos hatte dies mein sehr gut geschultes Gehirn für mich getan. Dieser Bereich konnte nun stillgelegt werden, weil er zu nichts mehr nütze gewesen wäre. Endlich bin ich wieder ich selbst!

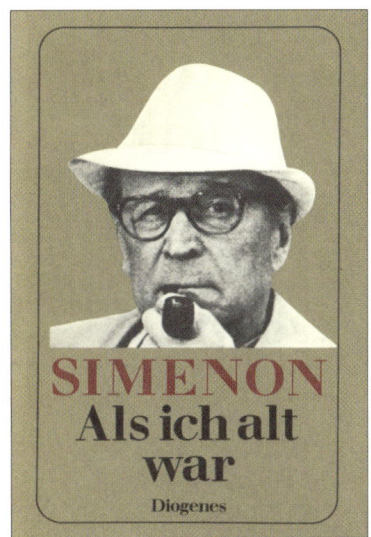

Aus: *Intime Memoiren*, 1981

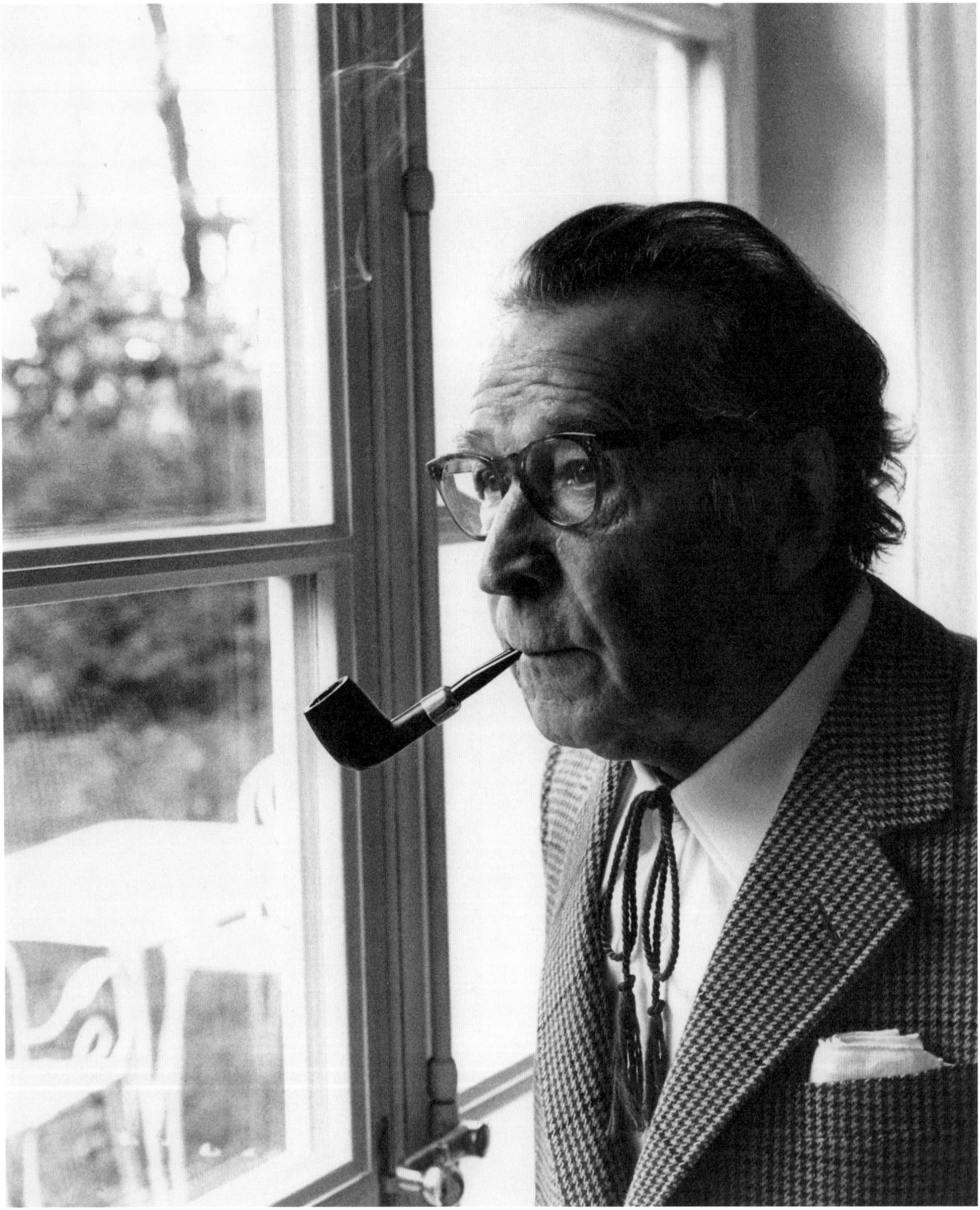

430

Wissen Sie, Fellini, ich glaube, dass ich in meinem Leben ein ärgerer Casanova war als Sie! Vor ein oder zwei Jahren habe ich nachgerechnet! Mit dreizehneinhalb habe ich angefangen und mit 10 000 geschlafen. Ich war überhaupt nicht lasterhaft, ich bin in keiner Weise pervers, aber ich brauche den Kontakt. Und selbst die 8 000 Prostituierten, die zu den 10 000 zählen, waren Menschen, weibliche Menschen. Ich hätte gerne alle Frauen gekannt. Leider konnte ich wegen meiner Ehen keine wirklichen Abenteuer ausleben. Es ist unglaublich, wie oft ich in meinem Leben zwischen Tür und Angel Sex gehabt habe. Aber es genügt nicht, den menschlichen Kontakt zu suchen, um ihn zu finden. Man findet vor allem gähnende Leere, nicht wahr?

Im Gespräch mit Federico Fellini, *L'Express*, Paris, 1977

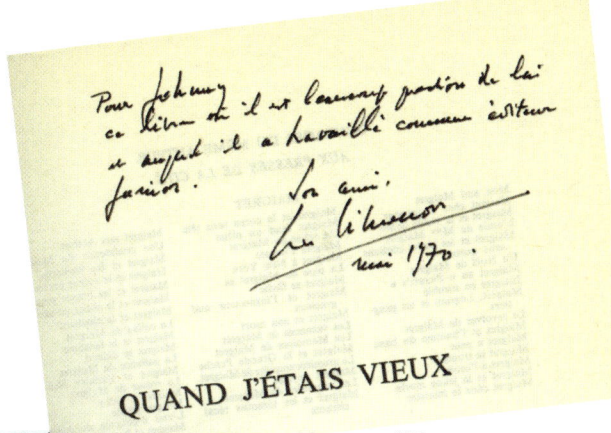

430 Lausanne, 1981
431 Widmung für den Sohn John im Buch *Als ich alt war*, 1970
432 Simenon vor seinem letzten Wohnhaus in Lausanne, inmitten eines Neubauviertels, Ende der 1970er Jahre
433 Cover der Pariser Zeitschrift *L'Express* vom 21. Februar 1977 mit dem berühmt gewordenen Gespräch zwischen Simenon und Fellini, in dem Simenon erzählte, er hätte in seinem Leben 10 000 Frauen gehabt

Um nebenbei auf Legenden einzugehen, die aus mir einen Sexbesessenen machen, erlaube ich mir, darauf hinzuweisen, dass ich ganz normale Neigungen habe und ich nicht der Einzige bin, der, seit meiner frühesten Jugend an, von zwingenden sexuellen Bedürfnissen getrieben wurde.
Ich habe von meiner Vorliebe für schöne Materialien gesprochen, von dem, was ich edle Materialien nenne. Gibt es eine herrlichere Materie als die Haut, das Fleisch einer Frau? Gibt es eine engere Verbindung zwischen zwei Wesen als die Paarung?
Ich habe fanatisch ›die Frau‹ gesucht, die wirkliche Frau, so wie sie die Natur geschaffen hat.

Aus: *Intime Memoiren*, S. 543

434 Mit Teresa, 1980er Jahre

435 Französische Erstausgabe der autobiographischen Aufzeichnungen *Als ich alt war*, Presses de la Cité, 1970

436 Französische Erstausgabe von *Je me souviens*, Presses de la Cité, 1945. 1948 überarbeitet und im gleichen Verlag erschienen unter dem Titel *Pedigree* (Deutsch: *Stammbaum*)

437 Simenon unter der Zeder in seinem Garten in Lausanne, Ende der 1970er Jahre

Die Liebe zwischen Teresa und mir ist langsam gewachsen. Mit Teresa habe ich die wahre Liebe, was ich die wahre Liebe nenne, erfahren, das heißt, die völlige Verschmelzung zweier Menschen, die etwas fertig bringen, das nur den Wenigsten glückt: praktisch vierundzwanzig Stunden am Tag zusammen zu sein, und das nun schon fast zwanzig Jahre. Kennen Sie viele Paare, die rund um die Uhr zusammen sein können, ohne eine einzige Verschnaufpause? Wenn ich zum Arzt gehe, kommt Teresa mit; wenn Teresa zum Arzt muss, sogar zum Gynäkologen, gehe ich mit und warte im Wartezimmer. [...] Anfangs habe ich Teresa alle meine Frauengeschichten erzählt, denn ich hatte noch lange welche, und unsere Liebe ist ebenso körperlich wie geistig...

In einem Interview mit Bernard Pivot, *Apostrophes*, 1981

434

Im November stieß Teresa, die kaum Zeitungen las, weil sie zu viel zu tun hatte, mich in mehr oder weniger guter Verfassung zu halten, zufällig auf eine kleine Anzeige, die sie mir mit freudigem Gesicht vorlegte. Ein kleines Haus war in Lausanne zu verkaufen, in einem verborgenen Winkel, ringsum von Grün umgeben.

Vom Balkon aus sahen wir »unser rosafarbenes Häuschen« an, das dem Text der Anzeige zu entsprechen schien, und ich telefonierte mit der Société Immobilière, derselben Maklerfirma, durch die wir das Appartement im Hochhaus gekauft hatten.

»Sie sind mindestens der dreißigste Interessent, der uns seit heute Morgen anruft, Monsieur Simenon. Weil Sie schon unser Kunde sind, sind wir bereit, Ihnen das Vorrecht einzuräumen.«

Wir inspizierten das Häuschen. Eines der Zimmer zu ebener Erde liegt mit zwei Fenstern und einer großen Glastür zur Gartenseite hin. In diesem Garten steht die älteste Libanon-Zeder der Stadt, die über zweihundertfünfzig Jahre alt ist.

Aus: *Intime Memoiren*, 1981

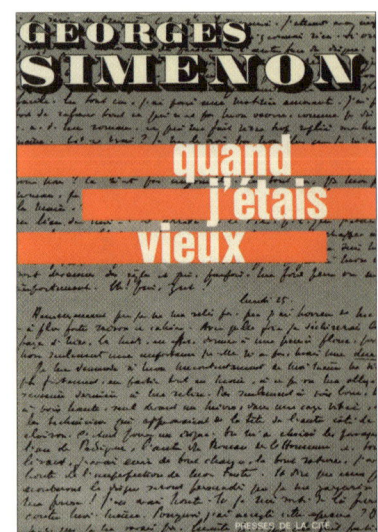

435

436

437

Ich hatte den wohltuenden Eindruck, zu mir selbst zurückzukehren, in einen Rahmen, der meinen jetzigen Maßstäben entsprach [...]. Die kostbaren Möbel, die Gemälde, die Nippsachen und der größte Teil meiner Bibliothek wanderten in ein Möbellager, wo sie noch heute eingelagert sind.
Kaum hatten wir uns in der Avenue de Cour häuslich eingerichtet, fuhren Teresa und ich mit einem Leihwagen nach Valmont. Denn ich hatte auch meine fünf Autos an einem einzigen Tag verkauft. Es gab keinen Chauffeur mehr, keinen Gärtner, keinen Küchenchef mehr mit weißer Mütze und zahlreichem Personal ...
    Aus: *Intime Memoiren*, 1981

438–444 Lausanne, 1982. Simenon, der viel reiste und unzählige Male umzog, wohnt am Ende seines Lebens in einem einzigen Zimmer, denn das Wohnzimmer dient ihm und Teresa auch als Schlafzimmer. Er macht kurze Spaziergänge in der Nachbarschaft, und auch in den Ferien reist er nicht – er verbringt sie in einem Luxushotel in Lausanne, nur fünf Minuten von zu Hause entfernt.

441/443 Mit Teresa, 1982

442 Simenons letzte Adresse in Lausanne, das sogenannte rosa Häuschen in der Avenue des Figuiers, 1981. Dieser 33. Wohnort ist auch derjenige, in dem Simenon am längsten lebte: fünfzehneinhalb Jahre.

Eines Tages feierten wir den ersten Kurzfilm meines Sohnes Marc, ›Tabarly‹, und an jenem Tag habe ich ihm auch die Kinorechte für ›Les dossiers de l'agence O‹ abgetreten, die er ja dann auch verfilmt hat.

Wir hatten viel getrunken. Ich vor allem hatte viel getrunken, denn trotz ihrer Zuneigung konnten mich meine Kinder nicht von dem Gefühl der Einsamkeit befreien.

Ich ging ins Badezimmer und schloss die Tür ab. Kurz darauf bin ich auf dem Marmorboden ausgerutscht und lag da auf dem Fußboden und konnte mich nicht mehr rühren.

Ich habe geschrien. Das Haus, in dem die Leute alle irgendwo verstreut waren, war zu groß, als dass man mich hätte hören können. Mit verzweifelter Anstrengung versuchte ich, das Türschloss zu erreichen. T. [Teresa] kam dann, weil sie sich angewöhnt hatte, immer in meiner Nähe zu sein, das macht sie heute noch, und ich nannte sie deshalb meinen Schutzengel.

Ich wurde auf ein Sofa gelegt. Ich verkündete, ich hätte mir sieben Rippen gebrochen. Als mein Hausarzt kam, widersprach er und reduzierte die Zahl auf fünf. Dann war der Chirurg an der Reihe, und er nannte die Zahl sechs.

Man gab mir eine Morphiumspritze und brachte mich zu Bett, von wo aus ich am nächsten Morgen mit einem Krankenwagen in die Klinik gebracht wurde. T. ist mit mir gefahren. Auch dort wurde ihr ein Feldbett bewilligt. Wir waren den ganzen Tag zusammen. Meiner Meinung nach war das der Anfang.

Als wir zwei Wochen später nach Épalinges zurückkehrten, wurde ihr Bett aus dem Boudoir in mein Zimmer gebracht. Es war schmal und hart wie alle Feldbetten. Sie hat sich nie beklagt. Und beim leisesten Seufzer stand sie an meinem Bett.

Ich habe sie nie gefragt, wann sie begonnen hat, mich zu lieben. Ich jedenfalls liebte sie, und alle Vergangenheit war für mich wie ein böser Traum.

Aus: *Ein Mensch wie jeder andere*, 1975

Als Schriftsteller habe ich nicht das Gefühl, den Menschen wirklich ganz erfasst zu haben, so wie ich es gern wollte. Und rein persönlich bin ich weit davon entfernt, meinen inneren Frieden gefunden zu haben. Als Familienvater muss ich mir jeden Tag wieder meine Unbeholfenheit und mein mangelndes Verständnis meinen Kindern gegenüber vorwerfen. Früher stellte ich mir immer vor, die Alten, zu denen ich mich langsam auch zähle, wären inzwischen ein bisschen weise und wenn schon nicht ganz mit sich im Reinen, dann doch einigermaßen mit ihrem Leben zufrieden. Doch das stimmt überhaupt nicht. Mit dem Älterwerden behält man alle seine Mängel aus der Kindheit und Jugend, aber da man weniger Schneid hat und weniger vital und nachsichtig ist, findet man immer weniger Entschuldigungen für sich.

In einem Interview mit Gilbert Graziani, *Paris-Match*, 1967

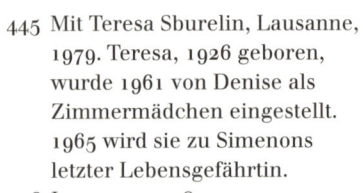

445 Mit Teresa Sburelin, Lausanne, 1979. Teresa, 1926 geboren, wurde 1961 von Denise als Zimmermädchen eingestellt. 1965 wird sie zu Simenons letzter Lebensgefährtin.

446 Lausanne, 1981

447 Am 80. Geburtstag, Lausanne, 1983
448 An seinem 75. Geburtstag, Avenue des Figuiers, Lausanne, 1978
449 Lausanne, 1981

450

In Wirklichkeit bin ich mit siebzig immer noch der kleine Junge und der Halbwüchsige, der ich einmal war, und meine Gedanken, meine Gefühle, meine Einsichten sind die eines kleinen Buben. Das war mein Leben lang so, ohne dass ich mir darüber im Klaren war, daher spreche ich von Entdeckungen. Sicherlich habe ich zahlreiche Kindheitserinnerungen, die zum Teil von einer außerordentlichen Präzision sind. Aber diese Erinnerungen zählen nicht; nur das Menschenkind, das ich geblieben bin. […] Mit siebzig handle, denke und verhalte ich mich nicht anders als der Bub aus Outremeuse.

Aus: *Ein Mensch wie jeder andere*, 1973

Man bleibt immer ein Kind seiner Geburtsstadt. Von seiner Mutter kann man sich aus dem einen oder anderen Grund trennen, aber von der Stadt, in der man seine früheste Kindheit verbracht hat, nicht. Deshalb findet man in meinen Romanen Lüttich auch in anderen Städten wie Nantes oder Charleroi wieder, wohin ich meine Geburtsstadt verlegen musste, denn ich konnte schließlich nicht immer über die gleichen Straßen und dieselbe Stadt schreiben. […] Ich gehöre zu Lüttich, aber nicht zu Belgien. Ich gehöre zum Fürstentum Lüttich …

In einem Interview mit Maurice Piron und Robert Sacré, 1982

450 In den Straßen von Liège, 1952. 1978 wird in Simenons Heimatstadt eine Rue Georges Simenon eingeweiht.

451 Mit der Tochter Marie-Jo, 1959
452 Französische Erstausgabe der *Intimen Memoiren*, Presses de la Cité, 1981
453/455 Marie-Jo als Teenager und als junge Frau, 1970er Jahre.
Am 20. Mai 1978 erfährt Simenon, durch einen Anruf seines Sohnes Marc, dass seine einzige Tochter am Tag oder in der Nacht zuvor im Alter von 25 Jahren Selbstmord begangen hat. Daraufhin schreibt Simenon die *Intimen Memoiren*.

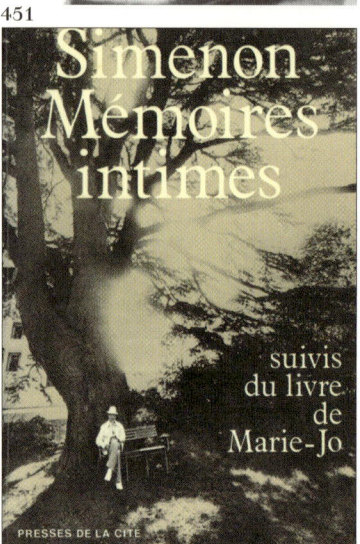

Es war kurz vor sieben Uhr abends. Teresa und ich aßen jetzt immer um sechs. Wir hatten uns bereits vom Tisch erhoben und zuckten zusammen, als das Telefon klingelte, denn es war Samstag, für uns fast immer ein stiller Tag.
Ich erstarrte, als ich hörte, dass das Hôpital Cochin in Paris anrief, genauer gesagt die dortige Intensivstation.
»Monsieur Simenon persönlich am Apparat? Ich muss Ihnen leider mitteilen, dass Ihre Tochter Marie-Jo hier unter dem Sauerstoffzelt liegt. Wir haben schon alles getan, was in unseren Kräften steht, aber sie befindet sich immer noch im Koma.«
  Aus: *Intime Memoiren*, 1981

454 Manuskript der ersten Seite der *Intimen Memoiren*, 1980. Der Text beginnt mit den Sätzen: »Mein kleines Mädchen, ich weiß, dass du tot bist, und dennoch ist es nicht das erste Mal, dass ich dir schreibe...«
456 Lausanne, 1981

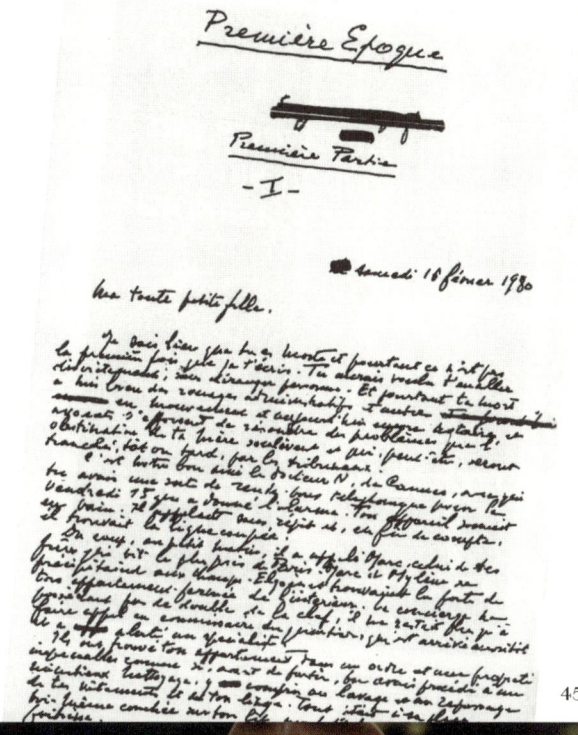

Ich begann diese Memoiren für meine Tochter am 16. Februar 1980. Acht Stunden täglich schrieb ich an dem kleinen Schreibtisch da. Gefangen in meinen Erinnerungen, ohne Notizen. Durch das lange Sitzen mit angewinkelten Beinen war ich abends so steif, dass ich kaum gehen konnte. Um es bis zu unserem Bett zu schaffen, musste ich mich auf Teresa stützen. Das war hart. Sehr hart. Ich weinte beim Schreiben. Die letzten Seiten, spät abends, waren fast unleserlich. Meine Schrift krümmte und duckte sich, genau wie ich. Als im November das Manuskript fertig war, musste man einen Mikrofilm davon herstellen, um es abtippen zu können. Die vergrößerten Bilder wurden an die Wand projiziert. Das Tippen nahm über vier Monate in Anspruch.
  In einem Interview mit Raphaël Sorin, *Le Monde*, 1981

Als ich siebzig wurde, habe ich beschlossen, mit dem Schreiben aufzuhören. Die Anspannung wurde immer unerträglicher. Rein körperlich hielt ich sie fast nicht mehr aus, und da trat ich in den Ruhestand. Allerdings habe ich gleich am nächsten Tag in der Rue de Bourg in Lausanne ein Tonbandgerät gekauft, das einfachste Modell. Für mich war das ein Spielzeug, ein Zeitvertreib, wie Kreuzworträtsel zum Beispiel. So habe ich ›Ein Mensch wie jeder andere‹ auf Band gesprochen.

Aus: *Je suis resté un enfant de choeur*, 1977

Ich habe mein letztes ›Diktat‹, ›Destinées‹, mit folgendem Satz beendet: »Ich kann mir nicht vorstellen, dass ich leben kann, ohne mich zu äußern.« Nachdem diese Memoiren abgeschlossen sind, hoffe ich, meinen inneren Frieden gefunden zu haben.

In einem Interview mit Raphael Sorin, *Le Monde*, 1981

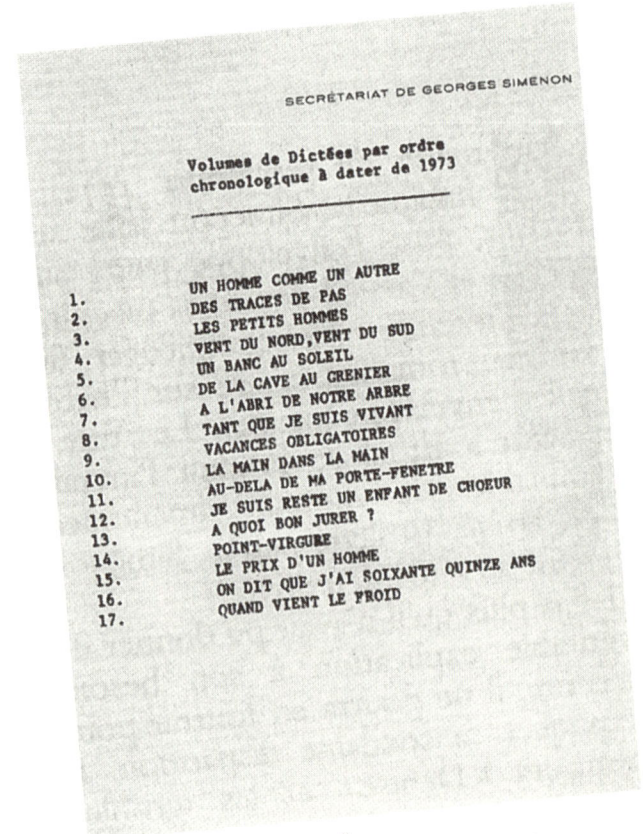

457 Übersichtsliste des Simenon-Sekretariats über die Bücher mit Simenons Tonband-Aufzeichnungen, die ab 1973 erschienen. Bis 1979 wurden 21 sogenannte ›Dictées‹ veröffentlicht, nur der erste Band *Un homme comme un autre (Ein Mensch wie jeder andere)* erschien 1978 auf Deutsch.

458 Vor seinem Tonbandgerät, Lausanne, Mitte der 1970er Jahre

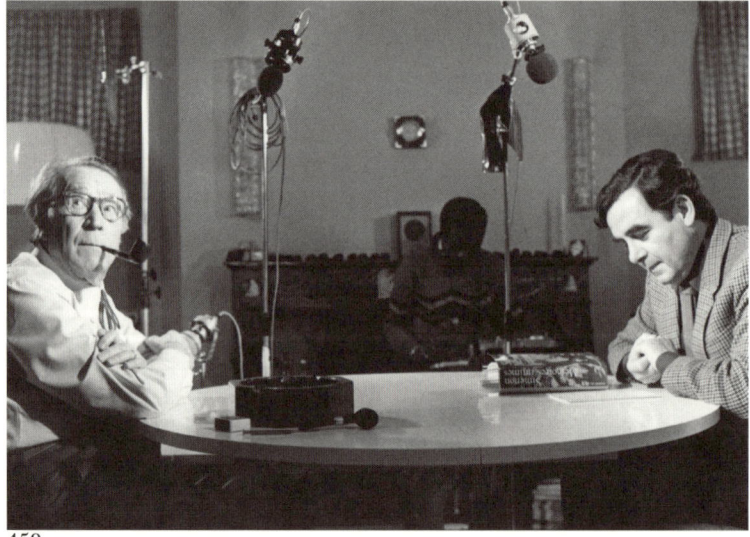

Wenn ich meinen Kindern notariell verbieten lasse, mich auf dem Totenbett zu sehen und an meinem Begräbnis teilzunehmen, so damit sie nicht dieses als letztes prägendes Bild von mir in Erinnerung behalten. Auch an der Einäscherung sollen sie nicht teilnehmen. Was D. betrifft, wäre es der Gipfel, wenn sie dann herkäme, um sich als trauernde Witwe aufzuspielen. Ich habe also veranlasst, dass dereinst die Nachricht von meinem Tode so lange wie möglich zurückgehalten und dass bei der Einäscherung, die nur zweihundert Meter von meinem rosa Häuschen entfernt stattfinden wird, nur Teresa, Aitken, mein Hausarzt zugegen sein dürfen.

Aus: *Au-delà de ma porte-fenêtre*, 1976

459 Bei einem Interview mit Bernard Pivot für die Literatursendung *Apostrophes*, 1981. Es war Simenons letzter großer öffentlicher Auftritt zum Erscheinen der *Intimen Memoiren*.

460 Lausanne, 1975

461/462 Simenon, Mitte 1980er Jahre, von Krankheit gezeichnet. 1984 wurde Simenon ein Gehirntumor entfernt.

463 Simenon unter der Libanon-Zeder, 1975. Auf Wunsch von Marie-Jo hatte Simenon nach dem Selbstmord seiner Tochter 1978 deren Asche unter der Zeder verstreut. Auch Simenons Asche wurde nach seinem Tod am 4. September 1989 unter der Zeder verstreut. Simenons letzte Worte: »Endlich, ich werde schlafen.«

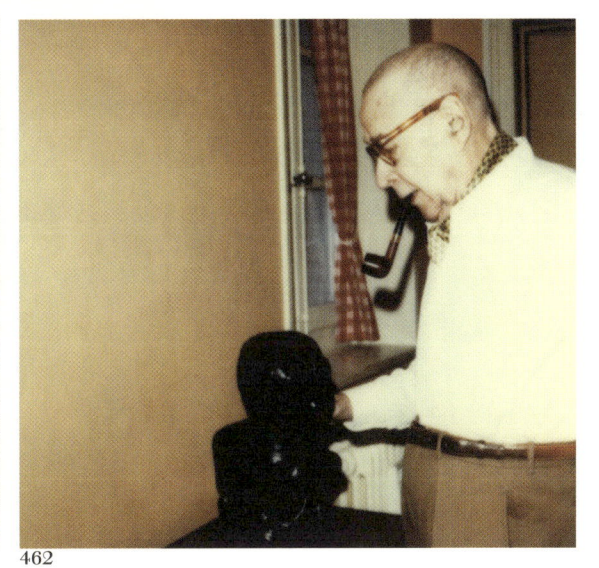

Seit ich mit dem Schreiben aufgehört habe, beschwöre ich für mich allein des Öfteren diese oder jene Periode meines Lebens, dieses oder jenes Ereignis aus der Vergangenheit herauf. Und ich frage mich: Was bleibt davon in mir?
Eine Menge. Ich fühle mich reich an Erinnerungen, aber nicht an Dingen, die zum damaligen Zeitpunkt der Rede wert gewesen wären. Die Erinnerungen, die jetzt ein Teil meiner Existenz sind, das sind die Strahlen der Sonne, der Regen, der Geschmack von Eis, die langen einsamen Spaziergänge in den verschiedenen Vierteln von Paris mit den Zwischenstationen in einem Bistro im alten Stil, wo Gäste miteinander reden, ohne sich zu kennen.
Was in meinem Leben zählte, das war die Wärme der Sonne auf meiner Haut, oder die eines Holzfeuers an einer Feuerstelle im Winter, und besonders die Märkte in La Rochelle, in Cannes, in Connecticut und anderswo. Der Geschmack der Gemüse und Früchte. Der Metzger, der in riesige Fleischstücke schneidet. Fisch, der auf großen Platten liegt. Wenn ich etwas in meinem Leben gelernt habe, dann, dass all das gut und wichtig ist. Der Rest ist bloß Anekdote und Stoff für die Presse.
   Aus: *Les petits hommes*, 1976

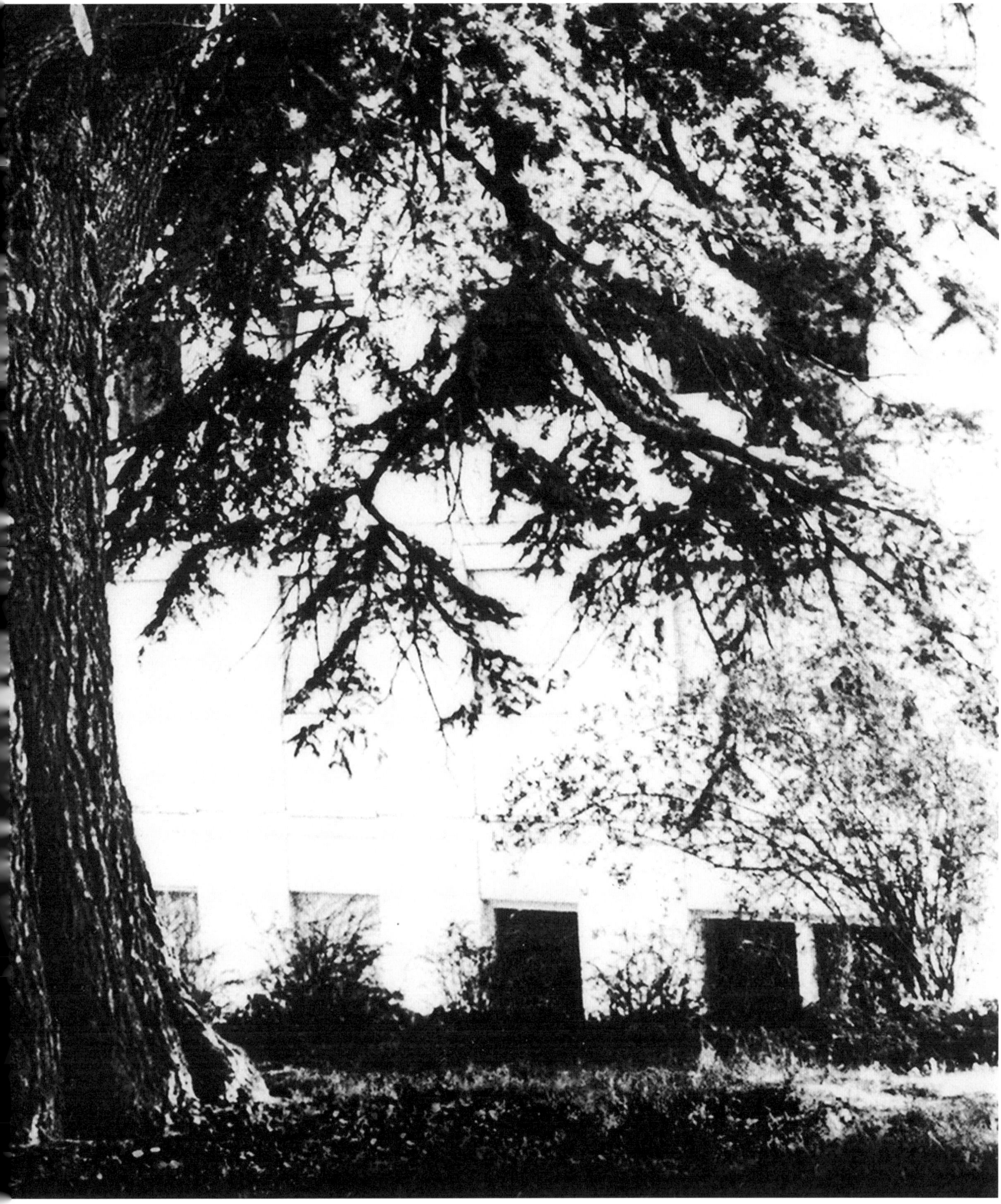

Ein Mensch
wie jeder andere

464

*Wenn ich von der Suche nach
dem Menschen spreche, meine ich damit
die Suche nach mir selbst, da ich auch
nur ein Mensch wie alle anderen bin.*

465

Nachdem Simenon 1972 die Berufsbezeichnung »Schriftsteller« aus seinem Pass streichen ließ und verkündet hatte, er trete in den Ruhestand, konnte er doch nicht schweigen. Er begann, Erinnerungen und Gedanken auf Tonbänder zu diktieren. Bis 1979 erschienen 21 Bände mit diesen ›Dictées‹, der erste davon unter dem Titel: *Ein Mensch wie jeder andere*.
Simenon – ein Mensch wie jeder andere? Simenon, der bereits zu Beginn seiner Karriere durch die schiere Menge seiner Produktion als Ausnahmeerscheinung bezeichnet wurde? »Ich kann es nicht leiden, wenn man mich als das ›Phänomen Simenon‹ oder als das ›Rätsel Simenon‹ bezeichnet«, sagte er in einem Gespräch mit Bernard Pivot. »Ich bin weder ein Phänomen noch ein Rätsel, sondern einfach nur ein Handwerker, der seinen Beruf sechzig Jahre lang ausgeübt hat, mehr nicht.«
Wirklich? Simenon beeindruckt auch als Mensch durch seine Neugierde, seine Lebenslust, seinen Lebenshunger, seine Unstetigkeit, seine Energie, seine vielfältigen Interessen, seine Maßlosigkeit. Berühmt-berüchtigt ist die Zahl der 10 000 Frauen, mit denen Simenon geschlafen haben soll.
Maßlos war Simenon auch auf anderen Gebieten. Er ist um den Erdball gejagt wie ein rasender Reporter, in einer Zeit, als das Reisen noch einer kleinen Elite vorbehalten war. Er hat Afrika gesehen, Südamerika, Tahiti, Australien, er war in Osteuropa, auf den Galapagos-Inseln. Er hat in Frankreich, Kanada, Florida, Kalifornien, Arizona und der Schweiz gelebt, in Schlössern und Herrenhäusern gewohnt, in Luxusappartements und auf dem Land. Dreiunddreißig Mal wechselte Simenon in seinem Leben den Wohnort. Er bereiste auf eigenen Schiffen die Kanäle Frankreichs und die Küsten Europas, hatte eigene Pferde, fuhr amerikanische Schlitten, einmal sogar eine Mercedes-Sonderkonstruktion, von der es nur ein Exemplar gab, oder er ließ sich im Rolls-Royce chauffieren.
Neben all dem Luxus war Simenon auch ein Mensch, der sich

464 Beim Spaziergang in der Gegend von Échandens, 1960
465 Mit Denise in Échandens, 1962

an den kleinen Dingen des Lebens erfreute und seine Marotten hatte, der etwa jeden Tag spazieren ging, in der Zeit in Épalinges bei Lausanne fast täglich denselben Weg. Ein Vater, der mit seinen Kindern gern den Wochenmarkt besuchte. Ein Mann, der sich beim Angeln oder Golfspielen entspannte, der sein Leben lang Pfeife rauchte (und aus einer Sammlung von 200 Pfeifen auswählen konnte; Dunhill kreierte eigens für ihn eine Tabakmischung, den Maigret Cut). Auch als millionenschwerer Bestsellerautor blieb Simenons Interesse für den ›einfachen‹ Menschen wach, zum Beispiel für einen Winzer in der Nähe von Échandens, mit dem er während seiner Spaziergänge zu plaudern pflegte. »Das Lüttich meiner Kindheit hat mir den einfachen Mann nahegebracht, der nicht unbedingt ganz unten auf der sozialen Leiter steht – ich nenne ihn den kleinen Mann. Und mein Leben lang diente mir der kleine Mann als Maßstab. Einen anderen kannte ich nicht.«

In seinem Werk war Simenon leidenschaftlich auf der Suche nach dem *homme nu*, dem nackten oder bloßen Menschen. Vielleicht kam er dem Ziel seiner Suche am Ende seines Lebens so nah wie nie zuvor: 1973 trennte er sich radikal von dem ganzen Ballast des Luxus, verkaufte seine Picasso-Gemälde und seine Nobelkarossen, entließ die Bediensteten und schenkte seiner Heimatstadt Lüttich sein Archiv und seine Privatbibliothek. Im Jahr darauf zog er mit seiner letzten Liebe, Teresa, in ein einfach eingerichtetes rosa Häuschen mit kleinem Garten in der Vorstadt von Lausanne und lebte dort das ruhige, zurückgezogene Leben eines Rentners.

Wie Diogenes hat man einen Menschen gesucht. Weil schon ein einziger genügen würde! Man hat um sich herum, in sich drinnen nach ihm gesucht.

Sollte jemand am Ende all dieser Suche einen Menschen entdeckt haben – und sollte derjenige dann auch noch er selbst sein –, mir ist dieser Jemand jedenfalls noch nicht begegnet.

Das würde aber alles verändern. Auf einer solchen Grundlage könnte man etwas aufbauen ... ich weiß nicht genau, was ... nicht eine Moral, damit habe ich nichts zu tun ... vielleicht eine Welt, die wirklich unseren Maßstäben entspricht?

Aus: *Als ich alt war*, 1961

466/467 In Paris, 1952
468 Cover der deutschen Erstausgabe von *Ein Mensch wie jeder andere*, Diogenes, 1978

467

468

Ich bin eben umherspaziert. Ich könnte diesen Satz jeden Morgen und jeden Nachmittag wiederholen. Ich hätte ihn schreiben können, seit ich fünf oder sechs Jahre alt war. Ich gehe nicht aus Gründen der Gesundheit oder um abzunehmen spazieren. Ich gehe, weil mir das Gehen Vergnügen bereitet; denn es ist für mich ein richtiges Vergnügen und ist manchmal sogar ein wenig aufregend. Ich glaube trotzdem, dass der griechische Philosoph recht hatte: »Das Gehen fördert die Arbeit des Geistes.«

Alle meine Romane sind mir beim Gehen eingefallen. Und wenn ich in meinem Arbeitszimmer, das nur Geschäften vorbehalten ist, ein wichtiges Gespräch führe, muss man mich für einen Besessenen halten, weil ich ununterbrochen aufstehe, manchmal ein paar Mal im Zimmer herumlaufe, mich wieder hinsetze, von neuem aufstehe. Niemals bin ich bei einer Unterhaltung auch nur eine Viertelstunde ruhig in meinem Sessel sitzen geblieben.

Aus: *Ein Mensch wie jeder andere*, 1975

469 Échandens, 1960.
   Während seiner Spaziergänge entlang der Felder der Moinats bei Échandens arbeitete Simenon in Gedanken an seinem nächsten Roman.

470/471
   Simenon am Zeitungskiosk, Lausanne, 1960

472 Paris, 1969

469

470

471

472

Die verschiedenen Zeitungsrubriken – »Unglücksfälle und Verbrechen«, »Märkte und Ausstellungen«, »Umzüge«, »Ferienaufenthalte«, »Hochzeiten«, »Todesfälle« (manche Anzeigen zu Familienverhältnissen) –, das sind die wahren Romanstoffe.

In einem Brief an André Gide, 1939 (Aus: *Das Simenon Lesebuch*)

Ich wollte es genau wissen, ich wollte ›den Menschen‹ kennenlernen. Mein Leben lang habe ich den Menschen nachgespürt, den Menschen aller Klassen, aller Kategorien. Um die Menschen zu kennen, genügt es nicht, Zeitungen zu lesen oder sie von weitem zu beobachten: Man muss dazugehören.

In einem Interview mit Bernard Pivot, *Apostrophes*, 1981

Meine Figuren handeln in Abhängigkeit von ihrer Umgebung, der Atmosphäre, die sie umgibt. Die Kritiker, die von der berühmten »Simenon-Atmosphäre« reden, öden mich an. Was heißt schon Atmosphäre? Wenn es keine Atmosphäre gäbe, wie würden wir dann atmen?

In einem Interview mit Maurice Piron und Robert Sacré, 1982

473

473/474
Um 1960, auf dem Genfer See und vor dem Café du Port im Hafen von Morges. Simenon hatte von jung auf eine Leidenschaft für das Angeln. Als Kind hat er mit seinem Vater in Liège geangelt, dann mit Tigy auf der Insel Porquerolles, später auch in den USA in Florida und Connecticut.

474

Zur Angelzeit fuhr ich sonntags, wenn D. »arbeitete« oder vielmehr »sich zu Tode arbeitete«, wie sie es jedem sagte, der es hören wollte, mit Johnny und Marie-Jo zum Hafen nach Morges, wo wir uns in einer kleinen grüngestrichenen Baracke Fleischfliegen besorgten. Jeder hatte seine Rute, seine Angelschnur. Wir gingen auf die Mole und angelten alle drei in dem Hafenbecken, wo das Wasser noch klar war.

Johnny zog als Erster einen Weißfisch heraus, aber er weigerte sich, ihn vom Haken zu nehmen, so wie er auch keine Fliege aufspießen wollte. Er angelte mit einer nie erlahmenden Aufmerksamkeit, so wie er alles machte, und er war es, der die meisten Fische mitbrachte.

Marie-Jo verlor anfangs den Mut, aber dann erwischte sie eine Glückssträhne, so dass wir mit einem Netz voll silbriger Fische zurückkehrten. Die Kinder wollten sie unbedingt zu Mittag essen, zum großen Unwillen von Boule, die »all diese kleinen Tiere«, wie sie sagte, abschuppen und ausnehmen musste.

Ich hatte die Gelegenheit, ein Motorboot zu kaufen, und zusammen mit Johnny widmete ich mich hartnäckig eine Zeitlang dem Angeln von Barschen mit vier Angelhaken.

   Aus: *Intime Memoiren*, 1981

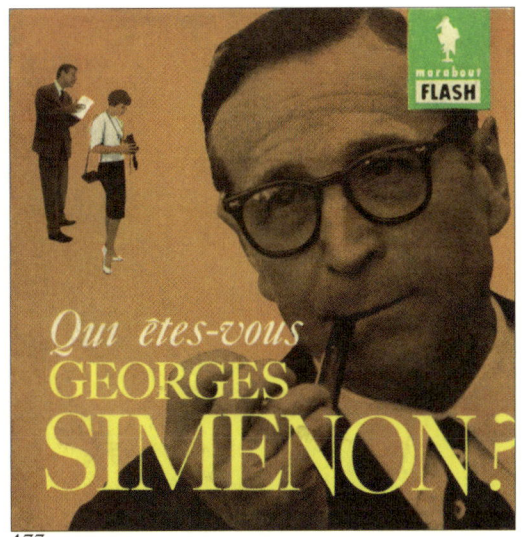

475 Im Hafen von Morges, um 1960
476 Beim Angeln in Anthéor in Frankreich, 1934
477 *Qui êtes-vous, Georges Simenon?* (Wer sind Sie, Georges Simenon?), Buch über Simenon im Verlag Marabout, 1959
478 Morges, 1958

Ich bin wie besessen vom Menschen. Nicht so sehr von seinen Fähigkeiten – nein, von seinen Empfindungen. Von dem, was er sagt; von seinen geringsten Regungen, seinen Verhaltensweisen. Das heißt, keinen Acker sehen zu können, ohne den Ertrag zu kalkulieren und sich damit zu beschäftigen, wie der Pächter isst und wie er mit seiner Frau schläft. [...]
Einen Menschen nicht ansehen können, ohne sich an seine Stelle zu versetzen, für ihn zu leiden... Die Zeit, in der wir leben, hilft mir vielleicht. Es gibt fünf oder sechs Berufe, die ich ausüben könnte, wenn's mal drunter und drüber geht. Ich kann Flussschiffer sein, Fischer, Matrose auf großer Fahrt, Gärtner, Schreiner, was weiß ich... Meinen Bekannten gegenüber bin ich in diesem Bereich viel empfindlicher als in Bezug auf Literatur. Am liebsten würde ich mich in sämtlichen Berufen auskennen, in sämtlichen Lebensläufen.

In einem Brief an André Gide, 1939 (Aus: *Das Simenon Lesebuch*)

479-481
    In Paris, 1962

481

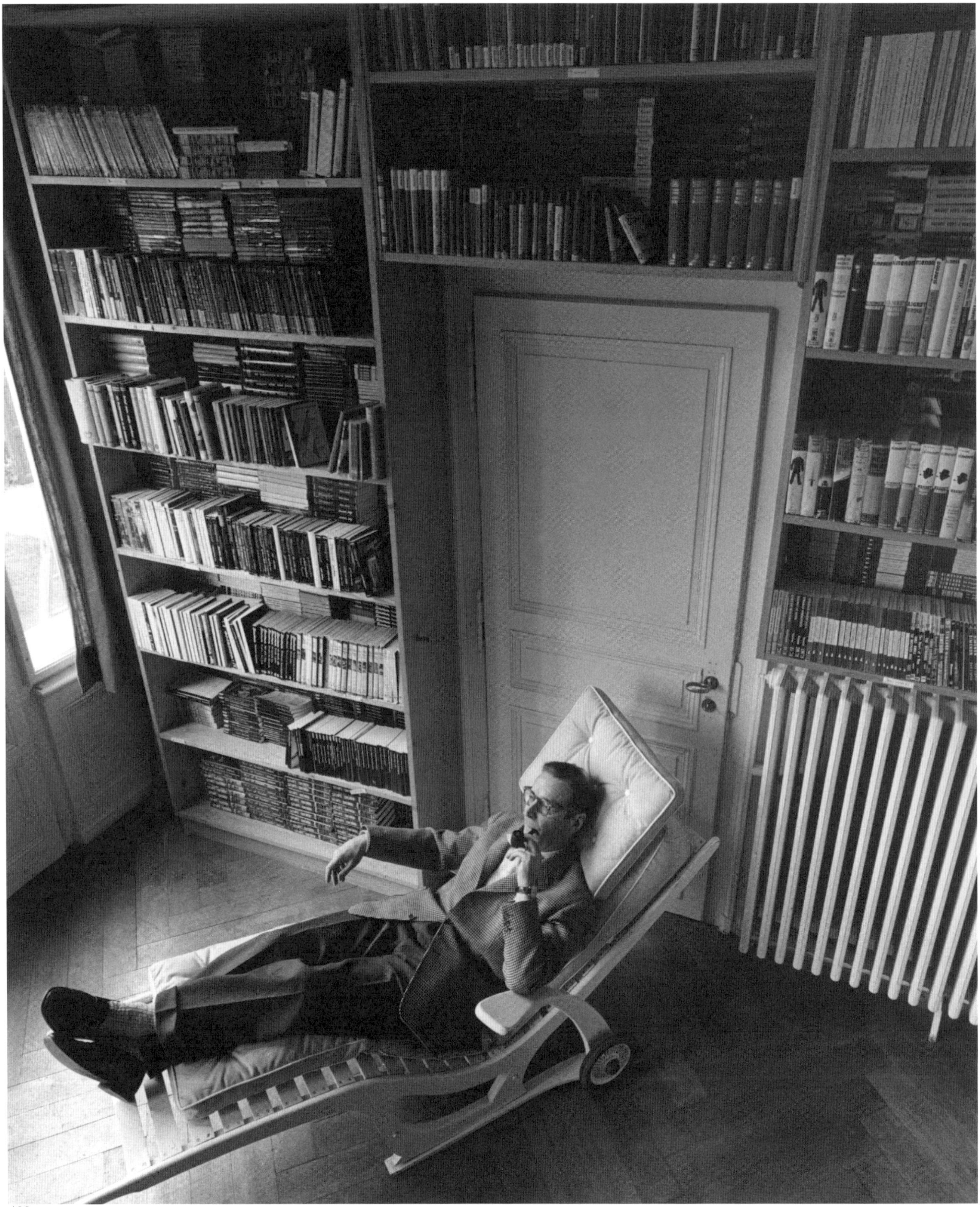

482

Unlängst fragte mich ein Journalist, ob ich glücklich sei. Ich habe ihm geantwortet, dass es diese Frage nicht gibt, weil sie nicht gegenständlich ist. In Wirklichkeit glaube ich, dass der Anteil Unruhe, Glück und Angst bei jedem Menschen, wenn man ihm auf den Grund geht, etwa gleich ist. Aber man wird mir erwidern: Es gibt Kranke, solche, die einfach Pechvögel sind. Da antworte ich, dass der Kranke mehr Freude an den Geranien auf seiner Fensterbank hat als ich, der ich gesund bin. Das heißt also, dass die Summe des Unglücks und der Freude meines Erachtens gleichmäßig verteilt ist. Erfolg bedeutet nicht Glück, er ist eher eine Gefahr. Ich bin immer wieder gefragt worden, ob es denn nicht toll sei, Erfolg zu haben; darauf habe ich geantwortet, dass ich noch keinen Erfolg hatte, zumindest nicht mir selbst gegenüber, in den Dingen, die ich mir zum Ziel gesetzt habe. Anstatt Freude und Befriedigung bringt der Erfolg nur noch mehr Unruhe, denn das gesteckte Ziel verschwindet mit dem Erfolg, und man hat das Gefühl einer großen Leere. Das Entscheidende, das Anregende, das Begeisternde ist nicht, ein Ziel zu erreichen, sondern nach einem Ziel zu streben. Ich sage immer: Ich hoffe, dass ich mein Ziel nicht allzu schnell erreiche, denn das wäre für mich wie eine Pensionierung, das würde mein Ende bedeuten!

Aus: *Simenon auf der Couch*, 1968

482/483
   In Échandens, 1962
484 In Paris, 1962
485 Simenons Pfeifensammlung,
   1962

Ich habe mehrere Leben in einem gelebt, wenn Sie so wollen. Ich habe ein Kapitänspatent für die Küstenschifffahrt gemacht, ich war Seemann und kann Ihnen ein Schiff steuern, wohin Sie wollen, ich kann spleißen, und ich kann den Schiffsort bestimmen. Später hatte ich einen Bauernhof: Ich habe 150 Kühe versorgt, 500 Enten im Jahr verkauft, und ich habe gelernt, mit der Sense umzugehen; ich weiß, was das heißt: Ein Jahr habe ich dazu gebraucht! Es gibt kaum Leute, die nicht auf dem Land aufgewachsen sind und trotzdem mähen können. Ich kann auch melken. Nur eines kann ich nicht besonders gut: Ackerfurchen ziehen; meine Furchen sind nie sehr gerade; das habe ich nicht geschafft, die Arbeit mit dem Pflug. Aber wenn Sie wollen, kann ich morgen einen Hof übernehmen. Auch Pferde habe ich gezüchtet; ich hatte immer fünf oder sechs Pferde im Stall. Ich reite natürlich auch, ich habe bei der Kavallerie gedient. Außerdem habe ich Wölfe und Mangusten gezüchtet.

Aus: *Intime Memoiren*, 1981

Die Engländer behaupten, man sei nur dann ein richtiger Golfspieler, wenn man im Alter von sechs Jahren damit begonnen habe. Ich war dreißig, als ich anfing. Ich würde daher immer ein Amateur zweiter Klasse bleiben, was meine Begeisterung aber nicht schmälerte.

Aus: *Intime Memoiren*, 1981

486 Beim Golfspielen mit den Söhnen in Lausanne, 1960er Jahre

487/488 Échandens, 1960er Jahre

Der Golfplatz von Lausanne, in Épalinges, von wo aus man einen wunderbaren Blick hatte, nahm mich sofort gefangen.

Ich spielte viel, manchmal zwei Durchgänge hintereinander mit achtzehn Löchern, alleine, denn ich fand keinerlei Geschmack an den ziemlich versnobten und gespreizten Leuten, denen man dort begegnete, wie auf den meisten Plätzen Europas, England ausgenommen. Ich telefonierte am Abend, um für den Morgen um acht Uhr einen Caddy zu bestellen.

Ich war alleine mit ihm, ganz von den Schwierigkeiten des Geländes in Anspruch genommen, so stark, dass ich nachts aufwachte und mich fragte, welchen Fehler ich bei dem dritten oder elften Loch gemacht hatte.

Aus: *Intime Memoiren*, 1981

489 Mit seinem Sohn John in Cannes, 1955
490 Échandens, 1968
491 Französische Erstausgabe von Pierre Assoulines Biographie über Simenon, Julliard, 1992
492 Deutsche Erstausgabe von *Simenon auf der Couch*, das ein langes Interview Georges Simenons mit fünf Ärzten enthält, Diogenes, 1985

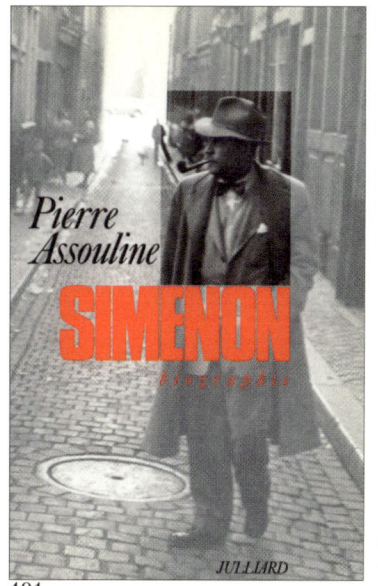

War es die Tatsache, dass meine Mutter mit mir, sobald ich mich auf meinen Beinen halten konnte, auf den Markt ging, weswegen ich in meinem ganzen Leben eine Vorliebe für dieses Schauspiel hatte, für die Bauern und Bäuerinnen, die hinter ihren Körben mit Gemüse und Obst sitzen? Wegen der lebhaften oder zarten Farben von all dem, was aus den Gemüse- und Obstgärten kommt; wegen der Gerüche, die sich bei jedem Schritt verändern; wegen aller möglichen Stimmen und Töne; auf einigen Märkten das Gackern der Hühner, das Krähen eines Hahnes, das Grunzen der jungen rosa Schweinchen?

Überall, wohin ich auf der Welt kam – war es nun in der französischen Provinz, im Herzen Afrikas, auf den Inseln im Pazifik, in Asien oder in den nordischen Ländern –, eilte ich begierig auf die Märkte, die überall verschiedene Farben boten, mehr oder weniger bunt je nach den Breitengraden, dazu verschiedene Klänge, frisches Gemüse und Obst.

Aus: *Intime Memoiren*, 1981

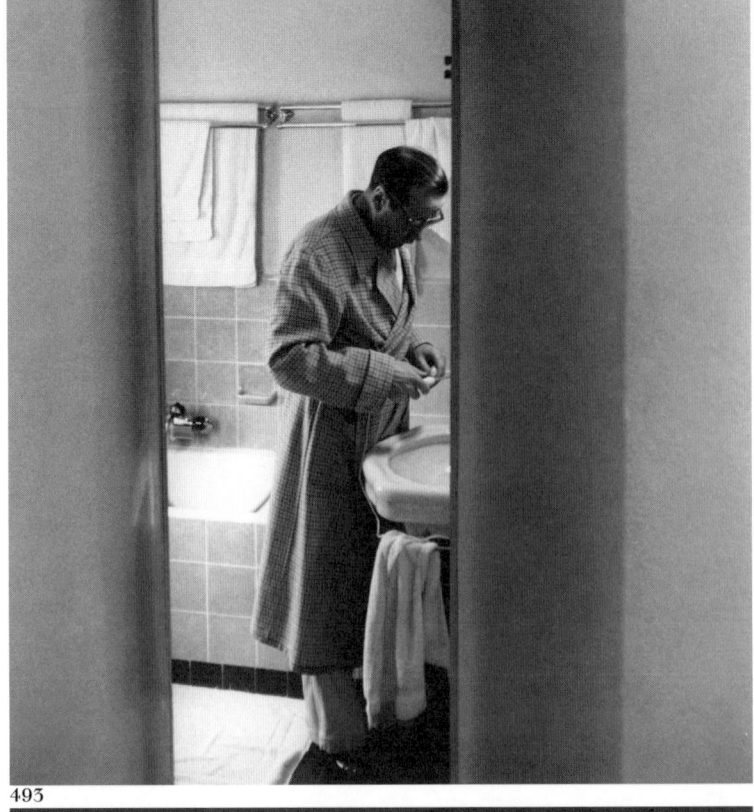

493 Échandens, 1962
494/495 Simenon auf dem Markt von Cannes, 1955

Mein ganzes Leben lang war ich auf alles neugierig, nicht nur auf den Menschen, den ich überall auf der Welt beobachtet habe; auf die Frau, die ich fast schmerzhaft verfolgt habe, so quälend wurde manchmal das Bedürfnis, mich mit ihr zu vereinigen; ich war neugierig auf das Meer und auf das Land, das ich respektiere, wie ein Gläubiger seinen Gott respektiert und verehrt; auf die Bäume; auf die kleinsten Insekten, auf das kleinste, noch gestaltlose Wesen, das in der Luft oder im Wasser lebt.
Ich hatte Hunde und Katzen, wie jedermann, dazu Pferde, und mit einem von ihnen haben sich echte Bande von gegenseitiger Zuneigung geknüpft, einem arabischen Vollblut, das ich in einem Zirkus gekauft hatte: weiß und hellgrau, feurig, genauso ungeduldig wie ich, und wir sind so enge Freunde geworden, dass er niemand anderen aufsitzen ließ, nicht einmal Tigy. Ich berührte sein Zaumzeug nicht, hatte weder Sporen noch Reitpeitsche, ich sprach zu ihm mit meiner Stimme, mit meinen Schenkeln, die an seine Flanken gedrückt waren, und er antwortete mir durch Bewegungen mit seinen Ohren.
   Aus: *Intime Memoiren*, S. 42

Vor dem Krieg war Olaf, eine große dänische Dogge, der Begleiter von Tigy, Boule und mir gewesen, und nach seinem Tod in Porquerolles hatte ich ihn in die Tiefe des Meeres versenkt.
Kurz bevor wir die Vereinigten Staaten verließen, hatten wir einen ganz jungen Hund gekauft, einer damals in Europa noch unbekannten Rasse: einen Königspudel mit einem silbrigen Fell und einer Größe, die selten von Pudeln erreicht wird. Man fand ihn damals nur bei einem einzigen Züchter, einer Züchterin vielmehr, in Connecticut, der diese Rasse mit Geduld und Versuchen gelungen war.
   Aus: *Intime Memoiren*, 1981

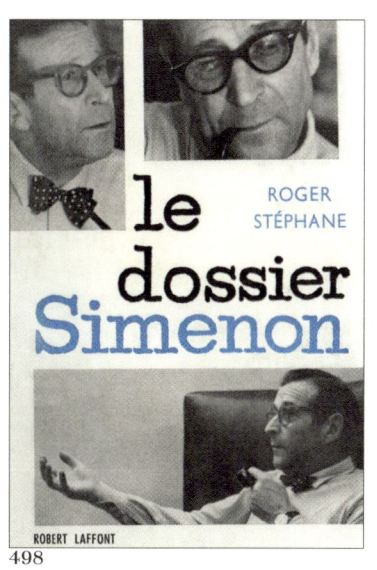

496 In der Küche des Château d'Échandens, 1963
497 Mit seinem Hund Mister, 1960er Jahre. Den Hund hatten die Simenons noch in den USA gekauft, ein außergewöhnlich großer Königspudel mit silbrigem Fell. »Ganz jung, war er bereits so würdevoll, dass wir ihn Mister getauft hatten.« Die Journalisten missdeuteten den Namen oft als »mystère« (Geheimnis).
498 *Le Dossier Simenon* – Studie von Roger Stéphane, französische Erstausgabe, Robert Laffont, 1961

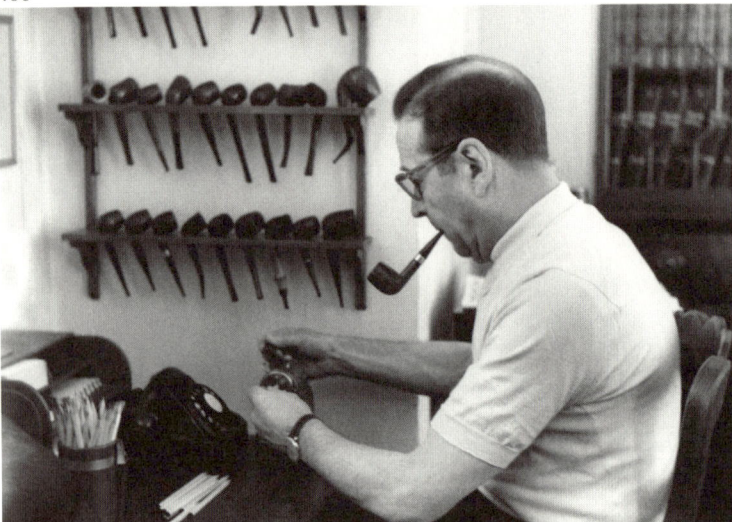

499 Lausanne, 1982
500 Échandens, 1960
501 Beim Bleistiftspitzen, Échandens, 1960
502 Denise beim Pfeifenreinigen in Échandens, im Hintergrund der dritte Sohn Pierre, 1960

Ich habe wie immer nach dem Mittagessen ein wenig vor mich hingeträumt und mich an den Tag erinnert, an dem ich meine erste Pfeife kaufte.

Ich war ungefähr dreizehn Jahre alt. Es war kurz nach Herbstbeginn. Einen Monat zuvor hatte ich während der Ferien zum ersten Mal mit einem Mädchen geschlafen.

Ich weiß nicht, ob zwischen diesen beiden Begebenheiten ein Zusammenhang besteht, es würde mich aber nicht wundern. Plötzlich fühlte ich mich als Mann, und die Pfeife kam quasi als Bestätigung dazu. […] Ich habe nicht irgendeine Pfeife gekauft. Jede meiner Pfeifen wurde aus einem bestimmten, meist einem glücklichen oder zumindest frohen Anlass gekauft. Zur Belohnung nach Vollendung eines Romans, zum Beispiel, so wie man ein Kind mit einem neuen Spielzeug belohnt. Ich behalte alle meine Pfeifen. […] Andere Pfeifenraucher kaufen Pfeifen einer bestimmten Marke oder aus bestimmten Hölzern. Meine Pfeifen sind alle aus Bruyère-Holz, meist mit geradem Stiel, und sind sich so ähnlich, dass meist nur ich sie auseinanderhalten kann.

Aus: *Vacances obligatoires*, 1976

503 1982
504 In Lausanne mit seinen Pfeifen, 1981
505 Kleine Pfeifenauswahl und gespitzte Bleistifte – Utensilien, die immer auf dem Schreibtisch bereitlagen
506 Erstausgabe von *Das Georges Simenon Lesebuch*, Diogenes, 1982

507

Ich bin kein Multimilliardär. Die Leute vergessen immer, dass ich ganze Vermögen ausgegeben habe. Unglaublich, wie viele Schlösser und Besitzungen ich gehabt habe, 32 oder 33. Und ich habe sie alle mit Verlust verkauft. Ganz zu schweigen von den Umbauten, die ich veranlasst habe. Ich möchte nicht gerade behaupten, dass ich ein Sozialfall bin, aber immerhin... Im Grunde bin ich zu meinen äußerst bescheidenen Ursprüngen zurückgekehrt, und darüber bin ich sehr froh.

In einem Interview mit Paul Giannoli, Lausanne, 1981

Die Geldfrage nahm und nimmt in meinem Leben einen sehr kleinen Raum ein, im Gegensatz zum Leben eines Balzac oder eines Dostojewskij, mit denen ich mich allerdings nicht im Entferntesten vergleichen möchte.
In der Anfangszeit wollte ich einiges haben, um mich von gewissen Sorgen zu befreien und vor allem, um nicht aufs Geld sehen zu müssen, etwas kaufen zu können, ohne nach dem Preis zu fragen. Leben zu können, ohne zu wissen, was das Leben kostet. Davon träumte ich bereits in meiner Kindheit, in einem Elternhaus, in dem von morgens bis abends nur das Geld gezählt wurde. Aber ich behielt nichts. Ich scheffelte nichts. Ich sagte damals gern, dass das Geld immer nur eine Menschenkonserve sei, da jede Summe vor allem soundsoviel Arbeitsstunden darstellt, das heißt also soundsoviel Stunden, Tage, Wochen eines Menschenlebens.
Sollte ich da diese Zeichen, die das Leben verkörperten, in eine Kassette einschließen [...] Für mich war das ein schauderhafter Gedanke. Das ging so weit, dass ich manchmal ziemlich wahnsinnige Einkäufe machte und dann nichts mehr hatte, so dass ich gezwungen war, wieder zu arbeiten. Für mich ist der Kapitalismus etwas Grauenvolles. Ich finde es widerwärtig, dass Geld neues Geld einbringt.

Aus: *Als ich alt war*, 1961

507 Lausanne, Mitte der 1980er Jahre
508/510 Während der Dreharbeiten zu einer NDR-Dokumentation, Lausanne, 1970
509 In einem Bistro in Cannes, 1955

Bislang sind weltweit mehr als vierzig Biographien über mich erschienen. Ich finde das ein bisschen mühsam, daher wollte ich, solange ich noch am Leben bin, die Wahrheit über mich erzählen, meine Wahrheit. Es macht nichts, wenn die Leute sie ein wenig krude finden, mir ging es um die nackte Wahrheit und nichts anderes. Ich kann es nicht leiden, wenn man mich als das »Phänomen Simenon« oder als »das Rätsel Simenon« bezeichnet. Ich bin weder ein Phänomen noch ein Rätsel, sondern einfach nur ein Handwerker, der seinen Beruf sechzig Jahre lang ausgeübt hat, mehr nicht.

In einem Interview mit Bernard Pivot, *Apostrophes*, 1981

Der Familienmensch

511

Wenn man mich nach meinem Beruf fragt, antworte ich »Gatte und Vater«. Fragt man mich nach meinem Hobby, füge ich hinzu: »Romancier«.

512

Georges Simenon ist als Vater des unsterblichen Kommissars Maigret berühmt, doch er war vor allem der Vater von vier Kindern, den Söhnen Marc, John und Pierre und der Tochter Marie-Jo. In einem Interview mit Bernard Pivot sagte Simenon: »Ich habe mein ganzes Leben für meine Kinder gelebt, das hat mich im Leben am meisten interessiert, am meisten fasziniert. Wenn mich Journalisten früher, vor Jahren, nach meinem Beruf fragten, habe ich geantwortet: ›Familienvater‹. Vom Tag ihrer Geburt an habe ich das Leben meiner Kinder verfolgt. Von diesem Moment an habe ich versucht zu verstehen, wer sie einmal sein würden, was ihr Charakter ist, sowohl bei meinen Söhnen als auch bei Marie-Jo. Das war die Leidenschaft meines Lebens.«

Doch wie war Simenon als Vater? John Simenon, der zweitälteste Sohn, erinnert sich: »Mein Vater war Schriftsteller. Ich stellte mir als Kind keine Fragen, das war für mich ein Beruf wie jeder andere. Manchmal musste ich aufpassen, dass ich nicht zu viel Lärm machte, vor allem morgens vor der Schule, da er um diese Zeit schrieb und jedes Geräusch ihn störte. Aber ich kann nicht sagen, dass ich unter seinem Beruf gelitten hätte. Es war auch eine Chance, denn es machte ihn als Vater sehr verfügbar. Ich hatte einen Vater, der immer da war, wenn ich ihn brauchte.«

Simenon erlebte als Vater das größte Glück, aber dabei auch das tiefste Leid: Am 20. Mai 1978 nahm sich seine Tochter Marie-Jo das Leben, sie war fünfundzwanzig Jahre alt. Der Tod der Tochter, mit der er besonders eng verbunden war, war ein furchtbarer Schock, den er in den *Intimen Memoiren* zu bewältigen versucht, denen er noch das *Buch von Marie-Jo* mit Texten und Liedern seiner Tochter anfügte. In den *Intimen Memoiren* spricht er alle seine vier Kinder immer wieder direkt an.

511 Mit dem dritten Sohn Pierre, Échandens, 1960
512 Mit dem zweiten Sohn John, Lakeville, 1952

Und die Mütter dieser Kinder? Georges Simenon hat zwei Mal geheiratet, die beiden Ehen hätten unterschiedlicher nicht sein können. Mit seiner ersten Frau Tigy verband Simenon vor allem das Geistige. Als sie sich in Lüttich kennenlernten, war er eigentlich in Tigys Schwester verliebt, schon kurz nach der Hochzeit waren Seitensprünge an der Tagesordnung. Doch die Malerin Tigy, die eigentlich Régine hieß (den Spitznamen hatte ihr Simenon gegeben), begleitete den Romancier auf all seinen Reisen um die Welt. Obwohl die Ehe bald nach der Geburt von Marc 1939 nur noch auf dem Papier bestand, lebten die Eheleute weiterhin zusammen, und die gegenseitige Sympathie blieb bestehen.

1950 ließ sich Simenon in Arizona von Tigy scheiden, um einen Tag später Denise Ouimet zu heiraten, die von ihm schwanger war. Simenon hatte die Frankokanadierin 1945 in New York kennengelernt und als Sekretärin eingestellt, und diesmal war es für Simenon eine amour fou: »Ich lernte zum ersten Mal das kennen, was man Leidenschaft nennt, ein wirkliches Fieber, das niemand, eingeschlossen Psychologen und Ärzte, einer Krankheit gleichsetzte.« Denise gebar ihm John, Marie-Jo und Pierre. Leider verwandelte sich die Liebe zwischen Simenon und Denise am Ende in ihr Gegenteil, auch wegen der psychischen Probleme, unter denen Denise zunehmend litt. Das Paar trennte sich 1964.

Die beständige Liebe hat Simenon erst im Alter kennengelernt: mit der Italienerin Teresa Sburelin, die 1961 als Zimmermädchen bei den Simenons anfing und mit der er 1974 in das rosa Häuschen in Lausanne zog. »Die Liebe zwischen Teresa und mir ist langsam gewachsen. Mit Teresa habe ich die wahre Liebe, was ich die wahre Liebe nenne, erfahren, das heißt, die völlige Verschmelzung zweier Menschen, die etwas fertig bringen, das nur den wenigsten glückt: praktisch vierundzwanzig Stunden am Tag zusammen zu sein.«

Und während ich Tigy ansah, die, sehr bleich, nichtsdestoweniger lächelte, dann die kleine rechteckige Wiege, in der du strampeltest, packte mich die Lust zu weinen. [...] Du warst nicht grün im Gesicht, wie, nach Großmutter Simenon, ich es bei der Geburt war. Du warst rot und heultest. Ich fotografierte dich, ganz nackt, auf dem Tisch liegend, wohin dich die Krankenschwester gelegt hatte, dann bat ich sie um die Erlaubnis, dich auf den Arm zu nehmen. Du warst geboren, mein Sohn. Du wogst, so wird gesagt, dreieinhalb Kilo, und deine Stimme war viel durchdringender als heute. »Bist du glücklich, Georges?« Sah man das denn nicht? Ich war wie trunken.

Über die Geburt von Marc, aus: *Intime Memoiren*, 1981

513 Mit Marc in Saint-Mesmin, 1944
514 Mit der Tocher Marie-Jo, Edgartown (Martha's Vineyard), 1954
515 Mit Denise, John und Marie-Jo, 1955
516 Die Familie Simenon in Cannes, ganz rechts der älteste Sohn Marc von Simenons erster Frau Tigy, 1955

516

517 Beim Reiten mit Marc, Tucson (Arizona), 1948
518 Mit Marie-Jo in Cannes, 1955
519 Marie-Jo, verkleidet als Maigret, 1956
520 Mit John und Marie-Jo, 1950er Jahre

Nach zehnjähriger Pause erwarte ich wieder ein Kind – genauer gesagt, Denise, die mir eines für den Monat August versprochen hat. Das macht mich glücklich. Sie wissen, dass ich ein Kindernarr bin. Ich hätte gern ein ganzes Haus voll Kinder gehabt. Wäre schon seltsam, wenn dies jetzt in meiner neuen Ehe Wirklichkeit würde, was gar nicht unmöglich ist. Wir bleiben also bis zu diesem Ereignis in Tucson. Danach, im September, werde ich mich in San Francisco niederlassen, das heißt in der unmittelbaren Umgebung von San Francisco, einer bemerkenswerten Stadt. Wie immer breche ich nach einiger Zeit auf und richte mir mein ›home‹ ein wenig weiter entfernt ein, und dies immer mit der gleichen Freude, um nicht zu sagen Begeisterung.

In einem Brief an André Gide, 1949 (Aus: *Das Simenon Lesebuch*)

521 Mit Marc, Fontenay-le-Comte, 1942
522 Mit Denise und dem kleinen Pierre, Échandens, 1960
523 Mit Marie-Jo, Échandens, 1961

Gleich nach unserer Ankunft in Échandens haben wir wie in Lakeville hinten im Garten für die Kinder Schaukeln und Turngeräte anbringen lassen. Pierre (in drei Wochen wird er zwei Jahre alt) hat also den ganzen letzten Sommer über seine Geschwister und deren kleine Freunde an diesen Geräten beobachtet. Er zog seine Kreise zwar immer in einer bestimmten Entfernung davon, traute sich jedoch nie in ihre Nähe.

Vor einem Monat nun, zu Beginn des Frühjahrs, habe ich ihm eine Schaukel mit Rückenlehne und Gurten angebracht, die er zunächst einmal nur begutachtete und kopfschüttelnd ablehnte. Vier Wochen lang beobachtete er dieses Instrument dann mit Misstrauen.

Vorgestern endlich beschloss er, sich einmal draufzusetzen, wollte jedoch nicht, dass man ihn schaukelte. Gestern durfte man ihn leicht anstoßen.

Aus: *Als ich alt war*, 1975

524/525 Mit John und Marie-Jo auf einem Jahrmarkt in Lausanne und am Strand des Lido in Venedig, 1960
526 Mit John im Garten von Échandens, 1960
527 Échandens, 1961

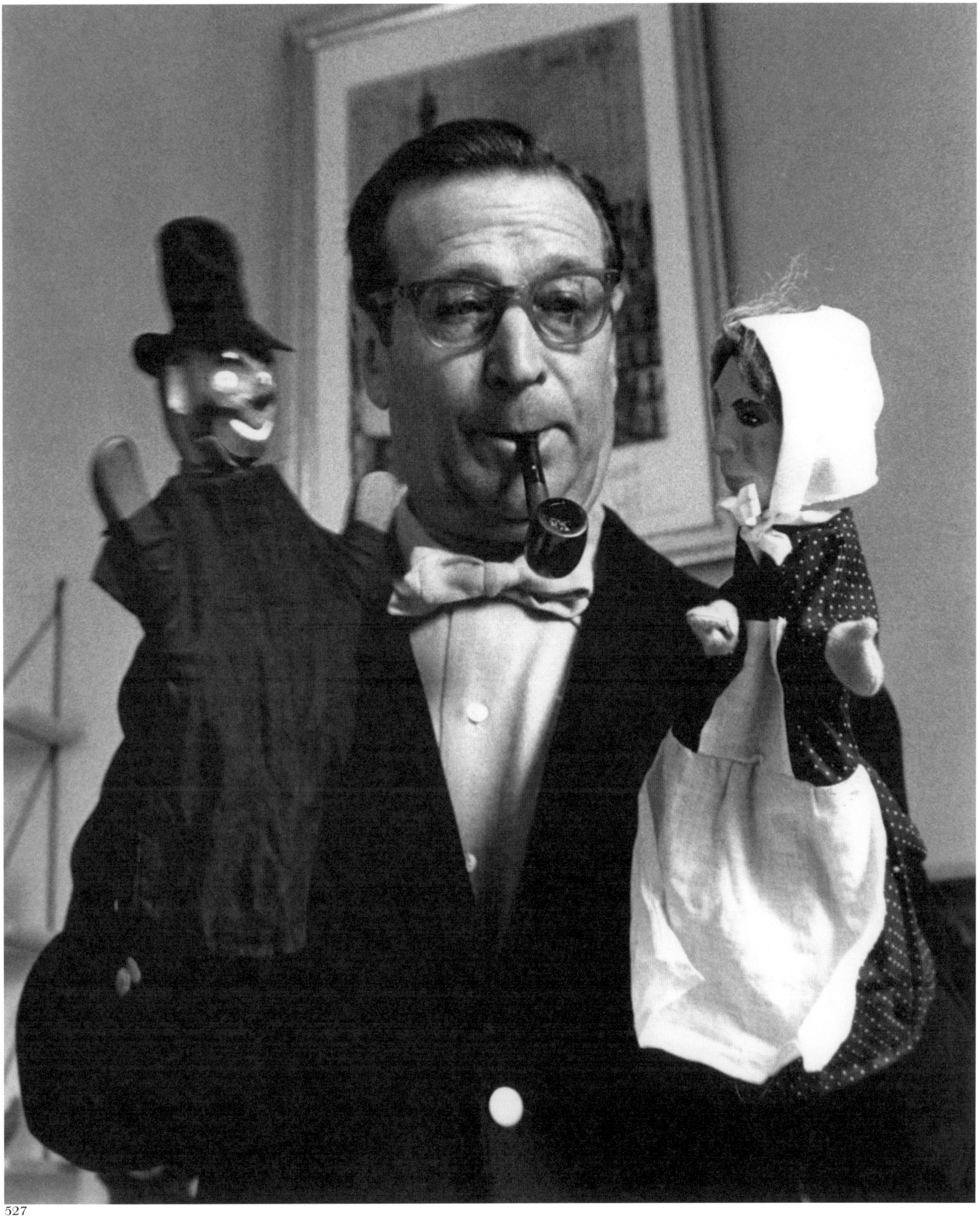

527

528 Mit Denise, John und Marie-Jo vor der Küste Hollands, 1958

529 Mit John und Marie-Jo, Échandens, 1960

Denn seit deiner Geburt wurde ich nicht müde, dich zu beobachten, zu versuchen, dich zu enträtseln, so wie ich es später bei deinen Brüdern und deiner Schwester tat. Der »Vaterberuf« begeisterte mich, um einen Ausdruck zu benutzen, den ich oft wiederholte, denn ich fühlte mich mit all den Fasern meines Wesens als Vater, ich fühlte mich durch unsichtbare Fäden mit dir verbunden.

Ich hatte dich aufwachsen gesehen, als hätte ich vorher noch nie ein Kind gesehen. Sicher, du warst das erste Kind, das ich gezeugt hatte, aber ich würde die folgenden Kinder mit ebenso viel Leidenschaft beobachten, denn jedes Individuum ist anders, und ich würde entdecken, dass es bereits in dem Knaben oder dem Mädchen der ersten Lebensjahre vollständig enthalten ist.

Über Marc, aus: *Als ich alt war*, 1975

530 Mit John, Lakeville, 1953
531 Mit dem neugeborenen Pierre, Échandens, 1959

Simenon
beim Schreiben

*Ich erzähle eine Geschichte,
und das ist alles.*

533

Simenon, so das gängige Bild, das ist der Schnellschreiber mit dem auf den Kalender gehefteten Blick – darin rot durchgekreuzt die Tage, die für die Niederschrift des Romans eingeplant waren, und blau durchgekreuzt die Tage für die Revision. Auf dem Schreibtisch griffbereit: eine ganze Armee von gespitzten Bleistiften und Pfeifen. Angst vor dem leeren Blatt Papier oder eine Schreibblockade, das ist bei Simenon undenkbar. Dafür ist der Umfang seiner Produktion zu gewaltig: 75 Maigret-Romane, 117 Non-Maigret-Romane, von denen viele als Meisterwerke gelten, 28 Maigret-Geschichten sowie bis heute nicht definitiv gezählte Erzählungen »ohne Maigret«, 21 ›Dictées‹-Bände und dutzende autobiographische Bücher. Nicht miteingerechnet die Fingerübungen der frühen Pariser Jahre, in denen Simenon unter 19 Pseudonymen über 200 Groschenromane und unzählige populäre Geschichten schrieb. Schon 1932 lautet der Titel eines Artikels: »Der Fall Simenon«. Längst ist aus dem »Fall« eine Legende geworden, um die sich unzählige wahre, halbwahre und viele erfundene Anekdoten ranken. Die bekannteste ist wohl diese: Ein Verleger klingelt bei Simenon, man sagt ihm, Simenon könne ihn nicht empfangen, er habe gerade einen Roman angefangen. Daraufhin der Verleger: »Gut, ich warte.« Drei Viertel der Maigret-Romane und die Hälfte der Non-Maigrets wurden innerhalb einer Woche geschrieben.

Doch die Arbeit an einem Roman fing für Simenon lange vor dem ersten Satz an. Es begann mit einem Unwohlsein, einer schwer zu beschreibenden Unruhe. Etwas gärte in ihm, Simenon spürte, dass er schreiben musste. »Wenn ich mich zur Disziplin zwinge, wenn ich so viele Romane im Jahr schreibe, so tue ich das auch, weil eine Art Alarmsignal ausgelöst wurde. Wenn ich krank bin, sage ich zu meinem Arzt, dass ich mich nicht wohl fühle, dass ich unter diesem oder jenem leide. Mein Arzt antwortet dann immer: ›Wann fangen Sie einen neuen Roman an?‹ Wenn ich sage: ›In acht Tagen‹,

532 Épalinges, 1973
533 Vor seinem Arbeitskalender, Cannes, 1956

meint er: ›Dann ist alles in Ordnung!‹ Als ob er mir auf einem Rezept verordnen würde: ›So schnell wie möglich einen Roman schreiben!‹ Das ist die Therapie, die bei mir am besten wirkt.«

Wie erfand Simenon eine Geschichte? Um Gestalten, die ihm vorschwebten, in literarische Figuren zu verwandeln, fand gewissermaßen eine Taufe statt: Simenon gab ihnen einen Namen, einen Wohnort, Verwandte, eine Umgebung.

Bei den Namen ließ sich Simenon von Telefonbüchern inspirieren. Er besaß eine ganze Sammlung und schrieb daraus lange Listen mit möglichen Namen ab. Später verwendete er für die Namen seiner Figuren Wörter aus dem Littré-Wörterbuch. Zentral für jedes Buch war der berühmte gelbe Umschlag. Simenon hatte sich angewöhnt, auf einem solchen Briefumschlag die Eckpunkte der Personenbeschreibung zu notieren, Namen, Alter, die Beziehungen der Personen untereinander etc.

Der Motor der Geschichte war stets die einfache Frage: »Gesetzt sei dieser Mensch, der Ort, an dem er sich befindet, wo er wohnt, das Klima, in dem er lebt, sein Beruf, seine Familie etc. – was kann ihm widerfahren, das ihn zwingt, bis ans Ende seiner selbst zu gehen?«

Die Niederschrift selbst dauerte immer nur kurze Zeit – Simenon schlüpfte in die Haut seiner Figuren und hielt diesen aufreibenden Zustand nie länger als zwei Wochen aus.

Auch der Schreiballtag gehorchte einem strikten Ritual. Simenon schrieb immer morgens, zwischen halb sieben und neun, ein Kapitel pro Tag. An der Tür seines Büros hing das »Do not disturb«-Schild aus dem New Yorker Plaza Hotel. In den 60er Jahren schrieb Simenon jedes Kapitel zuerst mit der Hand, um es dann am folgenden Tag mit der Schreibmaschine abzutippen. Die meisten Romane tippte er aber direkt auf der Schreibmaschine. Die Bleistifte blieben als Staffage auf seinem Schreibtisch, denn das Spitzen von Bleistiften beruhigte ihn. (Später, 1980, schrieb er die mehr als 1000 Seiten starken *Intimen Memoiren* mit seinem Parker-Füller, zuvor hatte er seine ›Dictées‹ auf Tonbänder gesprochen.)

Nach der Niederschrift folgte die kürzere Revisionsphase und danach das traditionelle Telegramm an den Verleger mit der kurzen Meldung: »Roman fertig.« Das Manuskript wurde dann kopiert (das Original gab Simenon nie aus dem Haus, er ließ alle Manuskripte binden und bewahrte sie auf). Der Verlag, der kein Komma ändern durfte, ja nicht einmal eine Kommaänderung vorschlagen durfte, antwortete mit einem Gratulations-Telegramm. War das Manuskript gesetzt, unterschrieb Simenon das *bon à tirer*, das ›Gut zum Druck‹. Simenon behauptete, nie eines seiner Bücher wiedergelesen zu haben. »Manche Kritiker sagen, ich hätte gar keinen Stil. Und sie haben recht, denn ich habe vierzig Jahre lang versucht, alles zu vermeiden, was nach Literatur aussieht. Mein Ziel ist Einfachheit.«

Lange Zeit habe ich am Abend, bevor ich einen Roman anfing, sehr sorgfältig fünf Dutzend Bleistifte gespitzt, immer die gleiche Marke, die dann in einem ledernen Zylinder ein wenig wie ein Blumenstrauß aussahen. Schon dieses Anspitzen war für mich ein Vergnügen. Man darf nicht vergessen, dass ich vor langer Zeit davon geträumt habe, ein mittelalterlicher Mönch zu sein, der in seiner weiß gekalkten Zelle geschickt mit dem Pinsel lateinische oder griechische Texte kopiert, die uns sonst unbekannt geblieben wären. Die Mönche fügten Initialen hinzu, anderthalb mal zwei Zentimeter groß, in denen ganze Landschaften Platz hatten, die nach so vielen Jahrhunderten noch ihre ganze Frische bewahrt haben. Die Seiten meiner gelben Schreibblöcke füllte ich mit meinen Bleistiften mehr und mehr mit wohlgeformten Buchstaben, das waren ein wenig meine Inkunabeln. […] Jeden Nachmittag spitze ich meine sechzig Bleistifte neu mit Hilfe eines kleinen elektrischen Spitzers, und diese Arbeit machte mir genauso viel Spaß wie das Schreiben. Nach fünf oder sechs Zeilen musste ich einen neuen Bleistift nehmen, weil ich mit der Mine, wenn sie stumpfer wurde, nicht mehr so winzige Buchstaben schreiben konnte. Ich habe Journalisten, die mich interviewten, schon oft gestanden:
»*Ich bin kein Intellektueller, sondern ein Handwerker.*«
Sie lächelten immer ungläubig, dabei war ich, wenn ich meine Bleistifte spitzte und Zeile für Zeile schrieb, doch wirklich ein Handwerker, genauso wie am nächsten Morgen, wenn ich auf der Schreibmaschine tippte.
Aus: *Les libertés qu'il nous reste*, 1978

534/535
Zwei Bücher über Simenon: *Simenon*, L'Age d'homme, 1980, und *Le Cas Simenon (Der Fall Simenon)* von Thomas Narcejac, Presses de la Cité, 1950

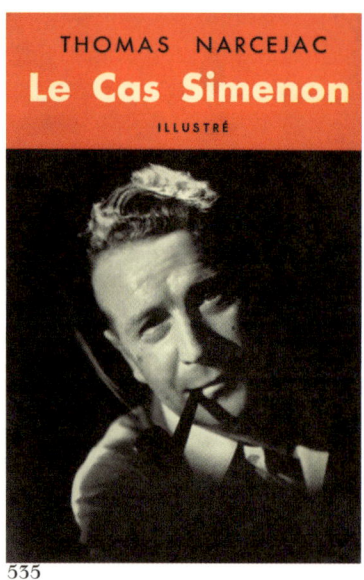

536 Échandens, 1963. Simenon schrieb nur wenige seiner Romane von Hand, trotzdem hatte er immer eine Unmenge Faber-Castell-Bleistifte auf dem Schreibtisch. Das Anspitzen beruhigte ihn.

537 Lakeville, Anfang 1950er Jahre

537

Ich kann vier oder fünf Tage lang mit einem Roman schwanger gehen, aber länger als vierzehn Tage kann ich den Akt des Gebärens nicht zurückhalten. Die Arbeit muss kontinuierlich sein, ich darf keinen Tag mit dem Niederschreiben aussetzen, sonst ist der Faden gerissen. Wenn ich mit der Arbeit an einem Roman beginne, werde ich zur Hauptfigur, und mein tägliches Leben wird von morgens bis abends, von früh bis spät durch diese Figur geprägt: Ich stecke regelrecht in der Haut der Figur. So kommt es, dass ich den Zugang zur Figur verliere, wenn ich 24 Stunden lang wieder ich selbst werde; ich finde die Figur nicht mehr, oder aber, wenn ich sie wiederfinde, dann erscheint sie mir künstlich und schal. Bevor ich einen Roman schreibe, zu dem Zeitpunkt, wo ich mich in den Zustand versetze, den ich den Stand der Gnade nenne, muss ich mich sozusagen meiner selbst entledigen, mich all dessen entledigen, was meine Persönlichkeit ausmacht, um nur noch rezeptiv zu sein, das heißt, um andere Figuren, andere Eindrücke aufnehmen zu können. Das geht in groben Zügen etwa folgendermaßen zu: Während ich das Buch schreibe, muss ich so schnell wie möglich schreiben und dabei so wenig wie möglich daran denken, so dass das Unbewusste in höchstem Maße selbständig arbeitet. Im Grunde genommen wäre ein Roman, den ich bewusst schreiben würde, wahrscheinlich sehr schlecht. Der Verstand darf bei der Niederschrift eines Romans nicht mitspielen. Ich arbeite ähnlich wie ein Maler, die meisten arbeiten so. Ein Maler beginnt ein Bild, ohne zu wissen, was daraus entsteht, und erst während er daran arbeitet, verändert sich das Bild.

Aus: *Simenon auf der Couch*, 1968 (In: *Das Simenon Lesebuch*)

Der Ausgangspunkt kann ein Autounfall sein, ein Herzinfarkt, eine Erbschaft. Ich brauche etwas, was den Lebenslauf meiner Figur plötzlich verändert. Das ist durchaus glaubwürdig, denn in fast jedem Leben gibt es einmal eine Wendung, und wenn man nach den echten Beweggründen dieser Wendung sucht, entdeckt man, dass sie völlig belanglos sind; und es sind auch gar nicht die wirklichen Gründe: Ein solcher Zwischenfall ist ein Vorwand, der etwas Unterschwelliges enthüllt oder zutage fördert. Wir stürzen uns dann förmlich auf diesen Zwischenfall, auf diese unbedeutende Begebenheit, um unser Leben zu ändern. In Wirklichkeit wollten wir das schon mit zwanzig, hatten aber nicht den Mut dazu.

Aus: *Simenon auf der Couch*, 1968 (In: *Das Simenon Lesebuch*)

Wenn ein Roman einmal angefangen ist, bin ich selber meine Hauptperson; ich lebe ihr Leben. Ich arbeite zwei Stunden täglich; erbreche mich immer noch wie zu Anfang, als ich ›M. Gustave‹ schrieb… Danach bin ich benommen, ausgehöhlt. Ich schlafe. Ich esse. Und ich warte auf den Augenblick, in dem alles von Neuem beginnt.

Das ist alles.

Hinterher ist es mir unmöglich, eine einzige Seite zu ändern. Das hat man mir oft genug vorgeworfen. Mir wäre es auch lieber, wenn ich fähig wäre, an meinem Text zu feilen. Aber da ich nicht weiß, wie er entstanden ist, weiß ich auch nicht, wie er in Ordnung zu bringen wäre. Er ist entweder geglückt oder misslungen; so ist das nun mal, und ich kann nichts mehr dazu tun. Eines Tages vielleicht…

Sobald ein Roman beendet ist, habe ich nämlich alles vergessen, einschließlich der Namen der Charaktere. Es bleibt nichts hängen als ein paar Bilder – genau wie beim Leser vermutlich.

   In einem Brief an André Gide, 1939 (In: *Das Simenon Lesebuch*)

Ich hatte einen anderen Tick, nämlich an meine Tür immer ein Schild mit der Aufschrift ›Do not disturb‹ zu hängen, das ich aus dem Hotel Plaza in New York hatte mitgehen lassen.

   Aus: *Ein Mensch wie jeder andere*, 1973

Da ist noch eine Formalität zu erledigen, vielmehr eine Arbeit, der ich mich mit großer Hingabe widme: meine Schreibmaschine bis ins kleinste Rädchen ihres Getriebes blitzblank zu putzen, sie zu ölen, ein neues Farbband einzulegen, sie schön und schnell zu machen wie für einen Wettbewerb.

   Aus: *Der Romancier*, 1946 (In: *Über Simenon*)

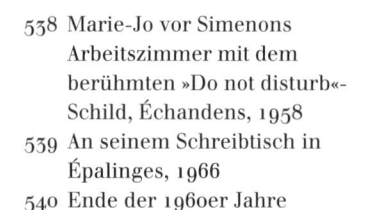

538 Marie-Jo vor Simenons Arbeitszimmer mit dem berühmten »Do not disturb«-Schild, Échandens, 1958
539 An seinem Schreibtisch in Épalinges, 1966
540 Ende der 1960er Jahre

Ich bin schon seit je der Meinung, dass das kreative Schaffen unbewusst geschieht, und darin unterscheidet es sich von Werken, die nur gewollt oder durch Handwerk entstehen.

In einem Brief an Federico Fellini, 1979 (In: *Carissimo Simenon – Mon cher Fellini*)

Adjektive, Adverbien und alle Wörter, die nur Effekthascherei sind, streiche ich. Ebenso jeden Satz, der nur um der Formulierung willen dasteht. Wenn ein Satz schön ist, dann raus damit. Jedes Mal, wenn ich in meinen Romanen auf so etwas stoße, wird es gestrichen.

In einem Interview mit Carvel Collins, 1956

Ich habe in fünf Monaten vier Romane und drei Erzählungen geschrieben. Ich kann entschieden nicht ohne Roman leben. Das bringt mich aus dem Gleichgewicht. Sogar physisch. Vor allem überfällt mich dann ein entmutigendes Gefühl der Leere und Nutzlosigkeit. Und da stellen sich die Leute vor, dass ich schreibe, um Geld zu verdienen! Jedes Mal, wenn ich versucht habe, mich auszuruhen, bekam ich Depressionen.

In einem Brief an André Gide, 1946 (In: *Das Simenon Lesebuch*)

541

Mein Leben ist in Perioden von fünfzehn Tagen eingeteilt. In jeder Periode wird ein ganzer Roman verfasst. Am ersten Tag gehe ich spazieren, allein, planlos. Ich laufe, setze mich hin, laufe wieder. Ich mustere die Passanten. Ich verabrede mich mit meinen Figuren. Stelle sie einander vor. Schaue ihnen zu. Wenn ich dann nach Hause komme, habe ich den »Ausgangspunkt« meiner Geschichte, den »Ort« der Handlung und seine »Atmosphäre«. Mehr brauche ich nicht. Dann denke ich nicht mehr daran. Ich gehe zu Bett. Ich schlafe. Ich träume. Meine Figuren wachsen in mir ohne mein Zutun. Bald gehören sie mir nicht mehr: Sie führen ihr Eigenleben. Am nächsten und an den darauf folgenden Tagen muss ich nur noch ihre Geschichte aufschreiben. Habe ich schon gesagt, dass ich meine Bücher direkt in die Maschine tippe? Und nachher kaum noch etwas ändere oder nachbessere? Meine Bücher entstehen in einem ersten Wurf. Ich schreibe stets ohne Plan; ich lasse meine Figuren handeln und die Geschichte sich entsprechend der Logik der Dinge entwickeln. Meine Romane haben in der Regel zwölf Kapitel. Ich verfasse jeden Morgen ein Kapitel, nicht mehr. Dazu brauche ich nur anderthalb Stunden; aber danach bin ich für den Rest des Tages »leer«. Gut! Zwölf Kapitel, also zwölf Tage, das macht mit dem Tag der Vorbereitung dreizehn Tage. Am vierzehnten Tag lese ich mein Buch nochmals durch. Ich korrigiere Tippfehler, Interpunktionsfehler, vielleicht zehn Wörter im ganzen Buch. Und ich bringe den Text meinem Verleger. Am fünfzehnten Tag empfange ich meine Freunde, beantworte die an den fünfzehn Tagen liegengebliebene Post und gebe Interviews. Und in den folgenden fünfzehn Tagen wiederholt sich alles mit dem nächsten Buch.

In einem Interview mit J.K. Raymond-Millet, 1931

541 Vor dem Arbeitskalender, Épalinges, 1966. Oben links: Arbeitsplan für *Maigret s'amuse* (Maigret amüsiert sich), 1956. Für seine Planung bevorzugte Simenon Kalender von Fluggesellschaften mit großen Ziffern. Die rot durchkreuzten Tage markierten die Niederschrift des Romans, die blauen die Revision.
542 Simenon signiert *Pedigree*, 1953
543 Épalinges, 1965
544 Bibliographie der Werke Simenons, Omnibus, 2004

Ich suche nach Namen, ich zeichne einen Grundriss ihres Hauses, ihrer Stadt oder ihres Dorfes. Ich muss wissen, dass diese oder jene Tür nach links aufgeht und nicht nach rechts, woher das Licht kommt… Ich muss die gesamte Vergangenheit, die Kindheit meiner Figuren kennen, ich muss wissen, in welche Schule sie gegangen sind, wie sie als Zwölfjährige und als Achtzehnjährige angezogen waren. Ich brauche ihre Telefonnummer, ihre Adresse, ich muss alle ihre Lebensumstände kennen… ob sie Schwager und Schwägerinnen haben, ob sie die regelmäßig sehen… Ich notiere mir Details ihrer Herkunft, und zwar immer auf einem gelben Umschlag, ich weiß nicht, warum. Es ist eine Art Aberglaube. Ich habe irgendwann mit einem gelben Umschlag angefangen und bin dabei geblieben.

In einem Interview mit Roger Stéphane, 1963

545 Gelber Umschlag für den Roman *Der Neue*, 1950

546 Beim Skizzieren eines Roman-Schauplatzes, 1959

547 Cover der Zeitschrift *Paris Match*, erschienen kurz nach Simenons Tod, 1989, mit der Schlagzeile *L'énigme Simenon* (Das Rätsel Simenon)

Ich weiß nicht, wie meine Kollegen arbeiten. Was mich betrifft, so vermochte ich sonnendurchtränkte Romane nur in Holland zu schreiben, vielleicht in Norwegen oder noch weiter nördlich, auf einer kleinen Insel im Eismeer, wo ich mich nach warmem Licht sehnte, das durch das Zirpen der Zikaden noch an Dichte gewinnt. So erging es mir auch in diesem Winter, den ich im Tirol verbrachte, hoch über den Wolken, die über dem Tal hingen, wo ich, so weit das Auge reichte, nur auf strahlend weiße Schneefelder blickte. Da packte mich die Sehnsucht nach anderen Winterlandschaften, die für mich untrennbar mit dem Duft von »fil-en-six« und gegrilltem Hering verbunden sind.

Wie gern wäre ich nach Fécamp gefahren, hätte schon am Bahnhof den strengen Geruch von gesalzenem Fisch eingesogen, wäre durch den mit Fischschuppen durchsetzten Schlamm gewatet, hätte mich gern in den kleinen Hafenkneipen zwischen die Fischer in ihren steifen Seglerjacken an den Tresen gestellt und wäre eines schönen Morgens in Gummistiefeln zu einem Fischzug in die Nordsee ausgefahren.

Rings um mich die herrliche Bergwelt, eine wunderbar reine Luft, und doch träumte ich von meinem Platz im Hafenbecken, wo einige Jahre zuvor, um dieselbe Jahreszeit, mein erstes Schiff vom Stapel lief, an einem so kalten Morgen, dass mein Vordersteven eine dicke Eisschicht aufbrechen musste. Es genügte, die Fensterläden zu schließen, sich an den großen Kachelofen zu setzen und ›Die Überlebenden der Télémaque‹ zu schreiben. So kamen der Hering zu mir ins Tirol, aber auch die Seeleute der Normandie, ja die ganze, ständig vom Regen geschwärzte, im Rhythmus der Gezeiten ruhige oder betriebsame Stadt. Einige Meter von mir fuhren vielleicht Skifahrer die Hänge hinunter. Das war mir gleichgültig. Und allen Fichten Tirols zum Trotz hatte ich den Geruch nach Salzlake in der Nase.

Aus dem Vorwort zu *Die Überlebenden der Télémaque*, 1938

Warum benutze ich eigentlich immer gelbe Schreibblöcke? Wahrscheinlich hatte ich einfach solche Blöcke, als ich damit anfing, abends den ersten Entwurf eines Kapitels niederzuschreiben und ihn am nächsten Morgen abzutippen. Diese Angewohnheit hat sich ganz zufällig ergeben. Wenn ich an einem Roman arbeitete, dachte ich beim Einschlafen oft an die ersten Sätze, die ich am Morgen tippen würde. Anfangs notierte ich nur einige Wörter auf einen Zettel. Dann fing ich an, in meiner winzigen Schrift, die ich schon als Sechzehnjähriger hatte, zehn, zwanzig Zeilen, schließlich eine ganze Seite zu kritzeln. […]

Wenn ich mich dann am nächsten Morgen an die Schreibmaschine setzte, tippte ich manchmal eine Viertelstunde lang, ohne einen Blick auf meinen Entwurf zu werfen. Der hatte sich förmlich in mein Gedächtnis eingraviert, so wie ich ihn eigentlich am liebsten in irgendeine harte Fläche geritzt hätte, statt ihn mit Bleistift niederzuschreiben.

Aus: *Les libertés qu'il nous reste*, 1980

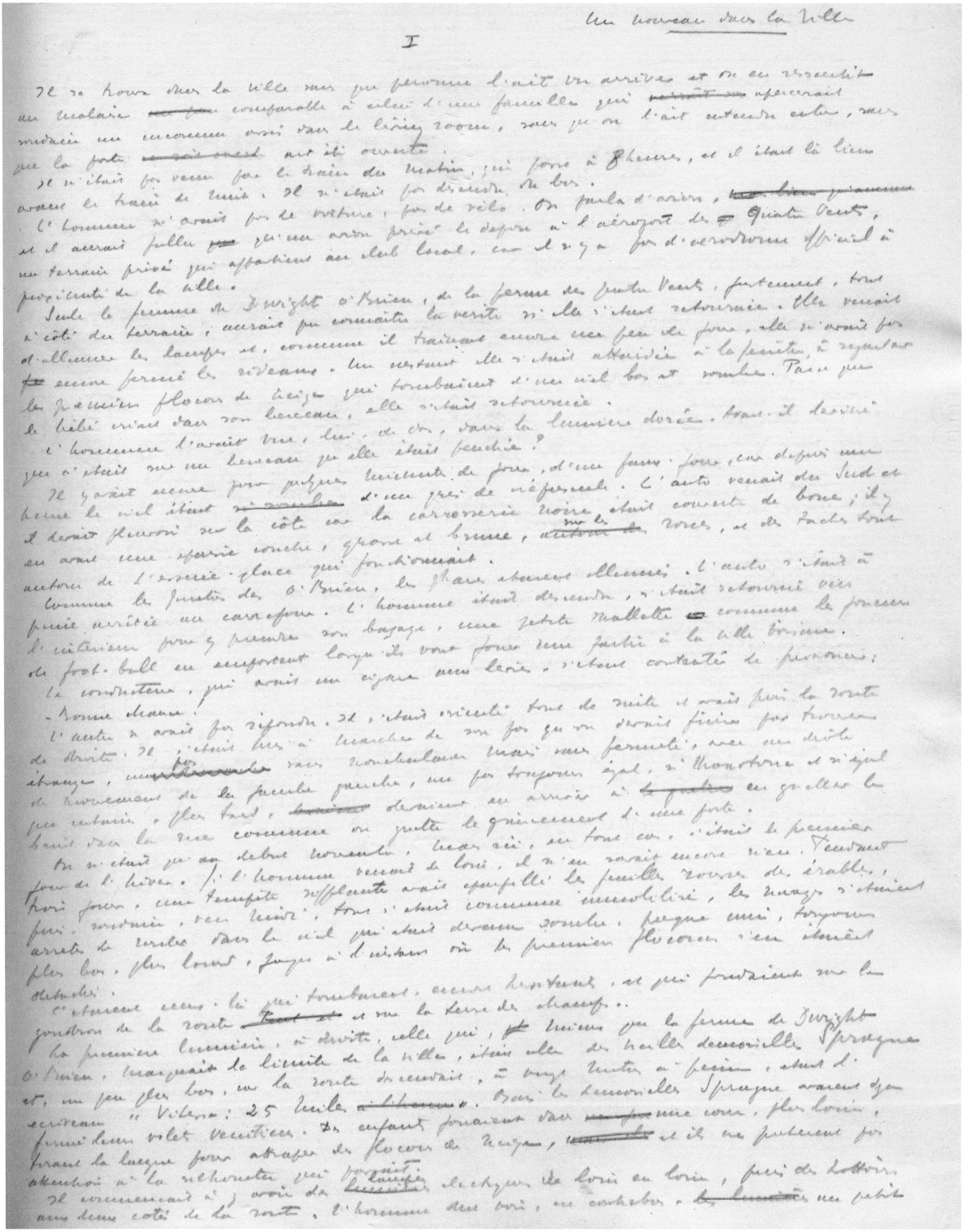

Un nouveau dans la ville

I

Il se trouva dans la ville sans que personne l'ait vu arriver ~~et on en ressentit~~ un malaise [illegible] comparable à celui d'une famille qui [illegible] apercevrait soudain un inconnu assis dans le living room, sans qu'on l'ait entendu entrer, sans que la porte [illegible] ait été ouverte.

Il n'était pas venu par le train du matin, qui passe à 8 heures, et il était là bien avant le train de midi. Il n'était pas descendu du bus.

L'homme n'avait pas de voiture, pas de vélo. On parla d'avion, [illegible] et il aurait fallu [illegible] qu'un avion privé le dépose à l'aéroport des Quatre Vents, un terrain privé qui appartient au club local, car il n'y a pas d'aérodrome officiel à proximité de la ville.

Seule la femme de Dwight O'Brien, de la ferme des Quatre Vents, justement, tout à côté du terrain, aurait pu connaître la vérité si elle s'était retournée. Elle venait d'allumer les lampes et, comme il traînait encore un peu de jour, elle n'avait pas encore fermé les rideaux. Un instant elle s'était attardée à la fenêtre, à regarder les premiers flocons de neige qui tombaient d'un ciel bas et sombre. Parce que le bébé criait dans son berceau, elle s'était retournée.

L'homme l'avait-il vue, lui, du dehors, dans la lumière dorée. Avait-il deviné que c'était sur un berceau qu'elle était penchée?

[illegible]

548

Seit meinen ersten amerikanischen, in Amerika entstandenen Romanen schrieb ich am Nachmittag mit Bleistift eine Art Rohfassung. Am nächsten Morgen tippte ich den Text in die Maschine, und nachmittags schrieb ich das Kapitel für den nächsten Tag mit dem Bleistift, und so fort. Doch eines schönen Tages, vor etwa vier Jahren, habe ich mich gefragt: Kriege ich davon nicht auf die Dauer einen literarischen Stil? – Literarisch im negativen Sinn, denn wenn man so mit der Hand schreibt, kommt man in Versuchung, den Text zu überarbeiten. Warum mache ich es nicht einfach so wie bei den ersten Maigrets, die ich sofort getippt habe. ›Die Katze‹ habe ich direkt auf der Maschine geschrieben. Meine Bleistifte habe ich weggeräumt.
Ich glaube, das war ganz entscheidend, weil ich wieder zum direkten Zugriff zurückfand.

In einem Interview mit Bernard de Fallois und Gilbert Sigaux, 1970

Roman heute Morgen fertiggestellt. Müsste ›Le cauchemar‹ (›Der Alptraum‹) heißen. Schließlich wird er unter dem Titel ›Betty‹ erscheinen. Sieben Tage äußerster Anspannung. Nichts erschien mir wichtiger. Heute Morgen, nachdem ich das Wort »Ende« geschrieben habe, kommt mir alles nichtig, geradezu absurd vor. Ich frage mich, warum die Leute in einigen Monaten Geld ausgeben sollen, um es zu lesen. Mir graut vor dem Augenblick, in dem ich mich an die Durchsicht machen muss. Das Drama, um ein so großes Wort zu gebrauchen, besteht vielleicht darin, dass ich zwischen zwei Romanen an allem zweifle… Komischer Beruf!

Aus: *Als ich alt war*, 1960

548 Manuskriptanfang des Romans *Der Neue*, 1950
549 Arbeitsplan für *Der Neue*, geschrieben zwischen dem 12. und dem 21. Oktober 1949 in Tucson, kurz vor der Abreise nach Carmel by the Sea. Für die Revision waren drei Tage (10. bis 12. November) vorgesehen. Gegen Ende seiner Karriere schrieb Simenon die meisten seiner Romane in sieben Tagen: »Ich hatte, wie die Rennpferde, den Parcours gefunden, der auf mich zugeschnitten war.«

- 1 -

Il se trouva installé dans la ville sans que personne l'ait vu arriver, et on en ressentit un malaise comparable à celui d'une famille qui apercevrait soudain un inconnu assis dans un fauteuil du living-room, sans qu'on l'ait entendu entrer, sans que la porte se soit ouverte.

Il n'était pas descendu du train du matin, qui passe à huit heures, et il était là bien avant le train de nuit. Il n'était pas non plus venu par le bus.

Il n'avait pas de voiture, pas de vélo. On parla d'avion, et il aurait fallu qu'un avion privé le dépose à l'aéroport des Quatre-Vents, un terrain privé qui appartient au club local, car il n'y a pas d'aérodrome commercial à moins de cinquante milles.

Seule la femme de Dwight O'Brien, de la ferme des Quatre-Vents, justement, tout à côté du terrain, aurait pu connaitre la vérité, et

550 Typoskript des Romans *Der Neue*, 1950
551 Simenons letzter Schreibtisch, Lausanne, 1981

Vorgestern hat meine Frau meine Pfeifen gereinigt; gestern meine Schreibmaschine. Am Abend habe ich in meinem Arbeitszimmer meine Utensilien so sorgfältig aufgebaut, wie ein Zirkusakrobat seine Trapeze aufhängt und prüft, wie ein Taschenspieler die Taschen seines Anzugs ausstattet.

Heute Morgen um sechs Uhr zum ungefähr hundertachtzigsten Mal – die Leute finden diese Zahl enorm; mir erscheint sie lächerlich, wenn ich bedenke, dass ich achtundfünfzig bin und nichts anderes getan habe im Leben! – heute Morgen also kam ich herunter, um meine Nummer vorzuführen.

Kaffee. ›Do not disturb‹ an beiden Türen usw. Eine Stunde später, nach fünf Seiten, machte ich die Piste frei. Nicht umsonst habe ich diese Zirkus- und Kabarett-Sprache gebraucht. Denn mein Fehler war gerade der, dass ich diesen Roman ein wenig wie eine artistische Darbietung schreiben wollte.

Ich habe dieses Jahr schon drei geschrieben. Ich träumte davon, fünf oder sechs zu schreiben, wie früher, und so irgendwie zu beweisen, dass ich nicht altere, dass ich noch in bester Form bin. (Chevalier sang, als er so alt war wie ich heute, wie als Herausforderung eineinhalb Stunden ganz allein auf der Bühne.) Ich hatte alle möglichen Gründe, um diesen Roman nicht zu beginnen. Zuerst die Ferien der Kinder, die Ferien aller Leute, die Ferienatmosphäre, die mich nicht unberührt ließ. Die Anrufe und überraschenden Besuche von Freunden. Dann, vielleicht mehr als alles andere, eine wahnsinnige Lust, bis zur Erschöpfung Golf zu spielen, mich körperlich zu verausgaben, nachdem mir das auf dem Bürgenstock so gut gelungen war. Ich wollte trotz allem schreiben, um am Ende des Jahres fünf oder sechs Romane vorweisen zu können, und das habe ich nun davon.

Aus: *Als ich alt war*, 1961

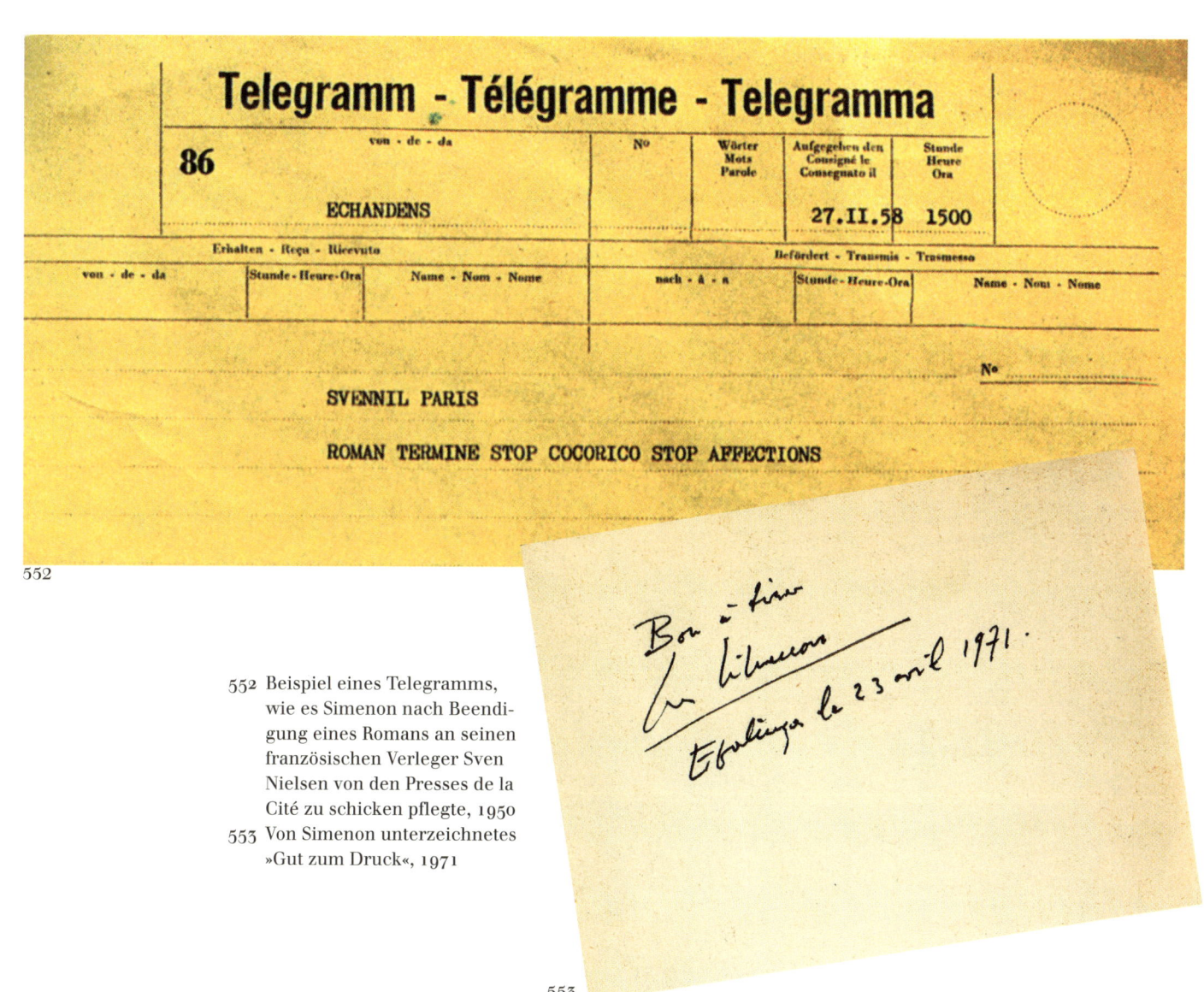

552 Beispiel eines Telegramms, wie es Simenon nach Beendigung eines Romans an seinen französischen Verleger Sven Nielsen von den Presses de la Cité zu schicken pflegte, 1950

553 Von Simenon unterzeichnetes »Gut zum Druck«, 1971

554

Wenn meine Figuren nicht menschlich wären, glaube ich nicht, dass ich sie bis zum Schluss durchziehen könnte. Es leuchtet mir ein, dass die Alternative richtig oder falsch nicht stichhaltig ist; ausschlaggebend ist das Adjektiv »menschlich«, und zwar durch all das, was es an Körperlichem, Psychologischem, Instinkthaftem und Gesellschaftlichem beinhaltet... Das heißt also, durch all das, was den Menschen ausmacht, an Licht- und Schattenseiten und Instinkt, Vernunft und Willen. Ich glaube: Da liegen die Merkmale der maskenlosen Echtheit.

Eigentlich bin ich unfähig, Figuren zu schaffen, die größer sind als in Wirklichkeit; deshalb könnte ich nicht für das Theater schreiben, weil der Dramatiker ähnlich wie der Bildhauer in überlebensgroßen Dimensionen arbeitet, während der Romancier und der Maler ihre Figuren in Lebensgröße gestalten.

Aus: *Simenon auf der Couch*, 1968

Ich wollte immer schon Romane schreiben, wie viele andere Leute auch. Wahrscheinlich fast ein Drittel aller jungen Leute hat vor, eines Tages mindestens einen Roman zu schreiben. Beim Schreiben hatte ich das Gefühl, dem Menschen näher zu kommen. Weil man, wenn man eine Romanfigur erschaffen will, in deren Haut schlüpfen muss. So entsteht ein Roman des Unbewussten. Denn ich teile die Romane in zwei Kategorien ein: Es gibt Romane, die mit Intelligenz, Einfühlungsvermögen, Poesie usw. geschrieben sind; und es gibt die Romane, die das Unbewusste schreibt, buchstäblich. Man schlüpft in die Haut einer Figur und weiß überhaupt nicht, wohin diese Figur einen führt, man folgt ihr Tag für Tag und weiß erst im letzten Kapitel, was sie schuldig werden ließ. […] Man hat übrigens Balzac einmal gefragt: »Was ist eine Romanfigur?«, und Balzac antwortete: »Das ist irgendein Mensch von der Straße, der aber bis ans Ende seiner selbst geht.«

In einem Interview mit Bernard de Fallois und Gilbert Sigaux, 1973

Auf Reisen schrieb ich mit Vorliebe im Badezimmer, dem ruhigsten Ort des Hotels, wo einen niemand stören konnte und wo es kein Telefon gab.

Aus: *Intime Memoiren*, 1981

554 1950er Jahre
555 Ende der 1950er Jahre
556 Beim Schreiben im
  Badezimmer, Mailand, 1958

Ich entspannte mich, indem ich einen Maigret schrieb, wie jedes Mal, wenn ich mich aus dem einen oder anderen Grund nicht dazu aufgelegt fühlte, einen schwierigen Roman in Angriff zu nehmen. So war es mit allen Maigrets, abgesehen von den ersten achtzehn, von denen ich jeden Monat einen geschrieben hatte. Es stimmt, dass ich zwei Kapitel am Tag schrieb, eines am Morgen und das andere am Nachmittag, so dass manche meiner Romane in drei Tagen fertig wurden.

Das war für mich eine Erholung, mich an meine Schreibmaschine zu setzen und meinen wackeren Kommissar wiederzutreffen, ohne über den Ausgang seiner Ermittlungen bis zum letzten Kapitel mehr zu wissen als er.

Man hatte meine fünf Dutzend Bleistifte beschrieben, fotografiert und gefilmt, und ich musste sie manches Mal mit meiner kleinen Maschine vor den Kameras anspitzen.

Gewiss liebe ich es, meine Bleistifte anzuspitzen, sie extrem spitz zu machen, aber obwohl immer noch einige davon auf meinem Schreibtisch und auch neben dem Telefon standen, so dienten sie doch seit über fünfzehn Jahren nur noch dazu, Notizen zu machen, die nichts mit meinen Romanen zu tun hatten.

Ich schrieb ein zwanzigseitiges Kapitel in etwa zwei Stunden und hatte dabei achthundert Gramm Gewicht verloren. Teresa und ich haben das getestet: Sie hat meine Kleidung gewogen, bevor sie sie mir gab. Denn ich zog zum Schreiben immer dasselbe an, aus einer Art Aberglauben: immer die gleichen zwei Sporthemden, ein rotes und ein braunes, mit großen Karos. Die hatte ich in New York gekauft und seither alle meine Romane in diesen Hemden geschrieben. Diese Hemden wogen nach jedem Einsatz achthundert Gramm mehr. Achthundert Gramm, die ich ausgeschwitzt hatte, fast fünfeinhalb Kilo pro Woche. In einem knappen Monat hatte ich die wieder drauf, aber ich verlor sie in sieben Tagen.

Ich bin mit den Evangelien aufgewachsen, und vor allem der Satz »Du sollst nicht richten« ist mir geblieben. Heute wird er viel zu wenig beachtet. Das sechste Gebot, das Christus fast nicht erwähnt und von dem in den Evangelien kaum die Rede ist, ist in aller Munde, während der Satz »Du sollst nicht richten« nie zitiert wird. Dabei ist er meines Erachtens viel wichtiger.

Aus: *Intime Memoiren*, 1981

Das Einzige, womit ein Künstler, ein Schriftsteller dem Zuschauer oder dem Leser helfen kann, ist Folgendes: Jeder Mensch hat seine Licht- und seine Schattenseiten, derer er sich mehr oder weniger schämt, denen er zu entkommen versucht oder die er stärker verdrängen möchte. Damit lebt er mehr oder weniger in Frieden, es bedrückt ihn mehr oder weniger bewusst. Wenn er aber eine Figur entdeckt, die mit ihm Ähnlichkeit hat, bei der dieselben Symptome in Erscheinung treten, die dieselben Schamgefühle mit sich herumträgt, dieselben inneren Kämpfe führt, dann sagt er sich: Ich bin also doch nicht allein, ich bin kein Monstrum. Und das kann ihm helfen. Ich will den Leuten zeigen, dass die kleine Tragödie, die sich in ihnen abspielt und um deretwillen sie sich schämen, worüber sie mit keinem zu reden wagen, nicht nur ihre eigene ist, sondern dass viele Menschen dieselben Qualen leiden.

Aus: *Simenon auf der Couch*, 1968

557 Nach 1945 schrieb Simenon einige Jahre lang die erste Fassung seiner Romane mit Bleistift auf gelbe Schreibblöcke und tippte sie dann ab, später schrieb er direkt auf der Schreibmaschine.

558 Échandens, 1959. Simenon hatte eine Sammlung von über 100 Telefonbüchern, in denen er nach Namen für seine Romanfiguren suchte.

559 Lausanne, 1981

Verfilmungen

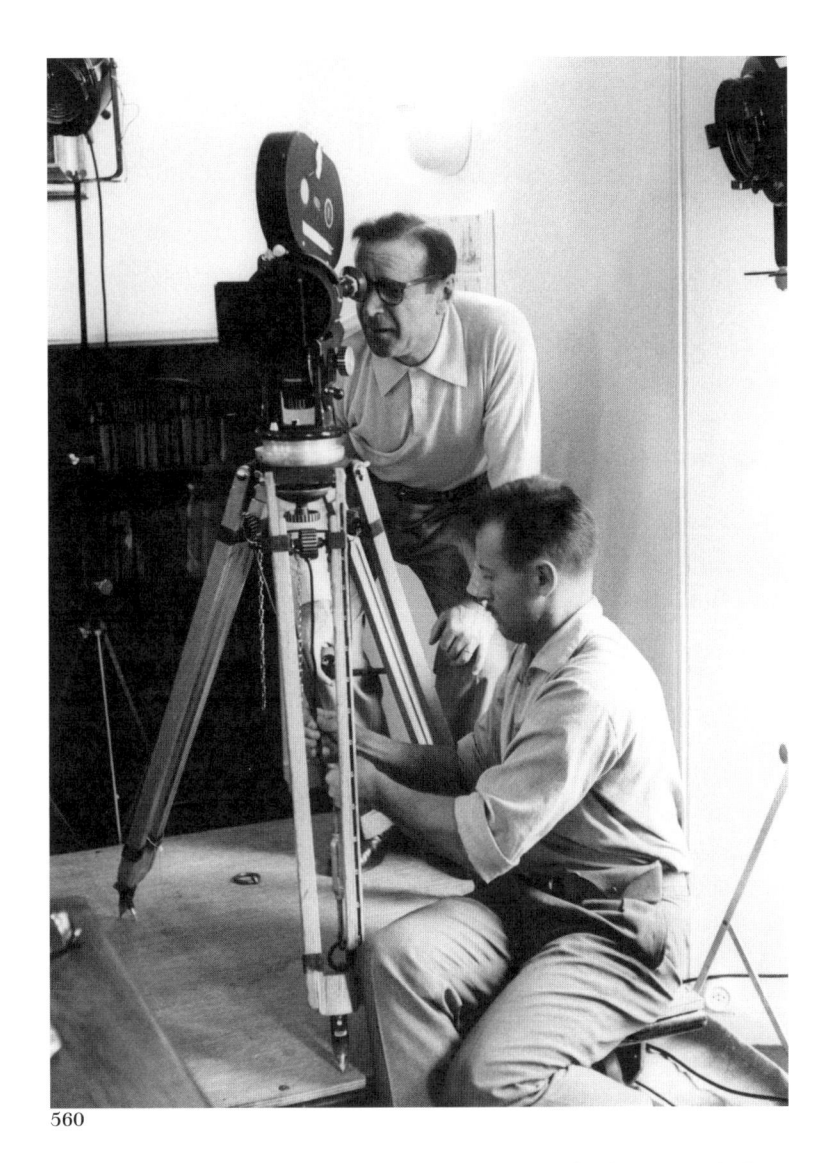

560

*Wie hätten ein Regisseur, ein Schauspieler
dieses Bild wiedergeben können,
das nur in meinem Inneren existierte?*

561

Simenon ist der vermutlich meistverfilmte Schriftsteller der Welt: 60 Kino- und über 300 Fernsehfilme sind nach seinen Büchern entstanden. Kritiker haben den »cineastischen Stil« von Simenon hervorgehoben, die Lebendigkeit seiner Dialoge, seinen fast filmischen Aufbau von Atmosphäre.

Doch schrieb Simenon in einem Brief von 1938: »Ein guter Roman gibt nur in den seltensten Fällen den Stoff zu einem guten Film ab, da die beiden Künste so verschieden sind wie Bildhauerei und Musik.« Zu diesem Zeitpunkt waren bereits drei Romane von Simenon verfilmt, allesamt Maigrets. Den Anfang machte ein künstlerischer und persönlicher Glücksfall: Jean Renoir adaptierte *La nuit du carrefour (Maigrets Nacht an der Kreuzung)*. Simenon war begeistert von der Verfilmung und von Pierre Renoir (dem Bruder des Regisseurs) in der Hauptrolle als Maigret, und der Film markierte den Beginn einer lebenslangen Freundschaft mit Jean Renoir. Doch kommerziell war er ein Flop. Ebenso die nächsten beiden Maigret-Adaptionen der Regisseure Jean Tarride und Julien Duvivier. Differenzen mit den Produzenten kamen hinzu. Desillusioniert wandte sich Simenon vom Kino ab und verkaufte jahrelang keine Filmrechte mehr an seinen Büchern, trotz lukrativer Angebote.

Erst 1939 änderte er seine Meinung: der Beginn einer wahren Flut an Simenon-Verfilmungen, die bis heute andauert. Allein im Jahr 1942 kamen fünf Produktionen in die französischen Kinos. Die Liste der Regisseure, die sich seither seiner Bücher angenommen haben, liest sich wie das *who is who* des französischen Films, darunter Claude Autant-Lara, Marcel Carné, Jean Delannoy, Jean-Pierre Melville, Henri Verneuil, Denys de La Patellière, Pierre Granier-Deferre, Édouard Molinaro, Claude Chabrol, Bertrand Tavernier und André Téchiné. In diese Reihe gehört sogar der Chansonnier Serge Gainsbourg, 1983 schrieb er das Drehbuch und führte Regie bei der Verfilmung von *Tropenkoller* (Filmtitel: *Équateur*). Aber nicht nur in Frankreich, auch international wur-

560 Simenon mit einem Kameramann bei Aufnahmen für ein Fernseh-Interview, Échandens, 1959
561 Mit den Schauspielern Michel Simon (Mitte) und Fernandel (rechts), Paris, 1952

den Simenons Romane immer wieder fürs Kino verfilmt, besonders in England. Ganz zu schweigen von den zahllosen Maigret-Adaptionen fürs Fernsehen.

Als die prototypische Verkörperung von Kommissar Maigret gilt die französische Schauspiellegende Jean Gabin. Doch er war nicht der Erste und gewiss nicht der Letzte: Zu erwähnen sind Charles Laughton, Harry Baur, Michel Simon, Jean Richard, Rupert Davies, Gino Cervi, Jan Teuling, Boris Tenin, Kinya Aikawa, Michael Gambon, Richard Harris, Heinz Rühmann und Bruno Cremer. In anderen Rollen haben mehrere Generationen der berühmtesten französischen Schauspieler in Simenon-Verfilmungen gespielt: Fernandel, Pierre Brasseur, Danielle Darrieux, Lino Ventura, Simone Signoret, Michel Serrault, Philippe Noiret, Jean-Louis Trintignant, Annie Girardot, Jean-Paul Belmondo, Brigitte Bardot, Alain Delon, Romy Schneider, Michel Blanc, Carole Bouquet, Sandrine Bonnaire, Virginie Ledoyen, um nur einige zu nennen.

Ein Filmemacher, der Simenon nicht verfilmt hat, war ihm aber auf andere Weise wichtig: Federico Fellini. Simenon war 1960 Jurypräsident beim Filmfestival in Cannes und setzte für Fellinis *La dolce vita* die Goldene Palme durch – der Beginn einer umfangreichen Korrespondenz und einer intensiven Freundschaft.

Simenons Beziehung zum Kino hat Höhen und Tiefen gehabt, zuletzt betrachtete er die Verfilmungen seiner Bücher mit distanziertem Interesse. Die Phantasie der Filmemacher regen seine Romane jedoch bis heute an.

Eines Morgens, als ich mein tägliches Romankapitel fertig geschrieben hatte, stand ich gerade auf der Brücke meines Schiffs ›Ostrogoth‹, als ein Bugatti auf mich zuraste und mit kreischenden Bremsen am Rande der Gangway hielt. Ich erwartete niemanden. Ein Mann, etwas älter als ich, sprang aus dem Wagen und kam auf mich zu. Er hatte ein Gesicht wie ein Engel, ein wenig pausbäckig, und sein ganzes Wesen strahlte Güte aus. Er marschierte auf mich zu, küsste mich auf beide Wangen und sagte: »Simenon… endlich!«

Es war Jean Renoir, der seither mein Freund, wenn nicht sogar mein bester Freund geworden ist. […] Ich hatte keine Ahnung, warum er mich so unerwartet aufgesucht hatte. Ich kannte seine früheren Werke, vor allem ›La petite marchande d'allumettes‹, in dem seine erste Frau, Catherine Hessling, die weibliche Hauptrolle spielte. Seine erste Frage war: »Sind die Filmrechte für ›La Nuit du carrefour‹ noch zu haben?«

Damals waren erst ein paar Maigrets erschienen. Niemand hatte mir je eine Verfilmung vorgeschlagen. Mein Herz klopfte heftig. Ich habe geantwortet, ja, natürlich. Jean Renoir, den ich mehr als alle anderen Filmregisseure jener Zeit bewunderte und dessen Filme ich mir im Filmkunsttheater ›Les Ursulines‹ ansah (wo damals Avantgardefilme gezeigt wurden und die Abende oft mit Raufereien endeten) hätte ich die Filmrechte auch umsonst gegeben […] Jean Renoir hat den ersten Maigret verfilmt. Damals drehte er nicht für eine der zwei oder drei großen Produktionsfirmen, sondern für einen Produzenten mit einem Namen, der mit »sky« endete und mit dem es schon bald Streit gab. Ohne etwas zu verlangen, bekam ich für die Rechte einen sehr ansehnlichen Betrag: fünfzigtausend Franc zu einer Zeit, als ein Franc noch ein Franc und etwas wert war. Jean hat seinen Lieblingskameramann aus Nizza geholt, dessen Außenaufnahmen unerreicht waren. Und Maigret wurde von Pierre Renoir gespielt, dem älteren Bruder von Jean, der meiner Meinung nach der beste von allen Film-Maigrets gewesen ist. Pierre Renoir, der häufig mit Louis Jouvet arbeitet, hatte verstanden, dass ein Hauptkommissar der Kriminalpolizei ein Beamter ist. Er hat sich verhalten und gekleidet wie ein Beamter, stets seine Würde und seinen etwas starren und forschenden Blick gewahrt.

Wie hat der Film fertiggestellt werden können? Keine Ahnung. Unser »sky«-Produzent sprach einen Tag von Millionen und am anderen Tag von Zehntausenden von Franc. Die Dreharbeiten mussten wegen Geldmangels mehrfach unterbrochen werden. Der Winter kam, und man musste mehrere Szenen neu drehen. Ganz davon abgesehen, dass Jean sein Leben lang während der Dreharbeiten improvisiert hat. Daher sind alle seine Werke so lebendig. Und deshalb gilt er ja auch in Amerika als der Vorreiter des modernen Films. Als der Schnitt mehrere Monate später beendet war, herrschte Ebbe in der Kasse. Der Film wurde uns vorgeführt. Wir paar Zuschauer waren begeistert. Aber nach der Vorführung kamen Filmleute auf mich zu und fragten, wie die Handlung nun eigentlich wirklich sei. Ein Kriminalfilm verlangt einen streng logischen Ablauf. Die Szenen liefen auf der Leinwand ab, aber letzten Endes war die Geschichte nur schwer verständlich. Die Löcher in der Handlung entsprachen den Perioden der Ebbe in der Kasse des Herrn »sky«. Er hat mich dann in sein Büro gerufen und gesagt: »Die Leute scheinen nicht alles zu verstehen. Ich weiß, wie wir dem abhelfen können. Nach dem Vorspann kommen Sie in Großaufnahme und erklären die Geschichte. Danach treten Sie immer mal wieder auf, um die eine oder andere Sequenz zu erläutern.« […] Ich habe natürlich abgelehnt.

Aus: *Point-Virgule*, 1977

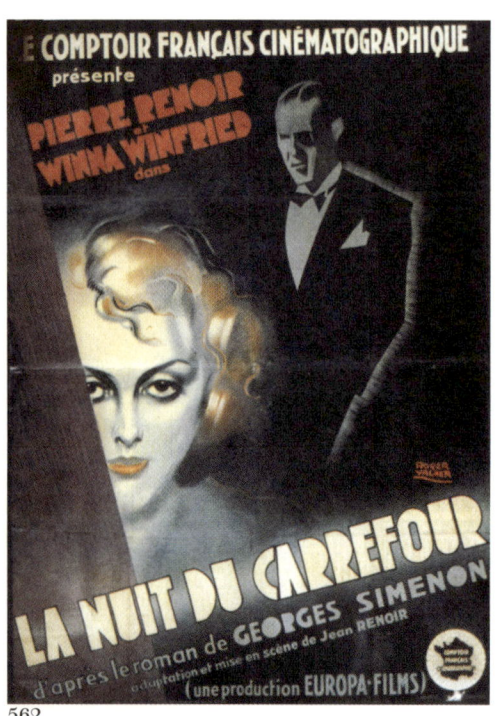

Verfilmungen

562 Kinoplakate v.l.n.r.: *Maigrets Nacht an der Kreuzung* 1932, *Maigret und der gelbe Hund* 1932, *Die Unbekannten im eigenen Haus* 1941

563 Pierre Renoir, der erste Maigret auf der Leinwand in Jean Renoirs Verfilmung von *La nuit du carrefour* (*Maigrets Nacht an der Kreuzung*)

564 Simenon mit Jean Renoir und Françoise Arnoul, 1950

565 Mit dem russischen Schauspieler Valéry Inkijinoff arbeitet Simenon am Drehbuch von *Maigret kämpft um den Kopf eines Mannes*, 1932. Das Drehbuch wird vom Regisseur Julien Duvivier, der den Roman 1933 verfilmt, jedoch nicht verwendet.

566/567
Jean Gabin und Brigitte Bardot in *En cas de malheur* (*Im Falle eines Unfalls*, deutscher Filmtitel: *Mit den Waffen einer Frau*) von 1958 und das dazugehörige Kinoplakat

568 Kinoplakat zu *Trois chambres à Manhattan* (*Drei Zimmer in Manhattan*), 1965

569 Verfilmung des Romans *Die Katze*, 1971

Nach der Verfilmung dreier Romane von mir, die bei Fayard erschienen sind, und nach einer genauen Analyse des Kinos der letzten Jahre bin ich zu der Überzeugung gelangt, dass ein guter Roman nur in den seltensten Fällen den Stoff zu einem guten Film abgibt, da die beiden Künste so verschieden sind wie Bildhauerei und Musik. Das habe ich in Interviews und Artikeln über das Kino immer wieder gesagt. Ich habe mich auch entsprechend verhalten, denn in den letzten vier Jahren habe ich selbst sehr reizvolle Angebote von Produzenten und Filmregisseuren stets abgelehnt. Wenn ich mich heute wieder für die Filmkunst interessiere, dann aus zwei Gründen. Erstens haben die Produzenten endlich eingesehen, dass nur Originaldrehbücher einen Sinn haben, was ich immer verfochten habe. [...] Wie Sie sehen, ist die Situation völlig klar. Die Verfilmung eines Romans ist für mich nicht eine Art Weiterentwicklung des Buches, wie für manche Autoren, die zufällig die Filmrechte an einem erfolgreichen Roman verkauft haben. Noch einmal, ich habe es versucht und finde dieses Vorgehen sowohl für die Filmkunst als auch für den Status des Schriftstellers verheerend. Als ich im September beschlossen habe, für den Film zu arbeiten, habe ich daher nicht versucht, einen meiner Romane zu verkaufen, sondern ich habe ›Die Marie vom Hafen‹ eigens für die Leinwand geschrieben.

In einem Brief an Gaston Gallimard, 1938

570 Jean Gabin in *Maigret sieht rot* (nach dem Roman *Maigret regt sich auf*) von 1963
571 Mit Jean Gabin, um 1958
572 Kinoplakat der Verfilmung von *Der ältere Bruder* von 1962

Un article exclusif de Georges SIMENON
"Le vrai Maigret sera mon vieil ami Gabin..."

On ne présente pas Georges Simenon. Tout le monde a lu nombre de ses romans. Celui aussi. Il est l'auteur le plus fécond du monde, le plus traduit et le plus lu. Celui aussi dont le plus grand nombre de livres ont été adaptés au cinéma, parce que, de tous les romanciers, nul n'a comme lui le pouvoir de créer un climat. C'est pour toutes ces raisons que l'on peut parler en littérature du « phénomène Simenon ». Les quelques notes qu'il a jetées ci-dessous sur papier à l'intention des lecteurs de « Ciné-Revue », éclaireront sa personnalité dont le meilleur caractère est peut-être cette bonne humeur, ce « savoir-vivre » (dans le sens de : savoir accepter la vie) qu'il doit, si on l'en croit, à sa ville natale.

Georges Simenon, la pipe de Maigret à la bouche.

Je préfère écrire plutôt que parler car je me rends compte que j'ai la voix un peu claironnante. Je m'en suis aperçu en constatant que mes enfants avaient la même voix que moi. J'ai compris quel supplice les gens pouvaient endurer à m'entendre, parce que mes enfants m'écorchent les oreilles. Et ils ont, tout le monde me l'assure, le même son de voix que moi...

UN SEUL DE MES DEUX FILS ME LIT

Des enfants, je n'en ai malheureusement que trois. J'aurais voulu en avoir douze. L'aîné a dix-huit ans. Il va préparer son bac; je ne sais s'il le passera; ce qui l'intéresse, ce sont les recherches biologiques, les sciences naturelles. Il est surtout passionné par les serpents. La littérature ne l'attire pas du tout, mais pas du tout. Il ne lit pas du tout. Il est impossible de le faire lire. Il n'a jamais lu un seul de mes romans. Cela ne l'intéresse pas. Chaque année, pour son Noël, il demandait des serpents. Comme nous vivions aux Etats-Unis, nous envoyions un télégramme soit en Afrique du Sud, soit à Miami, partout où on trouve des serpents plus ou moins rares. Il avait tout un zoo qui comptait jusqu'à quatre-vingts serpents et une centaine de tortues de toutes races.

Je me suis demandé pourquoi il n'avait lu aucun de mes romans. Des psychologues professionnels m'ont affirmé que c'était par crainte d'être déçu. Il est vrai qu'il a beaucoup d'amour pour moi; nous sommes vraiment deux grands amis, lui et moi. J'ai l'impression que s'il devait se dire qu'il n'aime pas ce que j'écris, il se sentirait terriblement gêné vis-à-vis de moi. Et cela pourrait très bien arriver. L'optique varie tellement d'une génération à l'autre.

Tous ses amis me lisent. Ils viennent chercher mes livres chez moi. Mais lui ne m'en demande jamais. Mon second fils, qui a huit ans, est tout différent. Il ne se contente pas de dévorer mes livres, mais, quand il trouve un manuscrit sur une table, il s'en empare et il se plonge dans sa lecture. Je lui demande toujours ce qu'il en pense. Quant à ma dernière, elle a quatre ans; elle ne lit pas encore.

POUR BIEN DECRIRE UN VERRE DE BIERE, IL FAUT EN BAVER

Maintenant, j'habite en France. Des amis m'ont demandé comment il se faisait que c'était des Etats-Unis que j'avais le mieux décrit Paris. Il faut absolument du recul pour écrire, et même un très long recul. Presque tous les romans que j'ai écrits en Amérique se passaient à Paris, en tout cas en France. Au fond, la raison en est simple. Faites-en l'expérience vous-même. Allez aux Champs-Elysées; regardez autour de vous et essayez de décrire les Champs-Elysées. Je vous en défie. Les détails que vous avez sous les yeux ne sont pas des détails frappants; ils forment une masse incohérente. Les vrais détails frappants, on ne les trouve qu'après avoir oublié tous les autres, dans la mémoire que l'on garde des impressions. Pour cela il faut être loin.

Vous vous trouvez en Afrique Equatoriale ou en Amérique du Sud et vous pensez à la terrasse du « Fouquet's » ou à un endroit du même genre. Vous y pensez avec nostalgie et les mots « verre de bière » prennent pour vous une valeur que vous ne pouvez imaginer, parce qu'il est presque impossible de trouver un verre de bière à Libreville ou à Port-Gentil. Vous allez dès lors décrire ce verre de bière de manière à donner l'eau à la bouche aux gens, puisque vous avez vous-même l'eau à la bouche en y pensant.

LES PARFUMS EVEILLENT LE MIEUX LA MEMOIRE

Je crois que, dans cette question d'ambiance, une chose prime toutes les autres : les odeurs. Je suis très sensible aux odeurs et je pars presque toujours sur une odeur quand je dois écrire un roman. Je me dis, par exemple : je dois commencer un roman dans deux jours. Je liquide autour de moi tout ce qui pourrait interrompre mon travail pendant toute la durée de mon roman. Ma femme me rappelle d'importants rendez-vous. Je lui réponds : « Non, rien à faire. A partir d'après demain, j'entre en loge. » Puis je vais me promener, parfois pendant une heure, parfois cinq heures. Je marche dans la campagne et, tout à coup, une odeur me frappe; je passe près d'un buisson de mûres si c'est l'été, près d'un bouquet de lilas si c'est le printemps et soudain, une odeur me rappelle un souvenir qui a peut-être vingt ans, parfois plus, parfois un souvenir d'enfance. Et ce souvenir amène des images; ces images amènent des gens; je revois le village ou la ville où j'ai respiré cette même odeur de lilas ou de mûres ou de n'importe quoi; il suffit d'y placer les personnages et, quand on a les personnages, il faut savoir quel est le déclic qui les poussera au bout d'eux-mêmes.

NOUS AVONS EN NOUS TOUTES LES PASSIONS DU MONDE

Ce n'est pas moi qui ai inventé cette définition du roman, je m'empresse de le dire. Lorsqu'on demandait à Balzac ce qu'était un personnage de roman, il répondait : « C'est n'importe qui dans la vie, mais poussé jusqu'au bout de lui-même. » Nous avons en nous toutes les passions du monde, tous les instincts, toutes les possibilités. Pour différentes raisons — d'éducation, de faiblesse, de peur du gendarme, etc. — nous n'osons leur donner libre cours. Mais qu'arrive un événement qui nous oblige à aller jusqu'au bout de nous-mêmes et nous allons pouvoir devenir ou des héros ou des canailles. Il suffit alors de prendre des personnages que l'on sent bien, de se mettre dans leur peau et de les jeter au milieu de certaines situations, un deuil dans la famille, un héritage, un accident, n'importe quel événement qui tout d'un coup, bouleverse leur vie.

J'ai dû écrire entre cent soixante-cinq et cent soixante-huit de ces romans. Je ne sais pas exactement. C'est ma femme qui tient toute cette comptabilité à jour et en général répond aux journalistes. Je vais d'ailleurs vous faire un aveu : en principe, c'est ma femme qui donne mieux que moi toutes mes affaires, puisque c'est elle qui s'en occupe; elle s'occupe rigoureusement de tout, qu'il s'agisse de littérature ou de cinéma. Je n'ai pas de secrétaire, mais ma femme en a une. Je ne réponds jamais au téléphone; c'est ma femme qui s'en charge; c'est elle qui prend tous les rendez-vous, elle qui s'occupe de tout...

LE VRAI MAIGRET : MON VIEIL AMI GABIN

A ce jour, quarante-huit films ont été inspirés de mes romans. Il faut y ajouter les sept de cette année; cela donne cinquante-cinq. (J'espère que ma femme ne rectifiera pas.) Parmi les prochains, il faut compter « En cas de malheur » avec Jean Gabin et Brigitte Bardot et « Strip-Tease » que Clouzot va réaliser. Ici, il ne s'agit pas d'un film tiré d'un de mes romans; j'ai écrit un scénario original pour Clouzot. Je n'en tirerai pas de roman après, parce que c'est impossible : on pense scénario ou on pense roman. Je suis incapable d'écrire sur commande; il faut absolument que je sente un sujet et je n'imagine même pas de pouvoir reprendre sous une autre forme un sujet que j'ai déjà traité.

Une chose me passionne en ce moment : mon vieil ami Jean Gabin, qui a tourné quelques-uns de « mes » films, dans lesquels je ne suis pour rien (ils ont simplement été tirés de mes romans), mon vieil ami Gabin va interpréter le personnage de Maigret. Il a signé pour trois films de Maigret : deux seront tournés cette année, dont un dès le mois prochain; ce sera son huitième « Simenon ». Je crois que Jean Gabin sera le plus proche de Maigret, de l'idée que le public se fait de Maigret et, en tout cas, de l'idée que je m'en fais moi-même.

LE MEILLEUR LEGS DE MA JEUNESSE : LA BONNE HUMEUR LIEGEOISE

Je vis en France, mais j'ai gardé une fidélité profonde à la Belgique. Je suis né au cœur de Liège, dans un quartier qui s'appelle Outre-Meuse. J'ai gardé une grande tendresse pour ma ville natale. Celui de mes livres que je préfère s'appelle « Pedigree ». C'est une sorte de chanson de geste des petites gens de Liège, qui sont surtout des artisans. Ce sont les gens de métiers qu'ils font sans. A Liège, il y a encore beaucoup d'ouvriers en chambre.

C'est parce que je me sens toujours Liégeois que j'ai conservé pour la fin cette histoire liégeoise. C'est le soir dans une petite rue noire; il n'y a qu'une fenêtre éclairée, celle d'un petit café comme on en trouve beaucoup à Liège, avec des rideaux crème qui laissent filtrer la lumière. A un moment donné, la porte s'ouvre; on voit deux hommes qui en balancent un troisième au milieu de la rue. On lui jette son chapeau, sa canne et la porte se referme violemment. Au milieu de la rue, dans une flaque d'eau, l'homme se relève péniblement. Il ramasse sa canne, prend son chapeau, marche en titubant vers la porte qui s'est refermée, il la pousse et il dit : « A samedi, les amis ! » Cela donne assez bien, je crois, une idée de la bonhomie et de la bonne humeur liégeoises. Celle qui fait que je me sens toujours Liégeois où que je me trouve...

[signature] Georges Simenon
Cannes 1957

QUELQUES-UNS DES 55 FILMS AU "CLIMAT SIMENON"

« La Neige était sale », avec Daniel Gélin et Vera Norman.

« La Marie du Port », avec Jean Gabin et Nicole Courcel

« Panique », avec Michel Simon et Viviane Romance.

« L'Homme de la Tour Eiffel », avec Franchot Tone et Charles Laughton.

« Le Voyageur de la Toussaint », avec Jules Berry et Jean Desailly.

« L'Homme qui regardait passer les Trains », avec Claude Rains et Marta Toren.

« Le Fruit Défendu », avec Fernandel et Françoise Arnoul.

« Le Fond de la Bouteille », avec Van Johnson et Joseph Cotten.

M. et Mme Simenon et les deux jeunes de leurs trois enfants.

573 Artikel in der *Cinérevue*, in der Simenon zitiert wird: »Le vrai Maigret sera mon viel ami Gabin.« (Der echte Maigret wird mein alter Freund Gabin sein.)
574 Jean Gabin als Maigret
575 Simenon, portraitiert von Maurice de Vlaminck
576 Filmplakat zu *Maigret et l'Affaire Saint-Fiacre (Maigret und die Affäre Saint-Fiacre)*, 1957, mit Jean Gabin als Maigret
577 Filmplakat zu *Maigret tend un piège (Maigret stellt eine Falle)*, 1957, ebenfalls mit Jean Gabin

Man schlägt ein Buch von Simenon auf. Er schaltet den Projektor ein, und der Film läuft ab.
   Maurice de Vlaminck, 1939

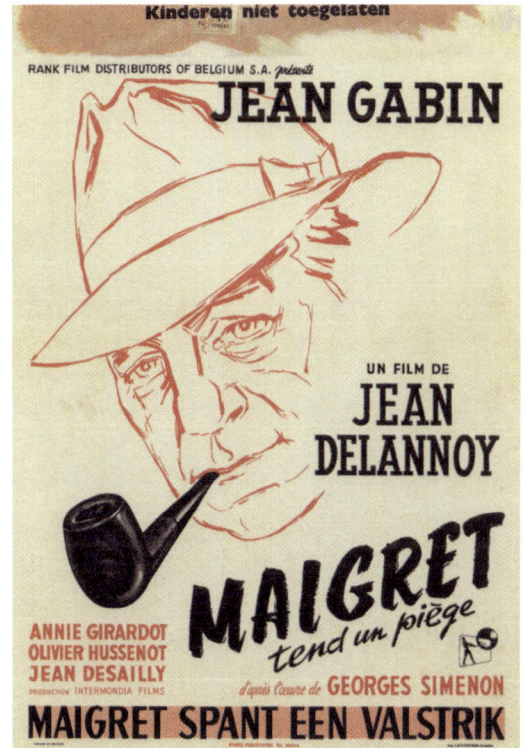

578

578 Widmung von Michel Simon auf einem Foto aus dem Film *Brelan d'As* nach der Erzählung *Le témoignage de l'enfant de chœur (Die Aussage des Ministranten)*, 1952

579 Französische Erstausgabe von *Simenon au Cinéma (Simenon im Kino)*, Hatier, 1996

580 Michel Simon als Maigret, 1952

581 Jean Richard als Maigret
582 Harry Baur als Maigret
583 Abel Taride in *Le chien jaune (Maigret und der gelbe Hund)*, 1932
584 Ein Buch mit allen Film- und Kinoplakaten von Verfilmungen nach Romanen und Geschichten von Georges Simenon, Textuel, 2003

Ich komme diese Woche aus Hollywood zurück, wo ich zehn Tage verbracht habe. Sie werden einen Film sofort und dann wahrscheinlich noch mehrere von mir machen. Voller Freude habe ich meinen alten Freund Jean Renoir wiedergetroffen, der sich in den Vereinigten Staaten sehr wohl fühlt, sowie Charles Boyer und ein paar andere und bin einigen amerikanischen Autoren begegnet, darunter Clifford Odets, der neben O'Neill als der beste Dramatiker gilt. Habe auch Charlie Chaplin getroffen, der charmant ist und wie O'Neill einer meiner Leser der ersten Stunde. Das kann einen schon freuen.

In einem Brief an André Gide, 1948 (In: *Das Simenon Lesebuch*)

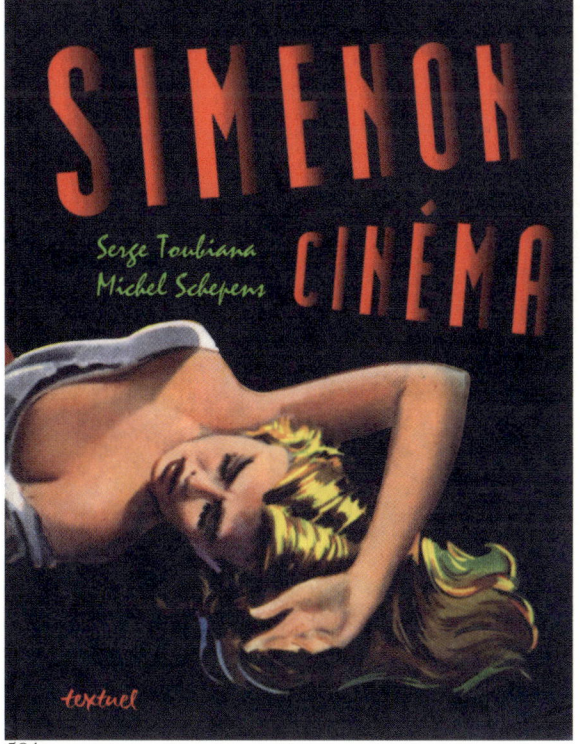

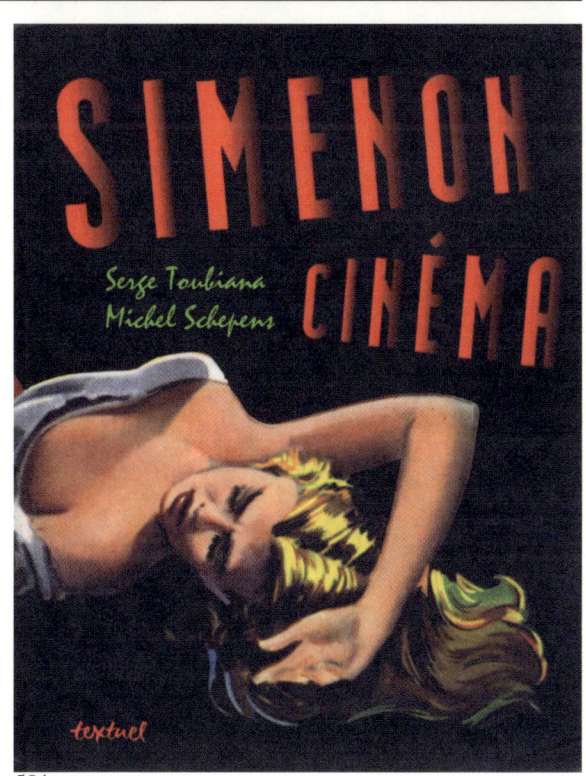

585

Verfilmungen

585 Mit Rupert Davies,
dem englischen Maigret, 1954
586 Französische Ausgabe von
Maigret und die kopflose Leiche,
Presses de la Cité, 1960er Jahre
587 Charles Laughton als Maigret
588/589
Kinya Aikawa, der japanische
Maigret, und Etsuko Ichihara
als Madame Maigret
590 Musik zur Maigret-Serie, von
Ron Grainer, 1960

591

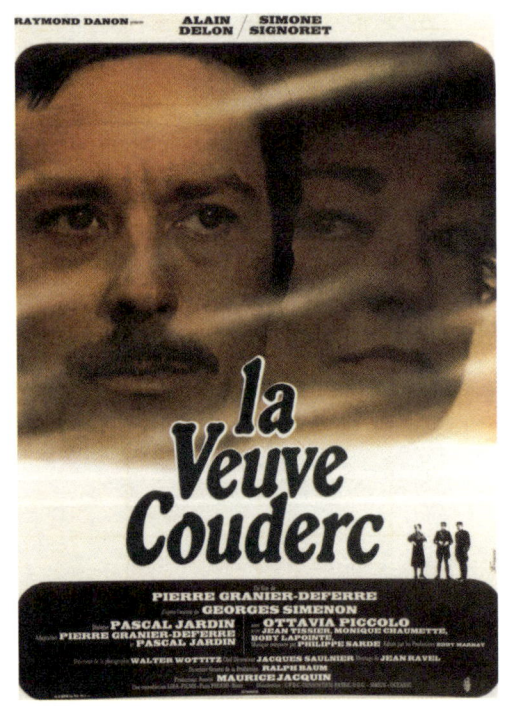

592

Ich respektiere die Leute vom Fach, einschließlich der Regisseure, die viele meiner Romane mit Schauspielern, die ich bewunderte, verfilmt hatten. Diese Filme hatte ich mir nie angesehen, mit Ausnahme von zwei oder dreien, darunter den ersten, den Jean Renoir gedreht hatte und in dem sein Bruder Pierre die Rolle Maigrets spielte. Der Grund dafür, dass ich mir weder die Filme noch die Fernsehfassungen meiner Romane angesehen hatte, ist leicht zu verstehen... Wenn ich einen Roman schrieb, sah ich meine Personen vor mir und kannte sie bis in die kleinsten Details, einschließlich derer, die ich nicht beschrieb.

Wie hätten ein Regisseur, ein Schauspieler dieses Bild wiedergeben können, das nur in meinem Inneren existierte? Jedenfalls nicht anhand meiner Beschreibungen, die immer kurz und summarisch waren, weil ich es gern dem Leser überlassen wollte, seine eigene Phantasie spielen zu lassen.

Wie würden Sie denn reagieren, wenn plötzlich eines Ihrer Kinder, durch die Zauberei der Schönheitschirurgie verändert, vor Sie treten würde? Nun, genau diese schmerzliche Reaktion ist die meine angesichts des besten Schauspielers, der die Rolle einer meiner Figuren spielt. Warum sollte ich diese unangenehme Erfahrung auf mich nehmen?

Aus: *Intime Memoiren*, 1981

591 Simenon vor einem Werbeplakat für die Verfilmung von *Le fils Cardinaud (Der Sohn Cardinaud)* mit Jean Gabin, Filmtitel: *Le sang à la tête*

592 Filmplakate v.l.n.r. *Betty* von 1991, *La veuve Couderc (Die Witwe von Couderc)* von 1971, *Le train (Der Zug)* von 1973

593 Mit Jean Richard, Épalinges, 1967

594 Filmplakate v.l.n.r. *Les Fantômes du Chapelier (Die Fantome des Hutmachers)* 1981, *Monsieur Hire (Die Verlobung des Monsieur Hire)* 1989, *En plein coeur*, Remake von *Im Falle eines Unfalls / Mit den Waffen einer Frau*, 1998

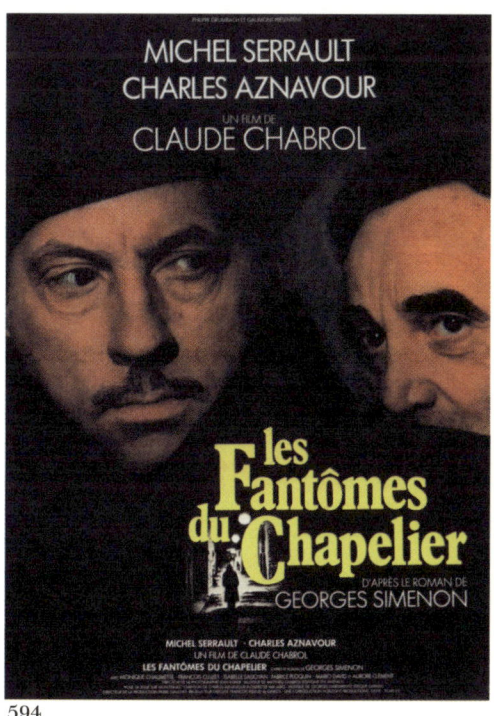

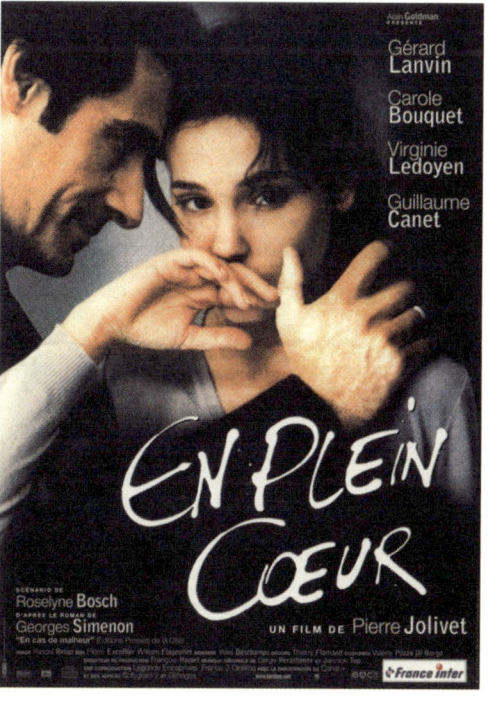

595 Erste Ausgabe der *Cahiers Simenon* über Simenon und das Kino, herausgegeben von den ›Amis de Georges Simenon‹, Liège, 1988
596 Mit dem Schauspieler und Chansonnier Eddie Constantine, 1950er Jahre
597 Mit Claude Chabrol, Lausanne, 1982
598 Mit Curd Jürgens, im Vordergrund die Kinder John und Marie-Jo, Cannes, ca. 1955
599 Als Jury-Präsident des Filmfestivals von Cannes, mit Federico Fellini und Giulietta Masina, 1960
600 Filmplakate v.l.n.r.: *L'inconnu dans la maison* (Der Unbekannte im eigenen Haus) von 1992, *L'étoile du nord* (Stern des Nordens) von 1982, *Équateur* (Tropenkoller) von 1983

Am letzten Tag der Jurysitzung am Filmfestival von Cannes, als wir von der Jury mit einem prächtigen kalten Buffet und nicht weniger prächtigen Zigarren in einen Raum eingesperrt wurden, flehte mich der Direktor des Festivals an, ihn stündlich über den Stand der Dinge auf dem Laufenden zu halten. Ich habe abgelehnt. Ich werde die Namen der Kandidaten nicht nennen, die man mir in homöopathischen Dosen einflüsterte. Die Einflüsterungen kamen direkt vom Außenministerium. Dank zweier oder dreier Verbündeter in der Jury, vor allem meines Freundes Henry Miller, der nur zu mir gesagt hatte: »Sagen Sie mir einfach, für wen ich stimmen soll«, konnten wir die Goldene Palme jenem verleihen, der anfänglich die geringsten Chancen hatte, sie zu bekommen, nämlich Fellini für seinen Film ›La dolce vita‹, einem Meilenstein der Filmgeschichte.

Aus: *Tant que je suis vivant*, 1976

Verfilmungen 297

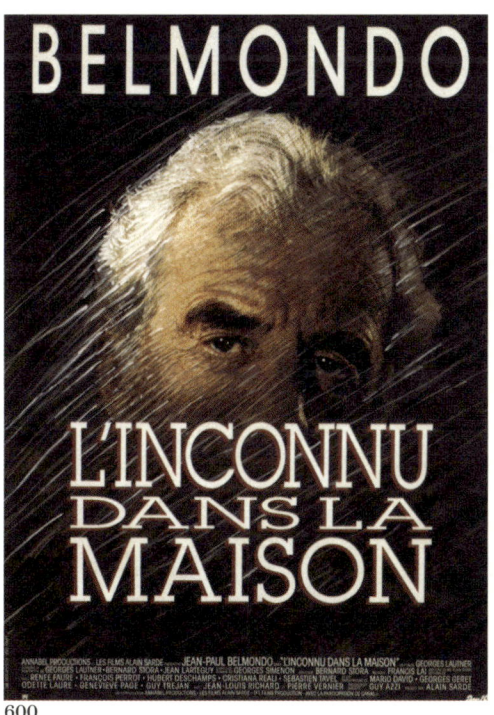

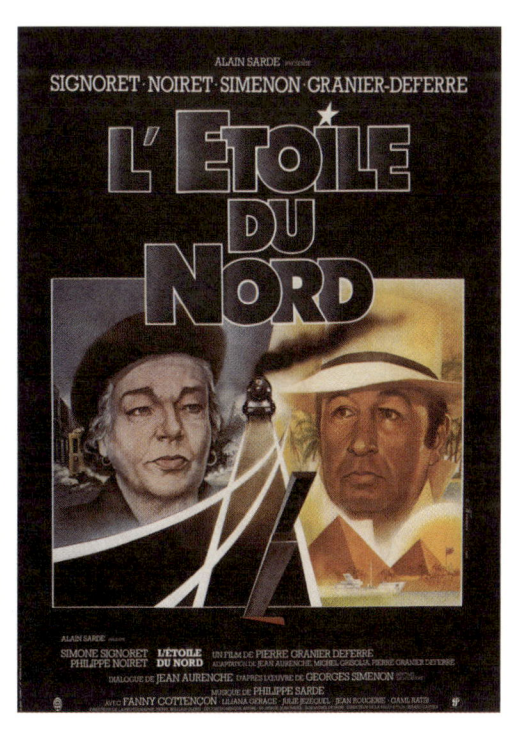

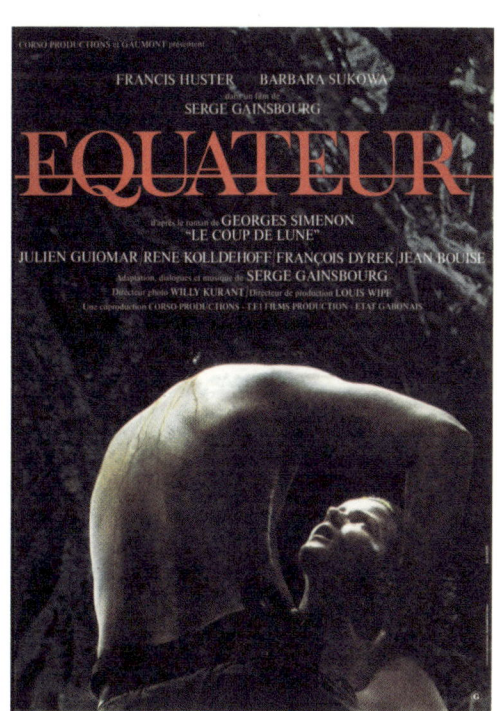

599

600

Simenon-Fans

Der Leser vollendet den Roman.
So gesehen sind alle Romane unvollendet.

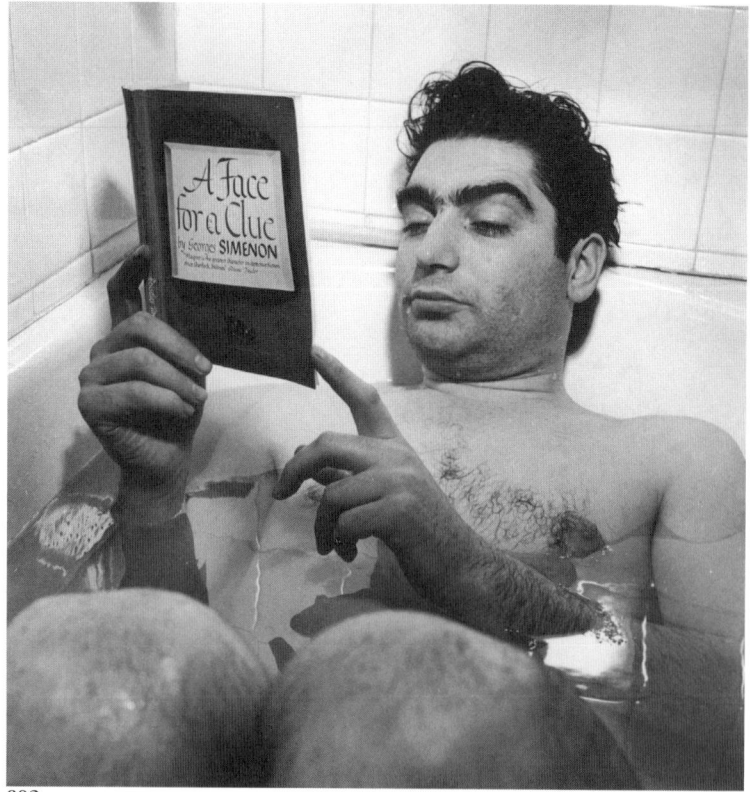

602

Simenon war der seltene Fall eines Bestsellerautors, der auch ein *writer's writer* war – von den Massen gelesen und von Schriftstellerkollegen bewundert und geschätzt. Dabei trieb er sich nicht in den literarischen Zirkeln herum. Preisverleihungen mied er, der Literaturbetrieb war ihm eher lästig.
Mit drei intellektuellen Größen seiner Zeit aber verband ihn eine enge Freundschaft: Mit André Gide, der den jüngeren Autor bewunderte und förderte und mit ihm eine umfangreiche Korrespondenz unterhielt. Mit Henry Miller, der vom Fan zum Freund in der amerikanischen Zeit wurde. Und mit Federico Fellini – von der gegenseitigen Wertschätzung dieser beiden Weltenschöpfer legt ebenfalls ein Briefwechsel Zeugnis ab.
Doch der wohl früheste Bewunderer unter den Schriftstellerkollegen war Hermann Graf Keyserling, der Simenon schon gegen 1935 für sich entdeckte. Der deutsche Literat nannte Simenon ein »Naturwunder« und bescheinigte seinen Büchern »einen Tiefgang, den ein großer Teil Ihrer sorgfältigsten Leser nicht einmal ahnt«.
Die Bandbreite der Simenon-Fans ist erstaunlich. Selbstverständlich gehören Krimiautoren zu den Fans des Vaters von Kommissar Maigret: »Wissen Sie, dass der beste Krimi-Autor unserer Tage ein Belgier ist?«, fragte Dashiell Hammett. »Er heißt Georges Simenon. Warum er der beste ist? Weil er etwas von Edgar Allan Poe hat.« Für den Amerikaner W.R. Burnett ist Simenon »nicht nur der beste Krimiautor, er ist auch einer der besten Schriftsteller schlechthin. Ich gebe ehrlich zu, dass ich jedes Mal, wenn ich Simenon lese, Blut schwitze und mich

601 Sacha Guitry beim Lesen von Simenon, ca. 1955
602 Der Fotograf Robert Capa liest eine englische Ausgabe von *Maigret und der gelbe Hund*, New York, 1942

staunend frage, wie in aller Welt er mit so wenig Mitteln und scheinbar so mühelos solche Meisterwerke zustande bringt.« Die Figur Maigret ist Vorbild für Generationen von literarischen Polizei-Ermittlern geworden – unter anderem für den Wachtmeister Studer von Friedrich Glauser, der schrieb: »Der Held ist stets ein einfacher Kommissar vom Quai des Orfèvres und heißt Maigret, obwohl er dick ist. Die Romane sind fast alle nach dem gleichen Schema geschrieben. Aber alle sind sie gut. Es ist eine Atmosphäre darin, eine gar nicht billige Menschlichkeit, ein Soignieren des Details …« Auch für heutige Krimi-Schriftsteller ist Simenon nach wie vor ein Idol – für P.D. James ist Simenon ein Schriftsteller, der »mehr als jeder andere Krimi-Autor einen hohen literarischen Ruf mit Popularität verband«. Und der irische Autor John Banville, der unter dem Pseudonym Benjamin Black einen Kriminalroman veröffentlichte, bekannte: »Weil ich von Simenon hin und weg war, habe ich meinen ersten Kriminalroman *Nicht frei von Sünde* geschrieben.«

Eine Schriftstellerin, die sich ihr Leben lang auf dem schmalen Grat zwischen Kriminalroman und *roman dur* bewegte, war Patricia Highsmith – es leuchtet ein, dass Simenon für sie »der größte Erzähler unserer Tage« war. Überraschender mag das Lob anderer Meister der Weltliteratur sein, zum Beispiel von William Faulkner: »Ich lese gerne die Kriminalromane von Simenon. Sie erinnern mich an Čechov.« Walter Benjamin bekannte: »Ich lese jeden neuen Roman von Simenon.« Thornton Wilder befand: »Erzähltalent ist das seltenste aller Talente im 20. Jahrhundert. Was wir sonst an Romanen und Erzählungen vorgesetzt bekommen, zeugt von allem, nur nicht von gottgegebener Begabung. Simenon hat diese Begabung bis in die Fingerspitzen. Alle können wir von ihm lernen.« Alfred Andersch rühmte an Simenon die »Modelle feinster psychologischer Schilderung, unheimlicher Seelenkenntnis und dichtester Zeichnung von Umwelt und Epoche, in einer Sprache ohne Sentimentalität, wenn auch von großer Humanität, in einem hämmernden, schmucklosen, von knisternder Spannung erfüllten Stil, an dem er viele Jahre seines Lebens bis zur Vollendung gearbeitet hat«. Muriel Spark lobte Simenon als einen »wunderbaren, fabelhaft lesbaren Schriftsteller – hellsichtig, schlicht, genau im Einklang mit der Welt, die er erschafft«. Und für Gabriel García Márquez ist Simenon einfach »der wichtigste Schriftsteller unseres Jahrhunderts« – er meinte das 20. Eine von Simenons Maigret-Geschichten faszinierte ihn seit seiner Jugend so, dass er sie 40 Jahre seines Lebens wiederzufinden versuchte – er hatte Autor und Titel vergessen und erzählte ihren Plot immer und immer wieder, bis schließlich sein Freund Julio Cortázar sie 1983 identifizierte: *Maigret und der Mann auf der Straße*. García Márquez' Essay *Dieselbe Geschichte, nur anders* ist eine der schönsten Hommagen an Simenon.

André Gide habe ich etwas ganz Wichtiges zu verdanken, nämlich Selbstvertrauen. Im Grunde habe ich ja nie geglaubt, dass das, was ich schreibe, irgendeine Bedeutung hat. [...] Dank Gide, unter anderem, habe ich heute das Gefühl, dass meine Schriftstellerei trotz allem nicht ganz unnütz ist.

In einem Gespräch mit Henri-Charles Tauxe, 1973

Ich habe gerade hintereinander neun Ihrer letzten Bücher gelesen; das heißt alle Neuerscheinungen außer ›Sackgasse‹, ›Die Überlebenden der Télémaque‹ und ›Der Bananentourist‹ – es wird allmählich praktischer für mich, diejenigen Ihrer Bücher zu nennen, die ich nicht gelesen habe. Aber damit nicht genug: Ich wollte tiefer in der Vergangenheit wühlen und habe aus der Fayard-Reihe, die ich mir komplett besorgt hatte, ›Maigret und der Verrückte von Bergerac‹ und ›Maigret am Treffen der Neufundlandfahrer‹ herausgegriffen – zwei Titel, die ich noch nicht kannte –, um mich davon zu überzeugen, dass sie zweifellos weniger gut sind als Ihre späteren, innerhalb der letzten zwei Jahre erschienenen Bücher, die ich hinreißend finde. Und zwar insbesondere ›Zum Weißen Ross‹, mit dem ich gestern Abend fertig geworden bin.

[…] Sie waren so freundlich, in ›Die Marie vom Hafen‹ eine Widmung für mich hineinzuschreiben. Soll ich das so verstehen, dass Sie diesem Buch eine besondere Bedeutung beimessen? Dass Sie es als besonders geglückt ansehen? Ich kann es eigentlich nicht viel besser als die anderen finden. ›Der Verdächtige‹, ›Der Schwager‹, ›Der Mann, der den Zügen nachsah‹ sind meiner Ansicht nach keineswegs niedriger einzustufen und wirklich vollauf geglückt… Ich hätte da gerne eine Erklärung. Aber dann sage ich mir, dass Sie das vielleicht selbst nicht wissen, dass Sie beim Schreiben einem ungewöhnlich sicheren und disziplinierten Instinkt gehorchen – angesichts dieser straffen Formulierungen, der Dialogführung, ja der nebensächlichsten Anmerkungen. Nie ist etwas überbetont; die Handlung fließt weiter, und der Leser hat eben Pech, wenn er nicht alles mitbekommen hat.

Was ich jedoch in meinem Artikel besonders herausstellen möchte, das ist die eigenartige und zugleich weitverbreitete Fehleinschätzung Ihrer Person. Sie gelten als Unterhaltungsschriftsteller, dabei wenden Sie sich keineswegs an die breite Masse. Schon allein die Themen Ihrer Bücher, die feineren psychologischen Probleme, die Sie aufwerfen – das alles ist für einen Leser geschrieben, der zu differenzieren weiß, und zwar gerade für den Leser, der, ehe er etwas von Ihnen gelesen hat, denkt: Simenon, das ist nichts für mich… Und in meinem Artikel möchte ich nun gerade diesen Leuten sagen, dass sie sich irren. Aber ich fühle mich noch zu benommen und zerschlagen, um so etwas in angemessener Weise darlegen zu können. Seien Sie einstweilen jedenfalls versichert, dass Sie keinen aufmerksameren und vernarrteren Leser haben als André Gide.

André Gide in einem Brief an Simenon, 1938 (In: *Das Simenon Lesebuch*)

Der Erste, der mir nach Erscheinen des ersten Maigret-Romans einen begeisterten Brief geschrieben hat, war der Philosoph und Literat Graf Keyserling. Ich habe ihn besucht, und wir wurden Freunde.

In einem Interview mit Alberto Arbasino, 1960

603 Deutsche Erstausgabe des Briefwechsels von André Gide und Georges Simenon in Buchform, Diogenes, 1977
604 André Gide bei der Lektüre von *Monsieur la Souris* (1938). Auf dem Foto die Widmung: »Pour mon cher G. Simenon – son vieil ami André Gide« (Für meinen lieben Simenon – sein alter Freund André Gide)
605 Mit Hermann Graf Keyserling, 1933

606 Mit Federico Fellini, Lausanne 1977
607 Als Jury-Präsident des Filmfestivals von Cannes mit Federico Fellini, 1960. Simenon setzte die Goldene Palme für Fellinis Film *La dolce vita* durch
608 Erstausgabe des Briefwechsels zwischen Fellini und Simenon, Diogenes, 1997

Sie sind wahrscheinlich die Person auf der Welt, der ich mich auf kreativer Ebene am engsten verbunden fühle. […] Sie sollen wissen, wie nahe ich mich Ihnen nicht nur als Künstler fühle, wenn ich einmal diesen Ausdruck gebrauchen darf, den ich nicht mag, sondern auch als Mensch und als schöpferischer Geist. Wir sind beide große Kinder geblieben, und ich hoffe, dass wir dies auch bis zum Ende bleiben werden, da wir mehr unseren oft unerklärlichen inneren Impulsen als irgendwelchen Regeln folgen, die für mich so wenig Bedeutung haben wie für Sie.

Simenon in einem Brief an Federico Fellini, 1976 (In: *Carissimo Simenon – Mon cher Fellini*)

606

Ich konnte nie glauben, dass Simenon wirklich existiert. Seine ungeheure Produktion, mein immer neues Staunen über die Vollkommenheit seiner Erzählungen, die psychologische Genauigkeit seiner unendlich vielen Figuren, die Eindrücklichkeit der Landschaftsbeschreibungen vermittelten mir stets ein Bild eines hinreißenden Schriftstellers, das aber so ungreifbar und unbestimmt blieb wie etwa das Bild des Frühlings, des Meeres, das Bild von Weihnachten, das Bild von Erscheinungen, Wesenheiten, Naturelementen, Umständen, Konventionen – Bilder, die man mit Vergnügen und unbewusstem Wohlbehagen in sich aufnimmt und erlebt, ohne dass sie imstande wären, die Begriffe in ihrer Dinghaftigkeit und Identität vollständig zu verkörpern.

Manchmal schien mir Simenon auch Allgemeingut zu sein, ungefähr wie die Elektrizität, die Schule, die Krankenhäuser, die Feuerwehr. Ich merke, dass ich Blödsinn rede, der den Gegenstand einer so überlegt ausgedrückten Bewunderung sogar beleidigen könnte; doch ich möchte damit nur sagen, dass Simenon mehr ist als ein Schriftsteller; oder vielleicht ist er auch ein Schriftsteller im wahrsten und vollsten Sinne des Wortes, weil eben gerade das, was an ihm alltäglich, banal, handwerklich, ja beinahe simpel ist, ihn zum Freund, zum Vertrauten, ja zum Verwandten des Lesers werden lässt.

Wie viele Eisenbahnfahrten mit Simenon, wie viele Rekonvaleszenzen mit seinen gierig verschlungenen Geschichten, mit seinen Büchern neben sich im Bett – seine Landschaften, seine Personen, seine Atmosphären, die Farben, die Gerüche, der unaufhaltsame Fluss seiner wahren und erfundenen Erinnerungen, eine wohlige Wärme. Seine Romane sind wie ein Stück warmer Menschlichkeit, ein langer, fließender, wohltuender Traum, der dem Leben gleicht und uns vielleicht hilft, das wirkliche Leben zu deuten und zu lieben.

Als siebzehnjähriger Junge habe ich in einer einzigen Nacht ›Maigret und der gelbe Hund‹, ›Maigret und der Treidler der Providence‹ und ›Maigret und der Gehängte von Saint-Pholien‹ gelesen und bin dabei an einer grenzenlosen Bewunderung erkrankt, die nie mehr aufgehört hat.

Ich habe Deine Bücher, wie im Übrigen Millionen andere Leser auf der Welt, immer gierig verschlungen, aber diesmal kommt bei meiner Lektüre noch etwas hinzu. Eine wache Neugier, eine helle Begeisterung, eine amüsierte und schmerzliche Anteilnahme, ein gespanntes, ängstliches Lauern von Seite zu Seite, voller Hoffnungen und Befürchtungen, die mich, glaube ich, selber etwas angehen, und zwar zutiefst.

Du und ich haben im Grunde immer nur Niederlagen dargestellt. Alle Romane Simenons sind Geschichten einer Niederlage. Und Fellinis Filme? Was sind sie anderes? Aber ich muss Dir sagen, ich muss Dir einfach endlich sagen: Wenn man eines Deiner Bücher zuschlägt, hat man daraus, selbst wenn es schlecht endet, und im Allgemeinen endet es schlecht, neue Kraft geschöpft. Ich glaube, die Kunst ist dies: die Möglichkeit, die Niederlage in einen Sieg, die Traurigkeit in Glück zu verwandeln. Die Kunst ist ein Wunder…

Federico Fellini (In: *Das Simenon Lesebuch*)

Simenon ist ein Monarch. Sein Königreich sind die unzählbaren Leser überall auf der Welt, die Nacht für Nacht seiner bedürfen: die glücklichen Schlaflosen, die keines seiner Bücher aus der Hand legen können, bevor sie es nicht in einem Zug von Anfang bis Ende ausgelesen haben.

Henry Miller

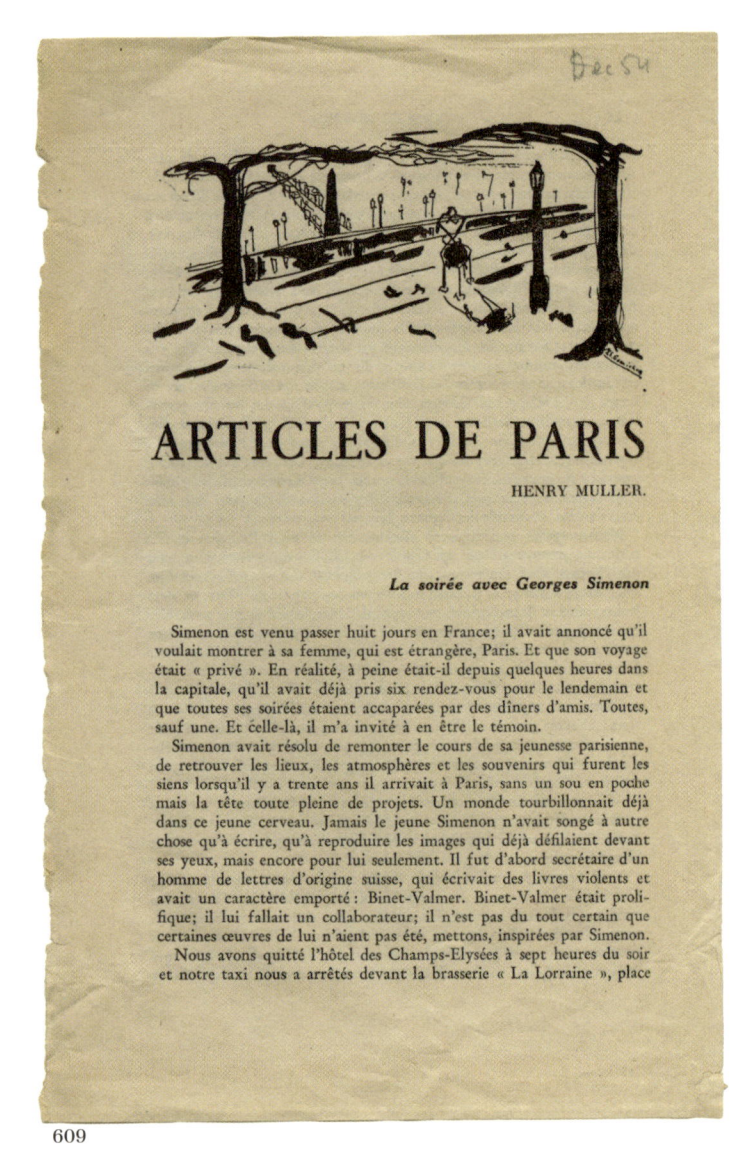

609 *Une soirée avec Georges Simenon (Ein Abend mit Georges Simenon)*, Artikel von Henry Miller, 1954
610 Henry Miller zu Besuch bei Simenon in Épalinges, 1960
611 Mit Henry Miller, 1960er Jahre
612 *Über Simenon*, Diogenes, 1978

613 Mit Ian Fleming, anlässlich eines Doppelinterviews für *Le Figaro Littéraire*, Échandens, 1964
614 Mit Jean Cocteau, Cannes 1960
615 Portrait Simenons von Jean Cocteau, 1957

Sie schreiben echte Romane. Ihre Bücher sind ja alle eigentliche ›Suspense-Romane‹, während ich etwas ganz anderes schreibe, mit viel Action und ohne Psychologie ... Ich versuche nicht in die Tiefen meiner Figuren vorzudringen wie Sie. Ihr ganzes Werk kenne ich natürlich nicht, aber sicherlich fünfzig Ihrer Bücher.

Ian Fleming in einem Gespräch mit Simenon, 1964

Was mir Freude macht, sind die Leserbriefe, die ich bekomme. Darin ist nie von der Schönheit meines Stils die Rede; es sind Briefe, wie sie ein Mensch sonst nur an seinen Arzt oder seinen Psychiater schreiben würde. Da heißt es: »Sie sind jemand, der mich versteht. Wie oft habe ich mich in Ihren Romanen wiedererkannt.« Und seitenlang schütten die Menschen mir ihr Herz aus. (...) Das überrascht mich immer wieder.

In einem Interview mit Carvel Collins, 1956

Simenon weltweit

Wenn meine Figuren nicht stimmig wären, würden meine Bücher nicht auf Usbekisch, Litauisch oder etwa in allen Ländern Südamerikas gelesen.

617

»Simenon: Das bedeutet Weltrekord. Er ist der schnellste, der produktivste, der erfolgreichste Autor des Jahrhunderts«, so *Der Spiegel*. Und *Die Zeit* ergänzt: »der meistverfilmte, meistübersetzte«. In Italien ließ Arnoldo Mondadori bereits Ende der 1920er Jahre die Groschenromane, die Simenon unter Pseudonym schrieb, übersetzen. Die Romane um Kommissar Maigret brachten für Simenon nicht nur in Frankreich den Durchbruch, sondern auch international, mit Übersetzungen ins Englische, Spanische, Portugiesische, Norwegische, Japanische. 1939 erschien Simenon bereits in 18 Sprachen, heute sind es mehr als 60, mit einer gewaltigen Gesamtauflage. Die Zahl von 500 Millionen verkauften Exemplaren wird oft genannt, ohne je kontrolliert worden zu sein. Doch kann man sicherlich behaupten, dass Simenon zu den meistgelesenen Autoren des 20. Jahrhunderts zählt. 1989 wurde Simenon in der UNESCO-Statistik der am meisten übersetzten Autoren auf Rang 18 geführt, nach Jules Verne, Charles Perrault und René Goscinny war er die Nummer vier in der französischsprachigen Literatur. »Was ich für einen

616 Lakeville, 1953
617 In seinem Archiv in der Avenue du Temple in Lausanne, 1960er Jahre

echten Erfolg halte«, so Simenon 1968, »wenn ich von Menschen verstanden werde, die in einem Kibbuz arbeiten; das macht mir Spaß, und das hat nichts mit Auflagenzahlen oder mit literarischen Methoden zu tun. Ich freue mich, wenn sich Polen in Krakau oder in Warschau in meinen Büchern wiedererkennen (…).«

Georg Simenon, unter diesem Namen betrat der Belgier Georges Simenon Deutschland: 1922 als belgischer Wehrdienstsoldat, 1933 als Reporter auf Europareise, und ein Jahr später als Autor mit den ersten Maigret-Romanen, die bei der Schlesischen Verlagsanstalt in Berlin veröffentlicht wurden. Nach 1945 erschien Simenon zunächst bei Kiepenheuer & Witsch (für zwei Maigret-Fälle engagierte der Verlag Paul Celan als Übersetzer) und dann im Wilhelm Heyne Verlag. Doch viele der Non-Maigrets fielen unter den Tisch, viele der Maigrets wurden gekürzt und schlampig übersetzt. »Warum machst du nicht Simenon? Gibt es den auf Deutsch?«, fragte Federico Fellini Anfang der 70er Jahre Diogenes Verleger Daniel Keel, der daraufhin Simenon zu lesen begann und von Fellinis Begeisterung angesteckt wurde. Fellini arrangierte ein Treffen zwischen Keel und Simenon in Lausanne – ein Besuch mit Folgen. 1977 startete der Diogenes Verlag eine Simenon-Gesamtedition in 218 Bänden, die erst 1994 abgeschlossen wurde. Doch nicht einmal das war der Schlusspunkt. Nur drei Jahre später, ab 1997, folgten Neuausgaben mit überarbeiteten und neuen Übersetzungen. Im April 2008 dann begann Diogenes eine neue Maigret-Gesamtedition, pro Monat erschienen vier Fälle, der letzte der 75 Bände pünktlich zu Simenons 20. Todestag im Oktober 2009. Dies wird mit Sicherheit nicht die letzte Simenon-Veröffentlichung im Diogenes Verlag bleiben, denn Simenon wird auch im 21. Jahrhundert weiter gelesen – und zwar weltweit. In den USA zum Beispiel werden seit 2003 die Non-Maigrets dank einer Neu-Edition der *New York Review of Books* wiederentdeckt. In Italien schafft es jede Simenon-Neuausgabe im Verlag Adelphi auf die Bestsellerliste, und auch im deutschsprachigen Raum hat der 100. Geburtstag Simenons im Jahr 2003 die Verkaufszahlen hochschnellen lassen. 2002 wurde in Bremen die Deutsche Georges-Simenon-Gesellschaft ins Leben gerufen. »Simenon ist tot«, so die *Neue Zürcher Zeitung*. »Aber merkwürdig: Das literarische Werk bleibt davon unberührt. Es steht längst da, ein Monument, losgelöst von allen persönlichen Signaturen der Autorenschaft – als hätte es sich selbst geschrieben.«

Simenon – Sein Leben in Bildern

Es gibt einen Moment, da ein abgeschlossener Roman neu zu leben beginnt: drei oder vier Jahre nach seiner Veröffentlichung, wenn er um die ganze Welt gegangen und in achtundzwanzig oder dreißig Sprachen übersetzt worden ist und von überall Kritiken eingetroffen sind. Meine Frau zeigt mir die wichtigsten, und so kenne ich die Reaktionen jedes Publikums. Mein Roman kommt gewissermaßen wieder zu mir zurück; und er kommt aus der Perspektive anderer zu mir zurück, all jener, die ihn gelesen haben, auch wenn ich sie nicht kenne. Dann kann es passieren, dass ich mich neu in diesen Roman verliebe. Einen Roman zum Beispiel liebe ich besonders: ›Drei Zimmer in Manhattan‹, von 1946. Er ist auf diese Weise zu mir zurückgekehrt, aber mit so viel Wärme, so bereichert, dass ich ganz gerührt war. Das Gleiche gilt für ›Brief an meinen Richter‹, von 1947. Die Art und Weise, wie sie zu mir zurückkommen, hat nichts mit den Kritiken zu tun und auch nichts mit ihrem literarischen Wert.

In einem Interview mit Roger Stéphane, 1963

618 In seinem Archiv in Lausanne, 1964. Dazu frühe Simenon-Übersetzungen: In Spanien wurde kurzerhand aus Georges Jorge. Wobei es Simenon im deutschsprachigen Raum nicht besser erging: Hier wurde sein Vorname zu Georg eingedeutscht.

619 Amerikanische Erstausgabe von *Das Haus am Kanal* (1952), Routledge & Kegan Paul, und italienische Erstausgabe von *Im Falle eines Unfalls* (1958), Mondadori

620 Im Wohnzimmer in Épalinges, 1966, vor einem Regal mit der Pléiade-Bibliothek des Verlags Gallimard, der prestigereichen Buchreihe für Klassiker der Weltliteratur, in die Simenons Werke im Jahr 2003 aufgenommen wurden.

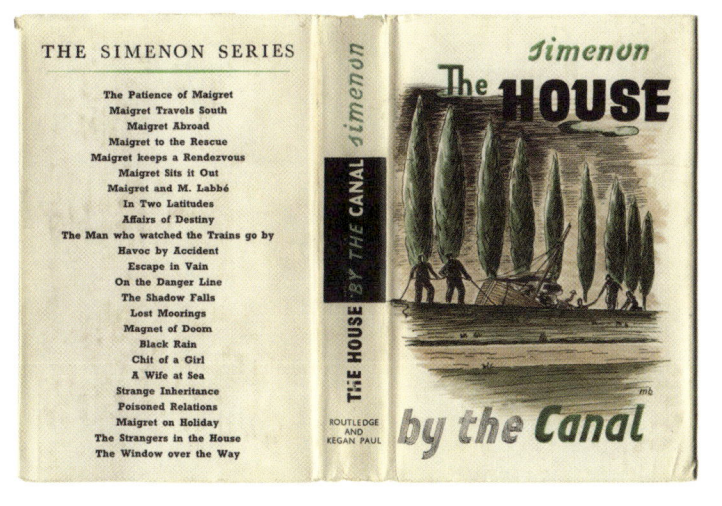

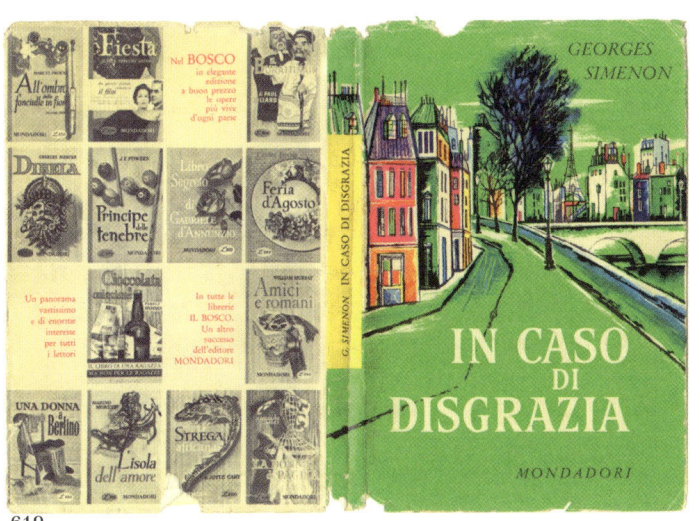

Ich selber gehöre in Wirklichkeit keiner Nationalität an. Meine Mutter war halb Holländerin, halb Deutsche, mein Vater war Franzose, halb Wallone. Ich habe eine Kanadierin geheiratet. Mehrere meiner Kinder sind in den USA geboren. Welche Nationalität habe ich demnach?

In einem Interview mit Francis Lacassin, 1975 (Aus: *Über Simenon*)

621 Mit seinem dritten französischen Verleger Sven Nielsen von Presses de la Cité
622 Mit dem italienischen Verleger Arnoldo Mondadori, 1952
623 Simenon-Ausgaben aus Spanien, Italien und Israel

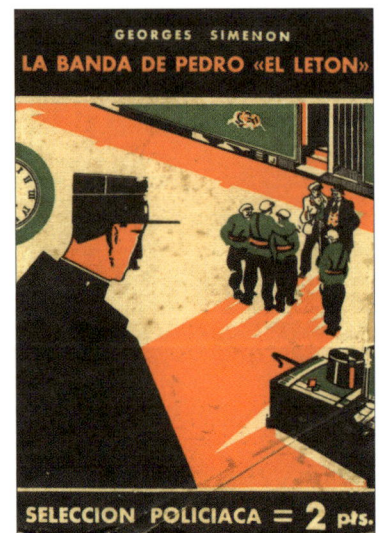

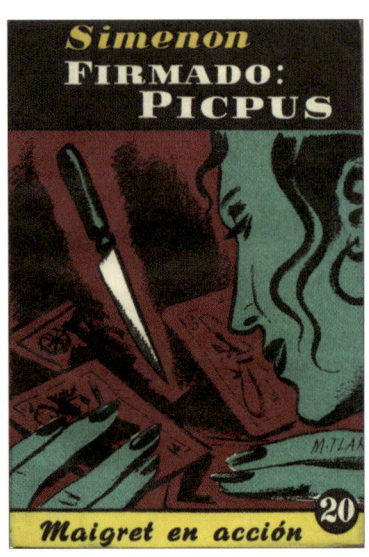

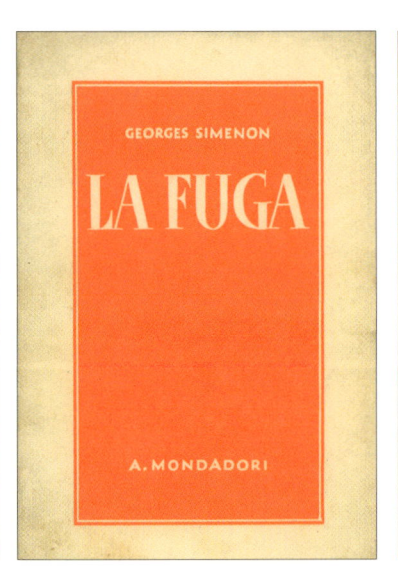

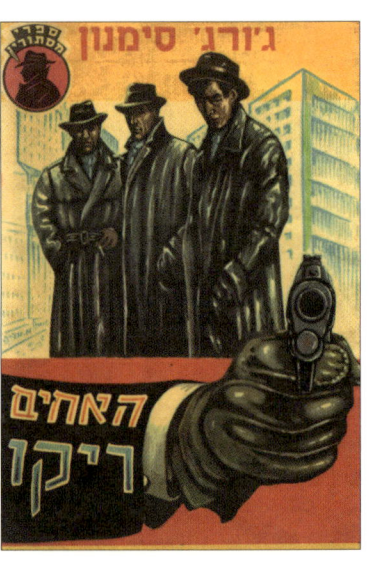

Ich habe keine besonderen Vorlieben unter meinen Romanen. Einige haben dann vielleicht im einen oder anderen Land mehr Erfolg gehabt als andere, die Auflagen aber schwanken nur um ein paar Tausend Exemplare – erfolgreich waren sie alle. Das ist zumindest das, was von meinen Lesern zurückkommt. Was ich möchte, ist, dass die Leute lesen, meine Bücher wieder lesen. Denn wenn sie sie lesen, heißt das, dass ich die Menschen richtig eingeschätzt habe.

Aus: *Intime Memoiren*, 1981

624 Simenon unterschreibt einen Vertrag mit dem New Yorker Verlag Doubleday, 1953
625 Mit Teresa (Mitte) und seiner russischen Verlegerin, Lausanne, 1979
626 Simenon-Bücher auf Englisch, Spanisch und Griechisch

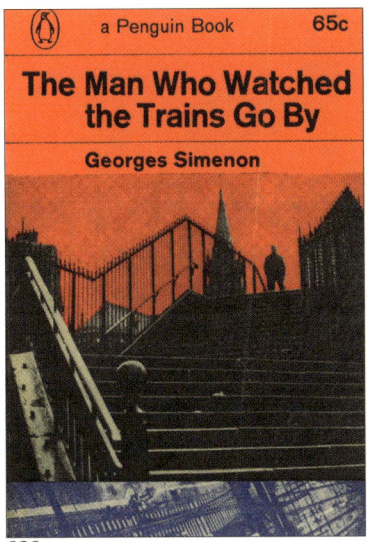

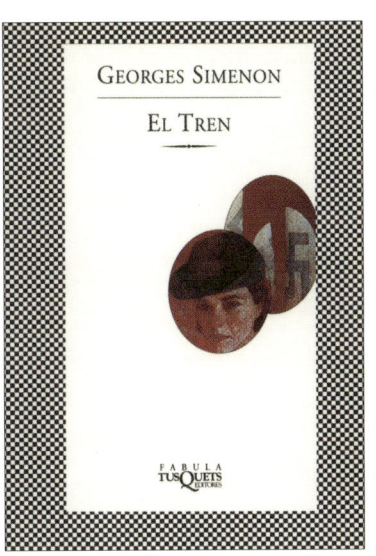

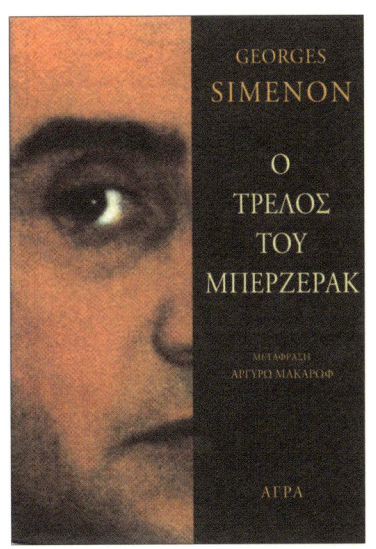

Mein lieber Keel, soeben habe ich meine ersten sechs bei Ihnen erschienenen Bücher erhalten. Sie sind perfekt, und ihre Aufmachung sowie der Umschlag sind vorzüglich. Ich beglückwünsche Sie.
In einem Brief an Daniel Keel, 1977

627 Mit Diogenes Verleger Daniel Keel (Mitte) und Teresa, 1977
628 Plakat des Diogenes Verlags zum Start der ersten vollständigen deutschsprachigen Simenon-Edition, 1977. Die Edition wurde 1994 mit Band 218 abgeschlossen.
629 Widmungsfoto für Daniel Keel, 1984. »Für meinen Verleger und Freund Daniel Keel, der eine Titanen-Arbeit geleistet hat und weiterhin leistet. Herzlich, Georges Simenon«
630 Verschiedene Simenon-Ausgaben im Diogenes Verlag, von 1977 bis heute

SIMENON

»–: das bedeutet Weltrekord. Er ist der erfolgreichste Autor des Jahrhunderts.«
Der Spiegel

»Das Phänomen unserer Zeit.«
Patricia Highsmith

»Da lesen ihn Hausfrauen und die experimentellen Lyriker; es lesen ihn die Stenotypistinnen und die Mythenforscher, die Automechaniker und die Atomphysiker… o ja, ich kenne Texte-Verfasser von höchster Esoterik, die, wenn sie einmal ein Buch lesen wollen, ein richtiges Buch, Simenon lesen und nichts als Simenon, jede Zeile von ihm…«
Alfred Andersch

»Simenon ist der letzte Tragiker in einer Welt, die sich die Tragödie verboten hat… So ist es höchste Zeit, auszusprechen, daß er einer der großen Autoren unseres Jahrhunderts ist.«
Georg Hensel

»Manche kommen und fragen mich: Was soll ich denn von Simenon lesen? – Ich antworte: alles.«
André Gide

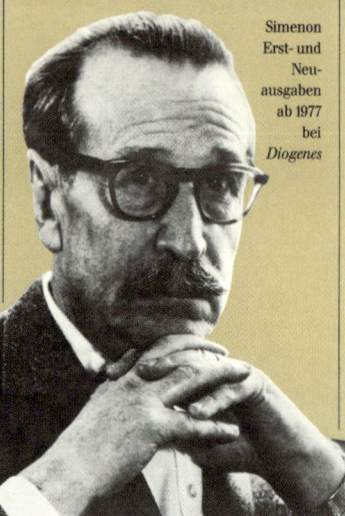

Simenon
Erst- und
Neuausgaben
ab 1977
bei
Diogenes

SIMENON
Bellas Tod
Diogenes

SIMENON
Der Mörder
Diogenes

SIMENON
Die Wahrheit über Bébé Donge
Diogenes

Simenon
Bellas Tod
Diogenes

Simenon
Der Mörder
Diogenes

Simenon
Die Wahrheit über Bébé Donge
Diogenes

Simenon
Bellas Tod
Roman · Diogenes

Simenon
Der Mörder
Roman · Diogenes

Simenon
Die Wahrheit über Bébé Donge
Roman · Diogenes

630

Ich hatte einfach den Ehrgeiz, Erfolg zu haben, Erfolg als Schriftsteller, ohne mit dem Wort ›gelingen‹ Geld oder Ruhm zu verbinden. Ich habe nie an Ruhm gedacht, aber gehofft, Leser zu finden, was etwas ganz anderes ist. Auch jetzt bin ich noch glücklich, Leser zu haben, die von Freunden leichter Unterhaltungsliteratur bis zu Universitätsprofessoren reichen. Aber das hat nichts mit einem gesellschaftlichem Aufstieg à la Rastignac zu tun. Meine soziale Stellung ist mir wirklich vollkommen egal.

In einem Interview mit Roger Stéphane, 1963

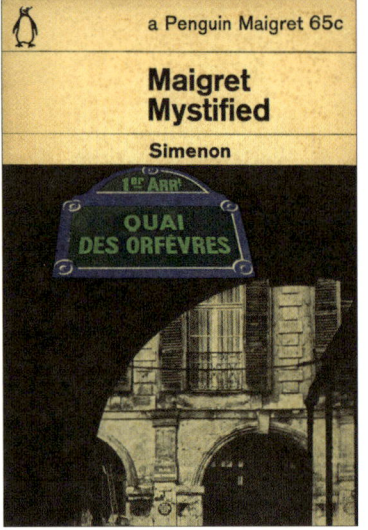

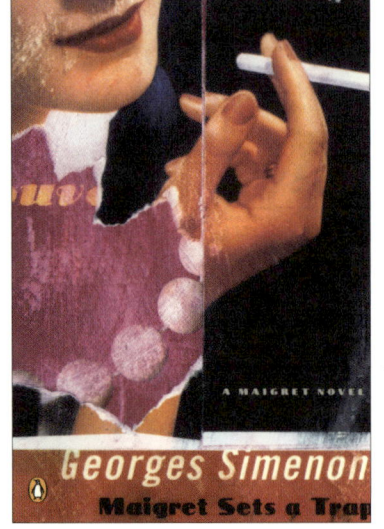

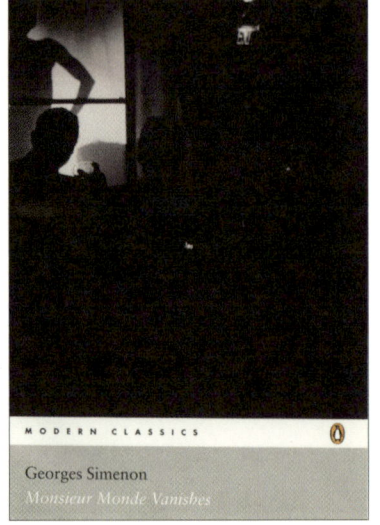

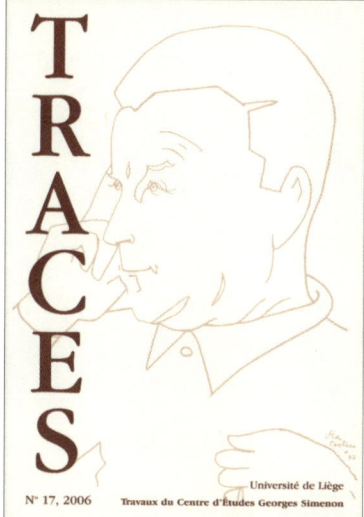

631 1976 vermacht Simenon sein Archiv der Universität Liège, seit 1981 befindet sich der Fonds Simenon im Château de Colonster bei Liège.
632 Épalinges, 1968
633 Simenon-Ausgaben bei Penguin im Lauf der Zeit
634 Échandens, Ende der 1950er Jahre
635 *Simenon-Jahrbuch 2003*, herausgegeben von der Simenon-Gesellschaft, die seither drei Jahrbücher veröffentlicht hat
636 *Traces*, Schriftenreihe über Simenon, herausgegeben vom Centre d'Études Georges Simenon der Universität Liège (hier die 17. Ausgabe, 2006)

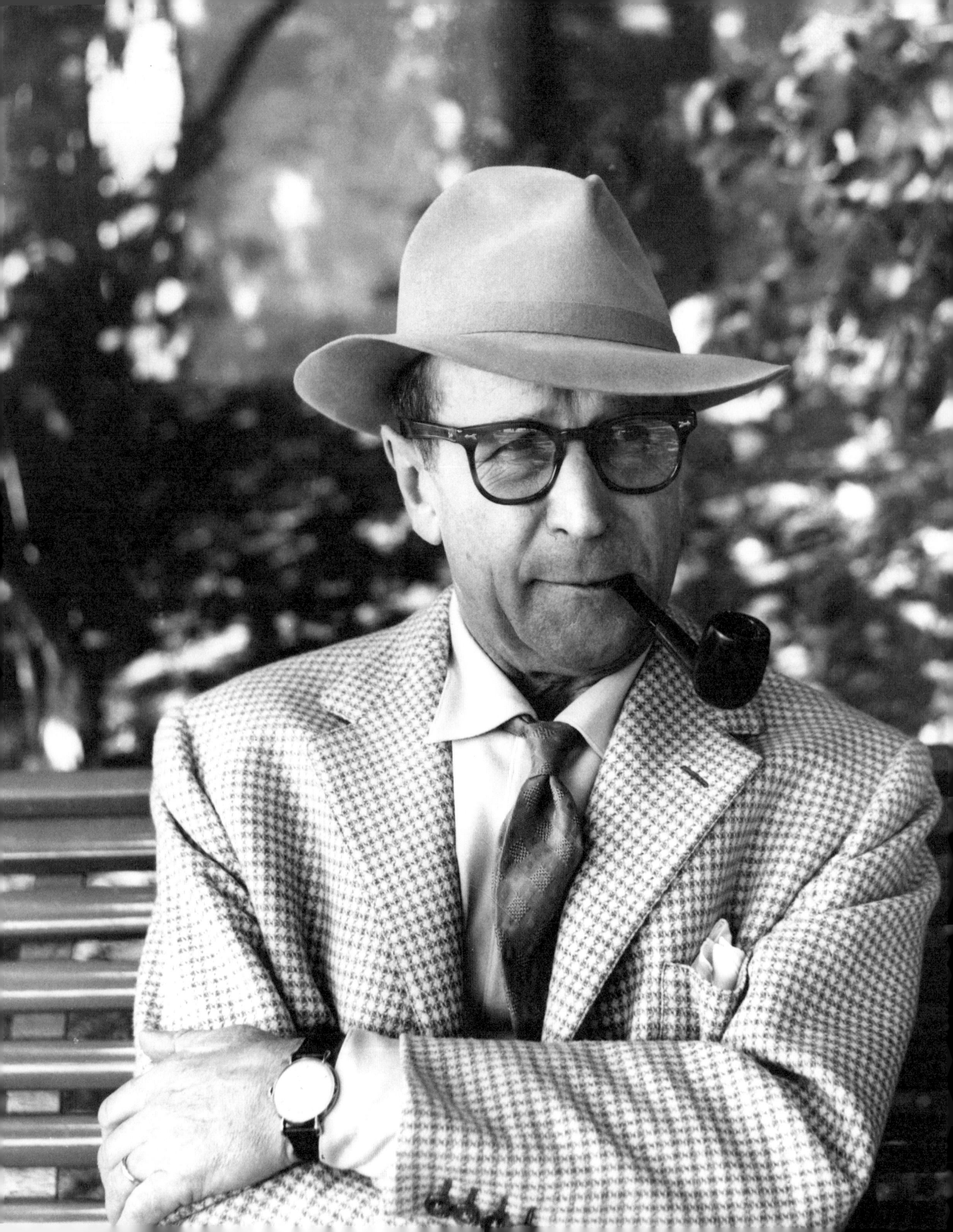

Meine tiefe Überzeugung

Diese drei Wörter stören mich, ehrlich gesagt, wegen ihrer Feierlichkeit und weil sie irgendwie schamlos klingen. Aus Temperament und Tradition habe ich Umzüge, Banner, Glaubensbekenntnisse und Manifeste stets gemieden. Was könnte ich wohl von meiner Überzeugung oder meinen Überzeugungen sagen, ohne dass ich den Eindruck haben müsste, mich öffentlich auszuziehen? Habe ich überhaupt solche Überzeugungen? Und wenn ja, will ich sie aus dem Halbbewusstsein holen?

Vielleicht gibt es dennoch ein mitteilbares Gefühl, das in mir im Lauf der Jahre immer stärker wird. Das Einzige, so scheint mir, was das Leben mich – wie viele andere – gelehrt hat, ist, dass der Mensch mehr wert ist, als es jeder von den anderen und auch von sich selber denkt. Mein Erstaunen, meine Zärtlichkeit wächst gegenüber diesem ungeschützten Tier, das nicht weiß, was es ist, woher es kommt, wohin es geht, und das sich dennoch seit unausdenklichen Zeiten harte Lebensregeln auferlegt hat. Ist es nicht erstaunlich, dass diese Regeln, die oft seinem Instinkt und seinem Interesse zuwiderlaufen, von ihm die meiste Zeit befolgt werden? Und noch erstaunlicher, dass es an Gewissensbissen leidet, wenn es sie verletzt? Man spricht sehr viel von Kriminalität, von Auflösung der Sitten. Mir hingegen erscheint es fast unglaublich, dass der Verbrecher die Ausnahme bleibt, dass die Gesetze in solchem Ausmaß befolgt werden und dass der Schuldige die Strafe, die ihm seinesgleichen zumisst, meist ohne Empörung annimmt.

Ich empfand diese staunende Bewunderung unlängst in meinem Garten, während ich das Treiben eines Schwalbenpaares beobachtete, das fünf Schwalbenküken, die mit offenem Schnabel am Nestrand hockten, ihre Atzung brachte. Es war schon ihr zweites volles Nest des Jahres, und zweifellos nicht das letzte. Vom ersten sind zwei Junge gestorben, wie von den zwölf oder fünfzehn Kindern, die unsere Urgroßmütter gebaren, mindestens vier oder fünf jung starben. Meine Schwalben kehren jedes Frühjahr wieder, von Gott weiß woher, erstellen das Nest fleißig aufs Neue, brüten abwechselnd, und wenn die Nestlinge ausgeschlüpft sind, jagen sie ohne Unterlass von Sonnenaufgang bis zum Abend. Hunderte Millionen von Menschen, Milliarden auf der Erde, kommen und gehen, an kümmerliche Tätigkeiten angeschirrt, und man könnte sagen, dass sie nicht für eine gefährdete Gegenwart arbeiten, sondern dass sie seit den Zeiten des Neandertalers sich darauf kaprizieren, allmäh-

lich ein Wesen zu schaffen, das wir noch nicht kennen, so verschieden von uns, wie wir selber es von unseren fernsten Ahnen sind.

Meine tiefe Überzeugung – ich erschrecke nun weniger vor diesem Wort – ist, dass jedes Wesen während seines kurzen Lebens tapfer an dem mitarbeitet, was sein wird. Die Freuden, die Schmerzen, die Reue – unterschiedliche Wörter für das Gleiche, für dieses unerklärliche und ergreifende Bedürfnis, Neues zu erschaffen.

1963

Zeittafel

1903
Am 13. Februar wird Georges Joseph Christian Simenon in Liège (Lüttich) geboren (Rue Léopold 26, heute Nr. 24), als ältester Sohn des 25-jährigen Désiré Simenon, Buchhalter bei einer Versicherung, und der 22-jährigen Henriette, geborene Brüll.

1904–07
Die Familie zieht um in das Handwerkerviertel auf der Maas-Insel Outremeuse im Stadtzentrum (Rue Pasteur 1, ab 1911 Rue de la Loi 53); Henriette nimmt Pensionsgäste auf, v.a. osteuropäische Studenten. 1906 Geburt des Bruders Christian, Henriettes Lieblingskind. Im Kindergarten Sainte-Julienne bei den Schwestern von Notre-Dame beginnt Georges bereits mit drei Jahren, lesen und schreiben zu lernen.

1908
Eintritt ins Institut Saint-André, wo Georges die sechs Jahre der Grundschule absolviert.

1909–17
Eintritt ins Collège Saint-Louis, eine Jesuitenschule. Bei Ausbruch des 1. Weltkriegs wird Lüttich von deutschen Truppen besetzt. Simenon, der sich als Ministrant ein Taschengeld verdient, will schreiben und Priester werden. 1915 verbringt er seine Sommerferien in Embourg, wo er der 15-jährigen Renée und ersten Liebe begegnet; Simenon kehrt sich innerlich von der Religion ab, bittet um Versetzung ins Collège Saint-Servais gegenüber der Mädchenschule. Die Familie wechselt Wohnung und Viertel und zieht in die Rue des Maraichers 3 (heute Nr. 1).

1918
Wegen einer Angina pectoris des Vaters verlässt Simenon vorzeitig die – ohnehin ungeliebte – Schule. Es beginnt die Zeit der kleinen Jobs: Simenon arbeitet kurz als Konditorlehrling, dann in einer Buchhandlung, wo er nach sechs Wochen entlassen wird, weil er seinem Chef widersprochen hat. Ende des 1. Weltkriegs, Befreiung Lièges.

1919
Der 16-jährige Simenon wird Reporter und bald auch Chronist und Kolumnist der katholisch-konservativen ›Gazette de Liège‹. Seine Artikel zeichnet er ›G. Sim‹. Veröffentlichung erster Erzählungen unter Pseudonym. Er wird Mitglied der anarchistischen Künstlerclique ›La Caque‹. Umzug der Familie zurück nach Outremeuse, in die Rue de l'Enseignement 27 (heute Nr. 29).

1920
Simenon schreibt ›Au Pont des Arches‹ (»ein kleiner humoristischer Roman über die Lütticher Sitten«; erscheint 1921) sowie ›Les ridicules‹, ›Le bouton de col‹ und ›Jehan Pinaguet‹: pikareske, Rabelais nachempfundene erste Romane. Begegnung mit der Kunststudentin und Malerin Régine Renchon (›Tigy‹).

1921
Einberufung zum Militärdienst, den Simenon zum Teil im besetzten Deutschland, in Aachen absolviert. Verlobung mit Tigy. Simenons Vater stirbt mit nur 44 Jahren.

1922
Selbstmord des Freundes Joseph Kleine, eines kokainsüchtigen Malers aus der Künstlergruppe ›La Caque‹ (dem Simenon 1930 in ›Maigret und der Gehängte von Saint-Pholien‹ ein Denkmal setzt). Simenon nimmt den Nachtzug nach Paris, wird »Mädchen für alles« bei der ›Ligue des chefs de section et des soldats combattants‹ des rechtsradikalen Schriftstellers und Journalisten Binet-Valmer.

1923
Heirat mit Tigy in der Kirche Sainte-Véronique in Lüttich. Simenon wird Sekretär des Marquis de Tracy, eines reichen Adligen, den er von Schloss zu Schloss und von Wahlveranstaltung zu Wahlveranstaltung begleitet. Er verarbeitet seine Beobachtungen und Erfahrungen in Erzählungen (bis 1932 werden es mehr als tausend unter zahlreichen Pseudonymen) und Romanen für diverse »galante« Zeitschriften (›Froufrou‹, ›L'Humour‹, ›Paris-Flirt‹, ›Paris-Plaisir‹ und ›Sans-Gene‹), aber auch für Tageszeitungen, darunter ›Le Matin‹, dessen Feuilletonchefin, Colette, ihn (nach eigenen Angaben) von seinem schnörkelhaften Stil abbringt und zu einer sparsamen, schlanken Sprache erzieht.

1924–27
Simenon gibt die Stellung beim Marquis de Tracy auf, lebt ganz von der Schriftstellerei. Mit Tigy richtet er sich an der Place des Vosges 21 ein, engagiert eine Köchin (die treue Fischerstochter aus der Normandie, ›Boule‹, die ihn bis zu seinem Tod begleiten wird), eine Sekretärin und einen Chauffeur. Er beginnt unter verschiedenen Pseudonymen serienweise Groschenromane zu schreiben (bis 1934 sind es bereits etwa 200): ›Le Roman d'une dactylo‹ ist das Werk eines Vormittags auf einer Caféterrasse. Der Zwanzigjährige ist Stadtgespräch in Paris, vor allem im Künstlerviertel Montparnasse, wo er sich mit den Malern Vlaminck und Kisling befreundet und die Nächte in den berühmten Nachtbars und Cabarets der 20er Jahre durchfeiert – oft in Begleitung der schwarzen Tänzerin Josephine Baker, in die er sich leidenschaftlich verliebt, und die, nur mit einem Kranz Bananenblätter bekleidet, ganz Paris verrückt macht. Stadtgespräch sind auch Simenons Mediencoups: 1927 unterschreibt er mit Eugène Merle (dem Verleger des ›Merle Blanc‹) einen Vertrag über 30 000 Francs, in dem er sich verpflichtet, in einem Glaskasten auf der Terrasse des Moulin Rouge in aller Öffentlichkeit einen Roman zu schreiben, zu dem ihm die Zuschauer die Namen der Helden und den Titel liefern. (Das Experiment kommt nicht zustande, weil Merle wegen schlechter Vorabpresse kalte Füße kriegt – Simenon kassiert sein Honorar dennoch.) 1931 wird er seine ersten Maigret-Romane mit einem großen Ball, einem »bal anthropométrique«, lancieren, zu dem ›tout Paris‹ in Aufmachung wie in einem Detektivroman erscheint.

1926
Tigy verkauft ihr erstes Bild, und die Simenons verbringen den Sommer auf Porquerolles.

1928
Simenon kauft sein erstes Boot, die ›Ginette‹, und durchfährt mit Tigy (und Boule, die inzwischen auch seine Geliebte ist) einen Sommer lang Frankreichs Flüsse und Kanäle; der Reisebericht erscheint zusammen mit anderen Reportagen aus Frankreich und einem Artikel über die Affäre Stavisky (die 1934 die Regierung Daladier zum Rücktritt zwingt) in verschiedenen Zeitschriften und Sensationsblättern

(enthalten in ›Zahltag in einer Bank‹). Gleichzeitig schreibt er weiterhin zahlreiche Erzählungen und Groschenromane.

1929–32
Das zweite Boot, die ›Ostrogoth‹, wird gebaut. Reisen über Kanäle und Flüsse nach Belgien, Holland und Deutschland. Im September 1929 schreibt Simenon, noch unter Pseudonym, den ersten Roman mit Kommissar Maigret in einer Nebenrolle, ›Captain S.O.S.‹, kurz darauf, im Hafen von Delfzijl, den ersten »richtigen« Maigret-Roman, ›Maigret und Pietr der Lette‹. Zum Jahresende Absprache mit dem Pariser Verlag Fayard über eine Reihe von Maigret-Romanen, die ab 1930 unter Simenons echtem Namen erscheinen. Reise mit Tigy nach Norwegen, bis nach Lappland; Entstehung von rund 28 Romanen, vor allem Maigrets (›Maigret und der verstorbene Monsieur Gallet‹, ›Maigret und der Gehängte von Saint-Pholien‹, ›Maigret kämpft um den Kopf eines Mannes‹, ›Maigret und das Schattenspiel‹, ›Maigret und das Verbrechen in Holland‹), zwei Detektivromane (›Das Gasthaus im Elsass‹, ›Der Passagier der Polarlys‹) sowie die ersten »richtigen« Romane (Non-Maigrets), darunter ›Der Untermieter‹. 1931 erwirbt Jean Renoir die Filmrechte an Maigrets ›La nuit du carrefour‹ (›Nacht an der Kreuzung‹), es folgen ›Le chien jaune‹ (›Maigret und der gelbe Hund‹) und ›La tête d'un homme‹ (›Maigret kämpft um den Kopf eines Mannes‹). Verkauf der ›Ostrogoth‹, Umzug nach Antibes, dann auf das Gut La Richardière bei Marsilly, in der Nähe von La Rochelle. Für das Magazin ›Voilà‹ bereist Simenon drei Monate lang Afrika und schreibt die sechsteilige Reportage ›L'heure du nègre‹.

1933–34
Reisen nach Belgien, Deutschland, Osteuropa und dem Balkan für mehrere Reportagen: ›Europe 33‹ und ›Peuples qui ont faim‹. Bei einer weiteren Reportagereise rund um das Schwarze Meer besucht Simenon Leo Trotzki auf der Insel Prinkipo im Marmara-Meer. Das Exklusiv-Interview erscheint in ›Paris-soir‹ – ein Scoop für den Reporter Simenon. Fünf Romane entstehen, darunter ›Das Haus am Kanal‹, ›Die Verlobung des Monsieur Hire‹, ›Tropenkoller‹ und ›Der Mann aus London‹. Im Oktober Vertrag mit dem Pariser Verlag Gallimard. 1934 Mittelmeerreise auf dem Zweimaster ›Araldo‹, bei der die Reportage ›Mare nostrum‹ entsteht.

1935–38
Simenon unternimmt eine »Weltreise in 155 Tagen«, die er mit Reportagen finanziert: New York, Panama, Kolumbien, Galapagos-Inseln. Während seines zweimonatigen Aufenthaltes auf Tahiti schreibt Simenon ›...die da dürstet‹. Rückkehr über Australien, Indien und den Suez-Kanal nach Paris. Simenon bezieht ein Luxusappartement im Nobelvorort Neuilly und schreibt (während in Paris die Straßenunruhen zunehmen und der ›Front populaire‹ an die Macht kommt) für eine monarchistische belgische Zeitung. Bei ständigem Ortswechsel entstehen in diesen Jahren mehr als zwanzig Romane und fast ebenso viele Erzählungen, u. a. ›Der Mörder‹, ›Das Testament Donadieu‹, ›Der Bananentourist‹, ›Der Mann, der den Zügen nachsah‹, ›Die Marie vom Hafen‹, ›Wellenschlag‹, ›Zum Weißen Ross‹ und der autobiographische Roman ›Die Verbrechen meiner Freunde‹. Im März 1938 kauft Simenon zum ersten Mal ein Haus, und zwar in Nieul-sur-Mer bei La Rochelle. Die Wohnung in Neuilly gibt er auf. Am 31. Dezember 1938 schickt ihm André Gide den ersten Brief.

1939–40
Zehn Romane, darunter ›Die Unbekannten im eigenen Haus‹, ›Die Wahrheit über Bébé Donge‹, ›Der Bürgermeister von Furnes‹, ›Die Witwe Couderc‹, ›Maigret und die Keller des Majestic‹. Am 19.4.1939 Geburt des Sohnes Marc. Mai 1940 Besetzung Belgiens, Simenon wird auf dem Weg zu den belgischen Truppenverbänden in Paris zurückgehalten und zum »Hochkommissar« für belgische Flüchtlinge in La Rochelle ernannt. Im August wird auch La Rochelle von den Deutschen erobert, Tigy und Simenon verlassen ihr Haus in Nieul. Zum Jahresende diagnostiziert ein Arzt fälschlicherweise eine Angina pectoris und gibt Simenon noch höchstens drei Jahre zu leben.

1941–44
Bei ständigen Ortswechseln in immer kleinere, abgelegenere Dörfer entstehen mehr als zehn Romane, darunter ›Die Flucht des Monsieur Monde‹ und der für den Sohn Marc geschriebene autobiographische Roman ›Stammbaum – Pedigree‹. Simenons Romane und Erzählungen werden in allen Zeitungen und Zeitschriften des inzwischen besetzten Frankreichs vorabgedruckt, neun seiner Werke werden zwischen 1940 und 1944 verfilmt, fünf davon von der deutsch kontrollierten Produktionsfirma Continental Films.

1945–46
Simenon schifft mit Tigy und Marc nach Amerika (Kanada). Wechsel von Gallimard zu dem bis dahin unbekannten Verleger Sven Nielsen, dessen Presses de la Cité er bis zuletzt treu bleiben wird. In New York lernt Simenon die Frankokanadierin Denise (Denyse) Ouimet kennen, seine spätere Frau; er schreibt darüber Anfang 1946 seinen ersten Liebes- (und New-York-)Roman mit Happy End (›Drei Zimmer in Manhattan‹). Simenon stellt Denise als Sekretärin ein. Beginn einer neuen hochproduktiven Phase, u.a. mit den Romanen ›Maigret in New York‹, ›Brief an meinen Richter‹, ›Weder ein noch aus‹, ›Die Flucht der Flamen‹. Nach Aufenthalten in Québec und New Brunswick bricht Simenon mit Tigy, Marc und Denise zu einem Road Trip kreuz und quer durch Amerika auf. Er schreibt darüber seine letzte Reportage ›Amerika im Auto‹, die in ›France-soir‹ erscheint. Im November 1946 lässt er sich in Bradenton Beach, Florida, nieder.

1947–49
Reise mit Denise nach Kuba. Sie lassen sich in Tucson und später in Tumacacori, Arizona, nieder. Am 31. Oktober 1947 stirbt Simenons Bruder Christian in Hanoi/Vietnam (um als Kollaborateur einer Verurteilung zu entgehen, hatte er sich nach dem Krieg zur Fremdenlegion gemeldet). Sechzehn Romane, darunter ›Der Schnee war schmutzig‹, ›Die Fantome des Hutmachers‹ und ›Maigrets erste Untersuchung‹. Am 29.9.1949 bringt Denise in Tucson Simenons zweiten Sohn, Jean (John), zur Welt. Umzug nach Carmel by the sea, Kalifornien.

1950–52
Sechzehn Romane, u. a. ›Die grünen Fensterläden‹, ›Bellas Tod‹, ›Antoine und Julie‹ sowie ›Maigret und die Bohnenstange‹ und ›Maigrets Memoiren‹. Am 21. Juni lässt er sich in Reno (Nevada) von Tigy scheiden, am 22. Juni heiratet er Denise. Umzug der jungen Familie nach Shadow Rock Farm, Lakeville, Connecticut, wo Simenon fünf Jahre bleiben wird. Tigy lässt sich ein paar Kilometer südöstlich davon in Lime Rock nieder. Simenon verkauft inzwischen jährlich weltweit 3 Millionen Exemplare seiner Bücher; Hollywood bemüht sich um das »belgische Phänomen«, das den großen amerikanischen Schriftstellern und Drehbuchautoren (von denen ihn viele bewundern, u.a. Chandler, Hammett, Faulkner, Henry Miller) das Feld streitig macht. Am 19. Februar 1951 stirbt André Gide. 1952 wird Simenon in die belgische Académie royale aufgenommen und auf einer triumphalen Reise in ganz Europa gefeiert. Im Dezember wird er zum Präsidenten der ›Mystery Writers of America‹ gewählt.

1953–55
Sechzehn Romane, darunter ›Im Falle eines Unfalls‹, ›Das ungesühnte Verbrechen‹, ›Der große Bob‹ sowie ›Maigret und die junge Tote‹ und ›Maigret beim Minister‹. Geburt der Tochter Marie-Georges (Marie-Jo) am 23.2.1953. 1955 kehrt Simenon nach Europa zurück und lässt sich für zwei Jahre bei Cannes in der Villa Golden Gate nieder.

1956–57
Neun Romane erscheinen, u. a. ›Der Präsident‹, ›Der kleine Mann von Archangelsk‹, ›Striptease‹. Umzug ins Château d'Échandens bei Lausanne.

1958–60
Elf Romane (darunter ›Die Großmutter‹, ›Sonntag‹, ›Der Teddybär‹, ›Maigret hat Skrupel‹, ›Maigret und die widerspenstigen Zeugen‹). Vortrag in Brüssel anlässlich der Weltausstellung: ›Der Roman vom Menschen‹. Am 26.5.1959 Geburt des Sohnes Pierre in Lausanne. 1960, als Präsident der Jury bei den Filmfestspielen in Cannes, setzt Simenon zusammen mit Henry Miller die Goldene Palme für Federico Fellinis ›La dolce vita‹ durch.

1961–64
Weitere vierzehn Romane, darunter ›Die Glocken von Bicêtre‹, ›Der Zug‹, ›Der Mann mit dem kleinen Hund‹, ›Der kleine Heilige‹, ›Maigret und die braven Leute‹, ›Maigret und der Samstagsklient‹. Am 13. Oktober 1961 wird in seiner Heimatstadt Lüttich eine nach ihm benannte Bibliothek eingeweiht. 1964 Umzug in das selbstentworfene riesige Haus in Épalinges oberhalb von Lausanne. Im gleichen Jahr Trennung von Denise; das 1961 von ihr eingestellte Zimmermädchen, die Italienerin Teresa Sburelin, wird Simenons Pflegerin und dritte Lebensgefährtin.

1965–66
Sieben Romane, u. a. ›Die Katze‹ und ›Der Tod des Auguste Mature‹. Am 3. September 1966 wird in Delfzijl (dem Ort der Niederschrift des ersten Maigret-Romans, ›Maigret und Pietr der Lette‹) eine Maigret-Statue von Pietr de Hought enthüllt.

1967–70
Vierzehn Romane (darunter ›Es gibt noch Haselnusssträucher‹, ›Die verschwundene Tochter‹, ›Maigret in Kur‹ …). Die ›Œuvres complètes‹ (Gesammelte Werke) in 72 Bänden beginnen bei den Editions Rencontre in Lausanne zu erscheinen. 1968 wird Simenon in Épalinges von fünf Ärzten für die Zeitschrift ›Médecine et hygiène‹ interviewt – daraus entsteht der Band ›Simenon auf der Couch‹. 1970 Tod der Mutter.

1971–72
Fünf Romane, von denen der letzte ein Maigret ist: ›Maigret und Monsieur Charles‹. Am 19. September 1972 beschließt Simenon, sein Haus in Épalinges – sein 29. – aufzugeben, in eine Wohnung zu ziehen und nicht mehr zu schreiben. Auf dem gelben Umschlag mit den Notizen zu seinem 194. Roman, ›Victor‹, steht der handschriftliche Vermerk: »Dieser Roman wurde nie geschrieben; dies ist mein letzter Plan. Andertags beschloss ich, in Pension zu gehen.«

1973–79
Simenon lässt die Berufsbezeichnung »Schriftsteller« aus seinem Pass streichen und durch »ohne Beruf« ersetzen. Er beginnt, tagebuchartige Notizen ins Diktaphon zu sprechen (u.a. erschienen unter den Titeln ›Brief an meine Mutter‹, ›Ein Mensch wie jeder andere‹ und ›Mein Tonband und ich‹). Simenon verkauft alle seine Autos und viele der Möbel aus dem Haus in Épalinges. 1974 erneuter und zugleich letzter Umzug mit Teresa und Pierre in ein altes rosa Häuschen inmitten eines Neubauviertels in Lausanne. 1973 wird er zum Ehrendoktor der Universität Lüttich ernannt, 1976 wird dort das ›Centre d'études Georges Simenon‹ gegründet. Simenon überträgt der Universität seinen literarischen Nachlass, der als ›Fonds Simenon‹ für die Forschung zugänglich ist. 1978 Selbstmord der Tochter Marie-Jo in Paris. 1978 wird in Lüttich eine Straße nach Simenon benannt.

1981
Trotz seines 1972 gefassten Vorsatzes schreibt Simenon ein großes autobiographisches Werk: ›Intime Memoiren‹, die auch ›Das Buch von Marie-Jo‹ enthalten. Seine zweite Frau Denise Ouimet klagt gegen einige Passagen, in der zweiten Auflage werden insgesamt 31 Zeilen gestrichen. Es ist Simenons letzte Veröffentlichung.

1982–1988
Simenon verlässt das rosa Haus nur noch selten, kämpft mit Gesundheitsproblemen. Am 24.6.1985 stirbt Simenons erste Frau Tigy. 1988 beginnt Simenons französischer Verlag Presses de la Cité mit der Herausgabe von ›Tout Simenon‹ – insgesamt 25 Bände mit über 25 000 Seiten.

1989
4. September: Tod von Georges Simenon in Lausanne.

1914

1918

1922

1925

Frühe 1930er Jahre

1934

1939

1942

1945

Portraits im Lauf der Zeit

1948

1952

1955

1959

1966

1968

1975

1981

Zweite Hälfte 1980er Jahre

Wohnung Place des Vosges, Paris, 1926–1935

Porquerolles, 1926–1937

La Richardière, Marsilly (Charente), 1932–1935

Château de la Cour-Dieu, Ingrannes (Loiret), 1935

Nieul, 1938–1940

Château de Terre-Neuve (Fontenay-le-Comte), 1940–1942

Tucson (Arizona), 1947–1949

Wohnorte im Lauf der Zeit

Carmel by the Sea (Kalifornien), 1949–1950

Shadow Rock Farm, Lakeville (Connecticut), 1950–1955

Villa Golden Gate, Cannes, 1955–1957

Château d'Échandens (bei Lausanne), 1957–1963

Épalinges (bei Lausanne), 1963–1972

Das »kleine rosa Häuschen«, Lausanne, 1974–1989

Namensregister

Aikawa, Kinya 283, 293
Aitken (Hausarzt) 223
Andersch, Alfred 301
André, Joseph 22
Arnoul, Françoise 285
Assoulines, Pierre 241
Autant-Lara, Claude 282

Bach, Johann Sebastian 137
Baker, Josephine 33, 42, 44, 45
Balzac, Honoré de 25, 29, 247, 277
Banville, John (Pseudonym: Benjamin Black) 301
Bardot, Brigitte 283, 286
Baudelaire, Charles 29
Baur, Harry 283, 291
Belmondo, Jean-Paul 283
Benjamin, Walter 301
Berl, Emmanuel 97
Bernheim, André 178
Binet-Valmer, Jean-Gustave 32
Blanc, Michel 283
Bonnaire, Sandrine 283
Bouquet, Carole 283
Boyer, Charles 291
Brasseur, Pierre 283
Buffet, Bernard 195
Burnett, W.R. 300

Camus, Jean-Christoph 24, 36
Capa, Robert 300
Carné, Marcel 282
Čechov, Anton 14, 25, 301
Celan, Paul 311
Cervi, Gino 84, 85, 283
Cézanne, Paul 137
Chabrol, Claude 282, 296
Chaplin, Charlie 291
Cocteau, Jean 307
Colette, Sidonie-Gabrielle 33, 37, 133
Colin, Paul 44
Collins, Carvel 267, 307
Conrad, Joseph 16, 25
Constantine, Eddie 296
Cortázar, Julio 301
Cremer, Bruno 283

da Vinci, Leonardo 29
Dard, Frédéric 158
Darrieux, Danielle 178, 283
Davies, Rupert 84, 85, 283, 292

Dessane, Odile *siehe Ouimet, D.*
de Baleine, Philippe 163
de Fallois, Bernard 139, 273, 277
de Hought, Pietr 83
de La Patellière, Denys 282
Dellanoy, Jean 282
Delon, Alain 283
Demarteau, Joseph 26, 168, 172
Derain, André 40
Dickens, Charles 14, 25
Doisneau, Robert 68, 104, 133
Dostojewskij, Fjodor 25, 247
Dumas, Alexandre 14, 29
Duvivier, Julien 282, 285

Faulkner, William 155, 301
Fayard, Arthème 64, 69, 130, 131, 134
Fellini, Federico 104, 207, 211, 267, 283, 296, 297, 300, 304, 305, 311
Fernandel (eigtl. Fernand Joseph Désiré Contandin) 282, 283
Flanner, Janet 65
Flaubert, Gustave 14, 25
Fleming, Ian 307
Foujita, Tsuguharu 42

Gabin, Jean 82, 283, 286, 287, 289, 294
Gainsbourg, Serge 282
Gallimard, Gaston 117, 134, 178, 287
Gambon, Michael 283
Gernot, Commissaire 72
Giannoli, Paul 18, 247
Gide, André 117, 122, 126, 130, 131, 133, 135, 147, 149, 151, 155, 156, 160, 164, 233, 236, 255, 266, 267, 291, 300, 302, 303
Girardot, Annie 283
Glauser, Friedrich 301
Gogol, Nikolai Wassiljewitsch 14, 25
Goscinny, René 310
Graf Keyserling, Hermann 300, 303
Grainer, Ron 293
Granier-Deferre, Pierre 282
Graziani, Gilbert 25, 216
Guichard, Xavier 73
Guillaume, Commissaire 73
Guitry, Sascha 299

Hammett, Dashiell 300
Harris, Richard 283
Hayward, Susan 183
Hemingway, Ernest 155
Hensel, Georg 131
Hessling, Catherine 284
Highsmith, Patricia 301
Hugo, Victor 14

Ichihara, Etsuko 293
Inkijinoff, Valéry 285
Ista, Georg 32, 33

James, P.D. 301
Jouvet, Louis 284
Jürgens, Curd 296

Keel, Daniel 311, 316
Kisling, Moïse 40
Kleine, Joseph 29
Königin Elisabeth 176
Krull, Germaine 56, 59, 104

Lacassin, Francis 25, 35, 47, 82, 83, 92, 98, 314
Laughton, Charles 283, 293
Ledoyen, Virgine 283
Leriche 151
Libens, Christian 175
Liberge, Henriette (Boule) 33, 52, 54, 66, 144, 235, 243

Man Ray (eigtl. Emmanuel Radnitzky) 68, 104
Márquez, Gabriel García 301
Marquis de Tracy, Marquis Alexandre de Prouville de Tracy 32, 33, 34, 35, 49
Masina, Giulietta 297
Massu, Commissaire 73
Melville, Jean-Pierre 282
Merle, Eugène 34, 35, 47
Miller, Henry 296, 300, 306
Moërs, Henri-J. 15
Molinaro, Èdouard 282
Mondadori, Arnoldo 310, 314
Moremans 172

Narcejac, Thomas 264
Nielsen, Sven 144, 158, 172, 178, 200, 275, 314
Noiret, Philippe 283

O'Neill 291
Odets, Clifford 291
Ouimet, Denyse (2. Ehefrau Simenons, von ihm Denise geschrieben / Pseudonym: Odile Dessane) 76, 145, 146, 147, 148, 149, 150, 151, 153, 154, 157, 158, 160, 165, 167, 168, 169, 170, 171, 172, 175, 176/177, 178, 179, 181, 182, 184, 185, 188, 189, 190, 193, 195, 199, 202, 203, 206, 207, 223, 228, 235, 244, 251, 252, 255, 258

Peikov, Assen 196
Perrault, Charles 310
Picasso, Pablo 33, 40
Piron, Maurice 19, 139, 219, 233
Pivot, Bernard 137, 207, 222, 228, 233, 247, 250
Plato 29
Poe, Edgar Allan 300
Puskin, Aleksandr 25
Pyrrho 29

Queneau, Raymond 135

Raymond-Millet, J.K. 269
Rembrandt (eigtl. Rembrandt Harmenszoon van Rijn) 29, 137
Renchon, Régine (1. Ehefrau Simenons, genannt Tigy) 15, 28, 32, 33, 34, 38, 40, 41, 44, 45, 48, 52, 54, 55, 57, 59, 60, 66, 90, 91, 92, 94, 95, 96, 105, 116, 118, 119, 120, 121, 122, 144, 145, 147, 149, 150, 151, 157, 158, 234, 243, 251, 252
Renoir, Jean 65, 282, 284, 285, 291, 295
Renoir, Pierre-Auguste 137
Renoir, Pierre 282, 284, 285, 295
Richard, Jean 283, 291, 295
Rühmann, Heinz 84, 85, 283

Sacré, Robert 19, 139, 219, 233
Sburelin, Teresa (Simenons letzte Lebensgefährtin) 205, 206, 207, 212, 214, 215, 216, 221, 223, 229, 251, 315, 316
Schneider, Romy 283
Serrault, Michel 283
Sigaux, Gibert 139, 273, 277

Signoret, Simone 283
Simenon, Désiré 14, 15, 17, 18, 19, 20, 21, 22, 24, 234, 314
Simenon, Chrétien (Großvater) 19, 21
Simenon, Christian (Bruder) 14, 17, 24, 90
Simenon, Marie-Georges (Tochter, genannt Marie-Jo) 145, 157, 160, 169, 181, 182, 190, 207, 220, 221, 235, 250, 251, 252, 253, 254, 255, 256, 258, 259, 266, 296
Simenon, Marc (1. Sohn) 53, 117, 118, 120, 124, 125, 126, 127, 145, 147, 150, 151, 153, 155, 156, 158, 160, 165, 182, 190, 215, 250, 251, 252, 253, 254, 255, 259
Simenon, Jean (2. Sohn, auch genannt John) 145, 157, 159, 160, 168, 181, 182, 190, 211, 235, 241, 250, 251, 252, 253, 254, 256, 258, 259, 296
Simenon, Pierre (3. Sohn) 188, 190, 244, 249, 250, 251, 255, 256, 259
Simenon geb. Brüll, Henriette (Mutter) 14, 16, 17, 18, 19, 20, 22, 23, 24, 25, 159, 168, 242, 314
Simon, Michel 282, 283, 290
Sorin, Raphaël 39, 221, 222
Soupault, Ralf 60
Spark, Muriel 301
Steinbeck, John 155
Stendhal (eigtl. Marie-Henri Beyle) 14
Stéphane, Roger 16, 20, 68, 73, 81, 134, 243, 270, 313, 318

Taride, Abel 291
Tarride, Jean 282
Tauxe, Henri-Charles 196, 208, 302
Tavernier, Bertrand 282
Téchiné, André 282
Tenin, Boris 283
Teuling, Jan 84, 85, 283
Tolstoi, Leo 14
Trintignant, Jean-Louis 283
Trotzki, Leo 91, 94

Ventura, Lino 283
Verlaine, Paul 29
Verne, Jules 310
Verneuil, Henri 282
Vertès, Marcel 42
Vlaminck, Maurice de 33, 40, 289

Wilder, Thornton 301

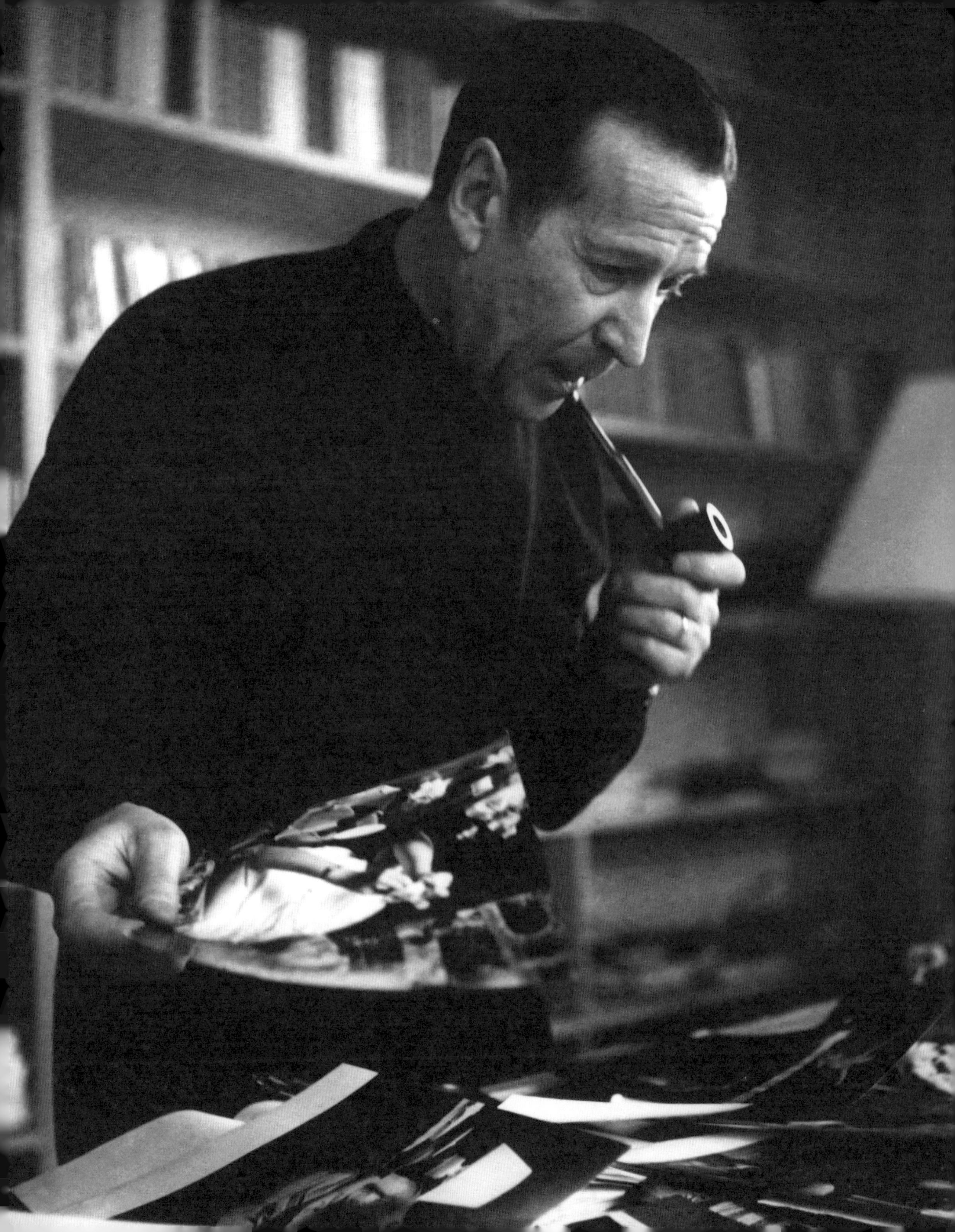

Nachweise

Die Zitate aus *Als ich alt war* (aus dem Französischen von Linde Birk), *Intime Memoiren* (Deutsch von Hans-Joachim Hartstein, Claus Sprinck, Guy Montag und Linde Birk), *Brief an meine Mutter* (Deutsch von Stefanie Weiss), *Ein Mensch wie jeder andere* (Deutsch von Hans Jürgen Solbrig): © 2009 Diogenes Verlag, Zürich, für die deutsche Ausgabe. © 2009 Georges Simenon Limited (a Chorion Company), London. Abdruck mit freundlicher Genehmigung.

Die Zitate aus *La main dans la main, Des traces de pas, Vorwort zu ›Die Marie vom Hafen‹, De la cave au grenier, Je suis resté un enfant de chœur, Au-delà de ma porte-fenêtre, Vacances obligatoires, Les libertés qu'il nous reste, Vorwort zu ›Les rescapés du Télémaque‹, Point-Virgule, Tant que je suis vivant* (Deutsch von Margaux de Weck, Linde Birk, Ursula Vogel): © 2009 Georges Simenon Limited (a Chorion Company), London. Abdruck mit freundlicher Genehmigung.

Alle anderen Zitate (Deutsch von Linde Birk, Ursula Vogel, Margaux de Weck): © 2009 Georges Simenon Family Rights Ltd. Abdruck mit freundlicher Genehmigung von John Simenon.

Brief von Federico Fellini an Simenon (aus dem Italienischen von Linde Birk): © 1997 Diogenes Verlag, Zürich. Brief von André Gide an Simenon (aus dem Französischen von Stefanie Weiss): © 1999 Presses da la Cité, Paris. *Simenon auf der Couch*: Deutsch von Irène Kuhn. *Meine tiefe Überzeugung*: Deutsch von François Bondy. *Mein zwanzigstes Jahrhundert*: Deutsch von Linde Birk.

1-9	© Fonds Simenon, Liège
10	© Archiv John Simenon, Lausanne
11-15	© Fonds Simenon, Liège
16	© Archiv John Simenon, Lausanne
17-22	© Fonds Simenon, Liège
23	© Paris-Match, Paris
24-25	© Archiv John Simenon, Lausanne
26-31	© Fonds Simenon, Liège
32	Foto: Dominique Jochaud / © Fonds Simenon, Liège
33-37	© Fonds Simenon, Liège
38	© Archiv John Simenon, Lausanne
39	© Archiv John Simenon, Lausanne
40-45	© Fonds Simenon, Liège
46	Foto: Dominique Jochaud / © Fonds Simenon, Liège, Collection Marquis de Tracy
47-50	© Fonds Simenon, Liège
51	© Archiv John Simenon, Lausanne
52	© Archiv Diogenes Verlag, Zürich
53-55	© Fonds Simenon, Liège
56	© Archiv John Simenon, Lausanne
57-60	© Fonds Simenon, Liège
61	© Archiv John Simenon, Lausanne
62-63	© Succession Marc Simenon. Coll. Mme Marc Simenon
64	© Fonds Simenon, Liège
65	© Archiv John Simenon, Lausanne
66	© Fonds Simenon, Liège
67-68	© ADAGP, 2003
69-70	© Archiv John Simenon, Lausanne
71	© Succession Marc Simenon. Coll. Mme Marc Simenon
72	© Archiv John Simenon, Lausanne
73	Archiv John Simenon, Lausanne
74	© Fonds Simenon, Liège
75	© Fonds Simenon, Liège
76-80	© Georges Simenon Family Rights Ltd / Archiv John Simenon, Lausanne
81	© Fonds Simenon, Liège
82	© Georges Simenon Family Rights Ltd / Archiv John Simenon, Lausanne
83-86	© Fonds Simenon, Liège
86	© Archiv John Simenon, Lausanne
87-91	© Fonds Simenon, Liège
92	© Fonds Simenon, Liège. © Succession Marc Simenon. Coll. Mme Marc Simenon
93	© Fonds Simenon, Liège
94	© Archiv John Simenon, Lausanne
95-96	© Georges Simenon Family Rights Ltd / Archiv John Simenon, Lausanne
97-98	© Succession Marc Simenon. Coll. Mme Marc Simenon
99	© Georges Simenon Family Rights Ltd / Archiv John Simenon, Lausanne
100	© Archiv John Simenon, Lausanne
101	© Fonds Simenon, Liège
102	© Fonds Simenon, Liège
103	© Georges Simenon Family Rights Ltd / Archiv John Simenon, Lausanne
104	© Paul Buisson, Paris
105	© Fonds Simenon, Liège
106	© Archiv John Simenon, Lausanne
107	© Fonds Simenon, Liège
108	© Archiv John Simenon, Lausanne
109	© Archiv John Simenon, Lausanne
110-116	© Fonds Simenon, Liège
117	Foto: Pierre Vals / © Opale, Paris
118	© Fonds Simenon, Liège
119	© Paul Buisson, Paris
120	© Paul Buisson, Paris
121	© Archiv John Simenon, Lausanne
122	© Fonds Simenon, Liège
123	© Fonds Simenon, Liège
124	© Paul Buisson, Paris
125	© Fonds Simenon, Liège
126	© Archiv John Simenon, Lausanne
127	© Paul Buisson, Paris
128	© Paul Buisson, Paris
129	© Archiv John Simenon, Lausanne
130	© Archiv John Simenon, Lausanne
131	© Paul Buisson, Paris
132	© Archiv John Simenon, Lausanne
133	© Archiv John Simenon, Lausanne
134	© Paul Buisson, Paris
135	© Fonds Simenon, Liège
136	© Opale / Vals
137	© Archiv John Simenon, Lausanne
138	© Paul Buisson, Paris
139	© Fonds Simenon, Liège
140	© Archiv John Simenon, Lausanne
141	Foto: Jakob Bräm / © Keytone, Zürich
142	© Fonds Simenon, Liège
143	© Archiv Diogenes Verlag, Zürich
144	Foto: Sergio Del Grande / © Epoca
145	Fotograf unbekannt
146	Foto: Deligny
147	Collection Michel Sepen
148	Foto: Yves Debraine. © Georges Simenon Family Rights Ltd / Archiv John Simenon, Lausanne
149	Foto Sergio del Grande / © Epoca
150	© Particam / MariaAustria
151	Foto: Sergio del Grande / © Epoca
152	© Particam/Maria Austria
153	Collection Michel Sepens
154	© Archiv John Simenon, Lausanne
155	© Ronchini / Leemage
156	© Léonard Gianadda, Martigny
157	© Archiv John Simenon, Lausanne
158	© Archiv John Simenon, Lausanne
159	© Archiv John Simenon, Lausanne
160	© Georges Simenon Family Rights Ltd / Archiv John Simenon, Lausanne
161	© Fonds Simenon, Liège
162/163	© Georges Simenon Family Rights Ltd / Archiv John Simenon, Lausanne
164	© Bettmann / Corbis / Specter
165	© Fonds Simenon, Liège
166	© Fonds Simenon, Liège
167-168	© Georges Simenon Family Rights Ltd / Archiv John Simenon, Lausanne
169	© Archiv John Simenon, Lausanne
170	© Fonds Simenon, Liège
171-172	© Georges Simenon Family Rights Ltd / Archiv John Simenon, Lausanne
173	© Fonds Simenon, Liège
174	© Georges Simenon Family Rights Ltd / Archiv John Simenon, Lausanne
175	© Georges Simenon Family Rights Ltd / Archiv John Simenon, Lausanne
176-178	© Fonds Simenon, Liège
179	© Archiv Diogenes Verlag, Zürich
180-186	© Georges Simenon Family Rights Ltd / Archiv John Simenon, Lausanne
187	© Fonds Simenon, Liège
188	© Archiv John Simenon, Lausanne
189	© Georges Simenon Family Rights Ltd / Archiv John Simenon, Lausanne
190	© Fonds Simenon, Liège
191-222	© Georges Simenon Family Rights Ltd / Archiv John Simenon, Lausanne
223	© Fonds Simenon, Liège
224	© Archiv John Simenon, Liège
225	© Ullstein Bild / Roger Viollet
226	© Georges Simenon Family Rights Ltd / Archiv John Simenon, Lausanne
227	© Archiv John Simenon, Lausanne
228	© Fonds Simenon, Liège
229	© Fonds Simenon, Liège
230	© Georges Simenon Family Rights Ltd / Archiv John Simenon, Lausanne
231	© Fonds Simenon, Liège
232	© Georges Simenon Family Rights Ltd / Archiv John Simenon, Lausanne
233	© Archiv John Simenon, Lausanne
234	© Archiv John Simenon, Lausanne
235-237	© Georges Simenon Family Rights Ltd / Archiv John Simenon, Lausanne
238-241	© Ullstein Bild / Roger Viollet
242	© Georges Simenon Family Rights Ltd / Archiv John Simenon, Lausanne
243	© Ullstein Bild / Roger Viollet
244	© Fonds Simenon, Liège
245	© Ullstein Bild / Roger Viollet
246	© Georges Simenon Family Rights Ltd / Archiv John Simenon, Lausanne
247	© Georges Simenon Family Rights Ltd / Archiv John Simenon, Lausanne
248	Foto: Gaston Paris © Roger Viollet / Getty Images
249	© Sotheby's, London
250	© Sotheby's, London
251	© Archiv John Simenon / Editions Gallimard, Paris
252	© Editions Gallimard, Paris
253	© Archiv John Simenon / Editions Gallimard, Paris
254	© Archiv John Simenon, Lausanne
255	© Editions Gallimard, Paris

256 © Editions Gallimard, Paris
257-259
© Archiv John Simenon, Lausanne
260 Fotograf unbekannt
261 © Georges Simenon Family Rights Ltd / Archiv John Simenon, Lausanne
262-264
© Archiv John Simenon, Lausanne
265 © J. Feneyrol, Cannes
266 © Georges Simenon Family Rights Ltd / Archiv John Simenon, Lausanne
267 © Nico Jesse, Nieuwersluis
268-271
© Archiv John Simenon, Lausanne
272 © Fonds Simenon, Liège
273-275
© Georges Simenon Family Rights Ltd / Archiv John Simenon, Lausanne
276 © Archiv John Simenon
277-283
© Georges Simenon Family Rights Ltd / Archiv John Simenon, Lausanne
284 © Archiv John Simenon, Lausanne
285 © Georges Simenon Family Rights Ltd / Archiv John Simenon, Lausanne
286-288
© Archiv John Simenon, Lausanne
289-313
© Georges Simenon Family Rights Ltd / Archiv John Simenon, Lausanne
314 Archiv John Simenon
315 Foto: Nick De Morgoli / © Time Life Picture
316 Georges Simenon Family Rights Ltd / Archiv John Simenon, Lausanne
317 © Georges Simenon Family Rights Ltd / Archiv John Simenon, Lausanne
318 © Sotheby's, London
319 © Pierre Vals / Opale, Paris
320 © Georges Simenon Family Rights Ltd / Archiv John Simenon, Lausanne
321 Foto: Erich Hartmann / © Magnum Photos, Paris
322-324
© Georges Simenon Family Rights Ltd / Archiv John Simenon, Lausanne
325 Foto: Erich Hartmann / © Magnum Photos, Paris
326 © Archiv John Simenon, Lausanne
327-330
Nick de Morgoli, New York / © Time&Life Pictures / Getty Images
331 © Archiv John Simenon, Lausanne
332 © Archiv John Simenon, Lausanne
333 Nick de Morgoli, New York / © Time&Life Pictures / Getty Images
334 Nick de Morgoli, New York / © Time&Life Pictures / Getty Images
335-337
© Archiv John Simenon, Lausanne
338 © Fonds Simenon, Liège
339 Nick de Morgoli, New York / © Time&Life Pictures / Getty Images
340 Foto: Louis Jacques / © Weekend Picture Magazine
341 Fotograf unbekannt
342 Fotograf unbekannt
343 © Louis Hamon
344 © Paul Buisson, Paris
345 © Paul Buisson, Paris
346 © Archiv John Simenon, Lausanne
347 © Archiv John Simenon, Lausanne

348 © Paul Buisson, Paris
349 © Archiv John Simenon, Lausanne
350 © Archiv John Simenon, Lausanne
351 © Cohen, Paris
352-354
Foto: Robyns, Liège
355 Georges Simenon Family Rights Ltd / Archiv John Simenon, Lausanne
356-359
© Robyns, Liège
360 © Archiv John Simenon, Lausanne
361 © Georges Simenon Family Rights Ltd / Archiv John Simenon, Lausanne
362 Daniel Filipacchi / © Paris-Match
363 Fonds Simenon, Liège
364-365
© Paul Buisson, Paris
366 © Paul Buisson, Paris
367 © W. A. Probst
368 © Yves Bizien
369 © Stephanie Rancou
370 © Georges Simenon Family Rights Ltd / Archiv John Simenon, Lausanne
371 Serge Lido, Paris
372 © Georges Simenon Family Rights Ltd / Archiv John Simenon, Lausanne
373 © Archiv John Simenon, Lausanne
374 © Serge Lido, Paris
375 © Traverso, Cannes
376 © Edward Quinn / edwardquinn.com
377 © Serge Lido, Paris
378-380
© Traverso, Cannes
381 © Edward Quinn / edwardquinn.com
382 Fotograf unbekannt
383 © Iskender, Paris
384 © Archiv John Simenon, Lausanne
385 © Traverso, Cannes
386 Foto: Robert Doisneau / © Rapho / Keystone
387 Fotograf unbekannt
388 © Archiv John Simenon, Lausanne
389 © FGS, Liège
390 © Horst Tappe
391 © Torony Sommelius, Schweden
392 © Keystone / Time Life Pictures
393 © Horst Tappe
394 © ASL, Lausanne
395 © Ullstein Bild / Granger Collection
396 © Ullstein Bild / Roger Viollet
397 Foto: Izis / © Paris-Match
398 © Ullstein Bild / Roger Viollet
399 © Jean Mohr, Genf
400 © Keystone / Rue des Archives
401 Fotograf unbekannt
402 © François Gonet, Lausanne
403 © De Antonis, Rom
404 © François Gonet, Lausanne
405 Foto: Izis / © Paris-Match
406 © François Gonet, Lausanne
407 © Georges Simenon Family Rights Ltd / Archiv John Simenon, Lausanne
408 © Donald Stampfli
409 Foto: Yves Debraïne / © Georges Simenon Family Rights Ltd / Archiv John Simenon, Lausanne
410 © Ullstein Bild / Roger Viollet
411-412
© Georges Simenon Family Rights Ltd / Archiv John Simenon, Lausanne
413 © Archiv John Simenon, Lausanne
414-415
© Georges Simenon Family

Rights Ltd / Archiv John Simenon, Lausanne
416 ©Horst Tappe
417/418
© Georges Simenon Family Rights Ltd / Archiv John Simenon, Lausanne
419 Fotograf unbekannt
420 © Evening News, London
421 © Archiv John Simenon, Lausanne
422 Editions Gallimard, Paris
423 Bonora / Pix Inc. / Time Life Pictures / Getty Images
424 Fotograf unbekannt
425 Foto: René Burri / © Magnum Photo, Paris
426 © Sanjiro Minamikawa, Tokio
427 © Georges Simenon Family Rights Ltd / Archiv John Simenon, Lausanne
428 © Archiv Diogenes Verlag, Zürich
429 © Georges Simenon Family Rights Ltd / Archiv John Simenon, Lausanne
430 Foto: Louis Monier © Keystone / Rue des Archives
431 © Archiv John Simenon, Lausanne
432 Foto: Yves Debraïne / © Georges Simenon Family Rights Ltd / Archiv John Simenon, Lausanne
433 © Archiv John Simenon, Lausanne
434 © Georges Simenon Family Rights Ltd / Archiv John Simenon, Lausanne
435 © Archiv John Simenon, Lausanne
436 © Archiv John Simenon, Lausanne
437 Foto: Yves Debraïne / © Georges Simenon Family Rights Ltd / Archiv John Simenon, Lausanne
438-441
© Sanjiro Minamikawa, Tokio
442 © André-Jean Lafaurie
443 © Sanjiro Minamikawa, Tokio
444 © Sanjiro Minamikawa, Tokio
445 © Alberto Venzago / RDB / SI
446 Foto: Louis Monier / © Keystone / Rue des Archives
447 RDB/ASL
448 © Sanjiro Minamikawa, Tokio
449 Foto: Louis Monier / © Keystone / Rue des Archives
450 © Georges Simenon Family Rights Ltd / Archiv John Simenon, Lausanne
451 © François Gonet, Lausanne
452 © Archiv Diogenes Verlag, Zürich
453 © Georges Simenon Family Rights Ltd / Archiv John Simenon, Lausanne
454 Fonds Simenon, Liège
455 © Giancarlo Botti
456 © Robert Picard / Antenne 2, Paris
457 © Fonds Simenon, Liège
458 Fotograf unbekannt
459 © Robert Picard / Antenne 2, Paris
460 Photo François Gonet / Scope, Lausanne
461 © Georges Simenon Family Rights Ltd / Archiv John Simenon, Lausanne
462 © Georges Simenon Family Rights Ltd / Archiv John Simenon, Lausanne
463 Foto: Alain Bettex
464 Foto: Izis / © Paris-Match
465 Foto: Yves Debraïne / © Georges Simenon Family Rights Ltd / Archiv John Simenon, Lausanne
466 © Paul Buisson, Paris
467 © Paul Buisson, Paris
468 © Archiv Diogenes Verlag, Zürich

469-471
Foto: Izis / © Paris-Match
472 Foto: Hubert Le Campion / Time Magazine, New York
473-475
Foto: Jakob Braem / © Keystone
476 Georges Simenon Family Rights Ltd / Archiv John Simenon, Lausanne
477 © Archiv John Simenon, Lausanne
478 Fotograf unbekannt
479-485
Foto: Robert Doisneau / © Rapho / Keystone
486 © Georges Simenon Family Rights Ltd / Archiv John Simenon, Lausanne
487 Foto: Izis / © Paris-Match
488 Foto: Jakob Braem / © Keystone
489 © Atlantic Press, Paris
490 © Ullstein Bild – Gertrude Fehr
491 © Archiv Diogenes Verlag, Zürich
492 © Archiv Diogenes Verlag, Zürich
493 Foto: Yves Debraïne / © Georges Simenon Family Rights Ltd / Archiv John Simenon, Lausanne
494-495
© Edward Quinn / edwardquinn.com
496-497
Foto: Yves Debraïne / © Georges Simenon Family Rights Ltd / Archiv John Simenon, Lausanne
498 © Archiv John Simenon, Lausanne
499 © Sanjiro Minamikawa, Tokio
500 Foto © F. Graves / Daily Herald
501 Foto © F. Graves / Daily Herald
502 Fotograf unbekannt
503 © Sanjiro Minamikawa, Tokio
504 Foto: Louis Monier / © Keystone / Rue des Archives
505 Fotograf unbekannt
506 © Archiv Diogenes Verlag, Zürich
507 Foto: Lord Snowdon © Keystone / Camera Press
508/510
© NDR, Hannover
509 © Eward Quinn
511 © Izis-Paris-Match
512-514
© Georges Simenon Family Rights Ltd / Archiv John Simenon, Lausanne
515 © MaxPPP / Leemage / KEYSTONE
516 Foto: © RDB / Edward Quinn
517 © Georges Simenon Family Rights Ltd / Archiv John Simenon, Lausanne
518 © RDB / Edward Quinn
519-520
© Georges Simenon Family Rights Ltd / Archiv John Simenon, Lausanne
521 Foto: Gaston Paris © Roger Viollet / Getty Images
522 Foto: Bonora © Time Life Pictures / Getty Images
523 Foto: Izis / © Paris-Match
524 Foto: Izis / © Paris-Match
525 © Georges Simenon Family Rights Ltd / Archiv John Simenon, Lausanne
526 Foto: Izis / © Paris-Match
527 Foto: Yves Debraïne / © Georges Simenon Family Rights Ltd / Archiv John Simenon, Lausanne
528 © Georges Simenon Family Rights Ltd / Archiv John Simenon, Lausanne
529 Foto: Izis / © Paris-Match
530 Nick de Morgoli, New York
531 Foto: Yves Debraïne / © Georges

	Simenon Family Rights Ltd / Archiv John Simenon, Lausanne	560	© Yvan Dalain, Lausanne		Couderc‹: © Adagp, Paris / René Ferracci		Simenon Family Rights Ltd / Archiv John Simenon, Lausanne
532	© Jill Krementz	561	© Paul Buisson, Paris	593	© Michel Descamps		Buchcover: © Archiv John Simenon, Lausanne
533	© Daniel Frasney, Paris	562	›La nuit de carrefour‹: Collection Christophe L., ›Le Chien jaune‹ und ›Les inconnus dans la maison‹: Privatsammlung Michel Schepens	594	Privatsammlung Michel Schepens	619	© Archiv John Simenon, Lausanne
534	© Archiv Diogenes Verlag, Zürich			595	© Archiv John Simenon, Lausanne	620	Foto: Gertrude Fehr / © Ullstein Bild
535	© Archiv John Simenon, Lausanne			596	Paris-Match, Paris		
536	© Ullstein Bild / Roger Viollet			597	Foto: Eckhard Lübke, Maintal	621	Fotograf unbekannt
537	Georges Simenon Family Rights Ltd / Archiv John Simenon, Lausanne	563	© Georges Simenon Family Rights Ltd / Archiv John Simenon, Lausanne	598	Fotograf unbekannt	622	© Mario Carrieri
				599	© Ullstein Bild / Roger Viollet	623	© Archiv John Simenon, Lausanne
538	Foto: Yves Debraine	564	© Ullstein Bild/Roger Viollet	600	›L'etoile du nord‹: © Adagp, Paris René Ferracci, ›L'inconnu dans la maison‹ und ›Équateur‹: Privatsammlung Michel Schepens	624	Fotograf unbekannt
	© Time Magazine, New York	565	© Georges Simenon Family Rights Ltd / Archiv John Simenon, Lausanne			625	Foto: Yves Debraine / © Georges Simenon Family Rights Ltd / Archiv John Simenon, Lausanne
539	Foto: Alfredo Panicucci / Keystone						
540	Foto: Gertrude Fehr / © Ullstein Bild	566	Foto: Walter Limot / © akg-images	601	© Archiv Diogenes Verlag, Zürich	626	© Archiv John Simenon, Lausanne
541	Fotograf unbekannt / Sotheby's, London (Kalender)	567	Privatsammlung Michel Schepens	602	Foto: Myron Davis / © Time Life Pictures / Getty Images	627	Foto: Anna Keel / © Archiv Diogenes Verlag, Zürich
		568	Privatsammlung Michel Schepens				
542	Foto: Alfredo Panicucci / © Keystone / MaxPPP / Leemage	569	Foto: René Ferracci / © Adagp, Paris 2002	603	© Archiv Diogenes Verlag, Zürich	628-630	© Archiv Diogenes Verlag, Zürich
543	© Donald Stampfli	570	© Album / akg-images	604	© Archiv John Simenon, Lausanne		
544	© Archiv John Simenon, Lausanne	571	© Ullstein Bild	605	© Archiv John Simenon, Lausanne	631	© Georges Simenon Family Rights Ltd / Archiv John Simenon, Lausanne
545	© Archiv John Simenon, Lausanne	572	Privatsammlung Michel Schepens	606	Foto: Jacques Haillot / © Corbis		
546	© François Gonet, Lausanne	573	© Archiv John Simenon, Lausanne	607	© Archiv Diogenes Verlag, Zürich	632	Foto: José Gerson, Genève
547-549	© Archiv John Simenon, Lausanne	574	© Archiv Diogenes Verlag, Zürich	608	© Archiv Diogenes Verlag, Zürich	633	© Archiv John Simenon, Lausanne
		575	© Pro Litteris, Zürich	609	© Archiv John Simenon, Lausanne	634	Jakob Braem / © Keystone, Zürich
550	© Nick de Mergoli, New York	576	Foto: René Ferracci / © Adagp, Paris 2002	610	© Georges Simenon Family Rights Ltd / Archiv John Simenon, Lausanne	635	© Archiv Diogenes Verlag, Zürich
551	© Georges Simenon Family Rights Ltd / Archiv John Simenon, Lausane					636	© Archiv Diogenes Verlag, Zürich
		577	Privatsammlung Michel Schepens	611	© Archiv Diogenes Verlag, Zürich		
552	Foto: André-Jean Lafaurie	578	© Archiv Diogenes Verlag, Zürich	612	© Archiv Diogenes Verlag, Zürich		
553-554	© Georges Simenon Family Rights Ltd / Archiv John Simenon, Lausanne	579	© Archiv John Simenon, Lausanne	613	Foto: Yves Debraine / © Georges Simenon Family Rights Ltd / Archiv John Simenon, Lausanne		
		580-582	© Archiv Diogenes Verlag, Zürich				
		583	© Iskender, Paris	614	Foto: Patrick Morin / © Rue des Archives		
555	© Actualités Suisses, Lausanne	584	© Archiv John Simenon, Lausanne				
556	© Presse Diffusion, Lausanne	585	BBC, London	615	© Pro Litteris, Zürich		
557	© Georges Simenon Family Rights Ltd / Archiv John Simenon, Lausanne	586	© Archiv John Simenon, Lausanne	616	© Georges Simenon Family Rights Ltd / Archiv John Simenon, Lausanne		
		587-589	© Archiv Diogenes Verlag, Zürich				
558	© RDB /ASL	590	© Archiv John Simenon, Lausanne	617	Foto: Yves Debraine / © Georges Simenon Family Rights Ltd / Archiv John Simenon, Lausanne		
559	Foto: Louis Monier / © Keystone / Rue des Archives	591	© Léonard Gianadda, Martigny				
		592	›Betty‹ und ›Le train‹: Privatsammlung Michel Schepens, ›Veuve	618	Foto: Yves Debraine / © Georges		

Foto auf S. 320: © Archiv John Simenon, Lausanne; Foto auf S. 2: François Gonet, Lausanne; Foto auf S. 8: Edouard Boubat / © Rapho / Keystone; Foto auf S. 320: Irène Stauffacher, Lausanne, Foto auf S. 331: Daniel Frasnay / akg-images (1958) Leider ist es dem Verlag in einigen Fällen nicht gelungen, den Fotografen oder den Copyright-Halter zu ermitteln oder zu kontaktieren. Natürlich ist der Verlag in diesen Fällen bereit, Honorare zu den verlagsüblichen Beträgen nachträglich zu bezahlen. Alle Angaben nach bestem Wissen und ohne Gewähr.